Caspar Dohmen
Good Bank | Das Modell der GLS Bank

orange ● press

CASPAR DOHMEN

GOOD
BANK
DAS MODELL DER GLS BANK

orange ● press

FSC
www.fsc.org
MIX
Papier aus ver-
antwortungsvollen
Quellen
FSC® C022125

Caspar Dohmen | Good Bank. Das Modell der GLS Bank
Freiburg: orange-press 2011

Deutsche Erstausgabe

© Copyright für die deutsche Ausgabe 2011 bei orange●press
Alle Rechte vorbehalten.

Cover: Katharina Gabelmeier
Korrektorat: Anne Wilcken
Satz: Miriam Rech
Gesamtherstellung: Westermann Druck, Zwickau

Die im Text angegebenen URLs verweisen auf Websites im Internet.
Der Verlag ist nicht verantwortlich für die dort verfügbaren Inhalte,
auch nicht für die Richtigkeit, Vollständigkeit oder Aktualität der Informationen.

ISBN: 978-3-936086-54-6
www.orange-press.com

Neue Banken braucht das Land

Millionen Menschen in aller Welt leiden unter den Folgen der Machenschaften sogenannter Bad Banks, werden in Haftung genommen von Staaten, die ihrerseits an den Rand des Bankrotts geraten durch ein Ereignis, das verharmlosend »Finanzkrise« genannt wird. Kleinlaut sind die Politiker geworden, die die Banken auf dem Höhepunkt dieser Finanzkrise noch strengeren Regeln unterwerfen wollten. Die Finanzindustrie torpediert erfolgreich die Versuche, dieses System wirksam in seine Schranken zu weisen. Sie findet vor allem bei Staaten Gehör, deren Volkswirtschaften in großem Umfang von den Banken abhängig sind. Geht es auch anders? Gibt es ein Gegenbild zu diesen »Bad Banks« – vielleicht kein Ideal, aber doch zumindest eine glaubwürdige Alternative?

Ja. Es gibt Banken, die zweierlei miteinander zu verbinden suchen: Sie wollen ihre Anleger dafür interessieren, was mit deren Geld geschieht, sobald es anderen Kunden als Kredit zur Verfügung gestellt wird. Es geht ihnen außerdem darum, mit Krediten solche Vorhaben von Unternehmen, Institutionen oder einzelnen Menschen zu finanzieren, die dem Gemeinwohl und menschenwürdigen Zielen, nicht aber bloßem Kapitalinteresse dienen. Bei diesen Geldinstituten kann der Anleger selbst beeinflussen, was mit seinem Geld geschieht, oder kann zumindest nachvollziehen, welche Projekte und Unternehmen mit seinem Geld finanziert werden. Sein Kapital landet nicht in Fonds mit intransparentem Inhalt und zweifelhaftem Wert.

Der Vorreiter dieses alternativen Bankenmodells ist die 1974 gegründete GLS Bank. Weltweit sind inzwischen mehrere Institute ihrem Vorbild gefolgt, andere haben eigene alternative Wege eingeschlagen. Dreizehn dieser »Good Banks« haben ein globales Bündnis geschlossen: die »Global Alliance for Banking on Values«. Bis zum Jahr 2020 wollen sie damit eine Milliarde Menschen erreichen – heute haben sie gut zehn Millionen Kunden in 24 Ländern. So verschieden die Entstehungsgeschichten der einzelnen dieser Banken sind: In jedem Fall standen bei der Gründung Menschen Pate, die beeinflussen wollten, was mit Geld geschieht.

Den Gründern der GLS Bank ging es mit ihrem Konzept um mehr als ein gutes Gewissen; sie wollten nicht nur verhindern, dass ihr Geld etwa der Kriegsfinanzierung diene. Sie wollten auch ganz aktiv Einfluss nehmen und Projekte und Menschen fördern, von deren Ideen sie sich positive gesellschaftliche Veränderungen versprachen.

Als Wirtschaftsreporter kenne ich diese Bank seit Jahren. Nach dem Ausbruch der Finanzkrise, welche eindrucksvoll die hässliche Seite des Bankgeschäfts zeigte, wollte ich es genau wissen: Wie kam es zur Gründung einer Bank, deren Urheber und Manager an das Gute im Menschen glauben? Welche Ideen haben die Gründer erfolgreich umsetzen können, womit sind sie gescheitert? Taugt Altruismus zum Bankgeschäft? Welche Schlüsse könnten die für die Währungspolitik verantwortlichen Politiker aus der Tätigkeit dieser Banken ziehen? Durch Recherche in Dokumenten und Gespräche mit Zeitzeugen habe ich versucht, Aufschluss über die Motive der Menschen zu bekommen, die diese Bank gegründet und vorangebracht haben – soweit möglich, von ihnen selbst.

»Gemeinschaftsbank für Leihen und Schenken« – der vollständige Name der GLS Bank sorgt in der Regel für Erstaunen. Begriffe wie »leihen« und »schenken« passen auf Anhieb so gar nicht zu dem Bild, das man von einem Geldinstitut hat.

Geld ist eine geniale Erfindung des Menschen, um den Tausch von Gütern zu vereinfachen. Und die Regeln für das Geldwesen werden immer wieder gesellschaftlichen Wandlungen angepasst. Im Zuge der Aufarbeitung der schweren Finanzkrise der Jahre 2007 bis 2009 fragen sich immer mehr Menschen, ob unser heutiges Geldsystem mit seinen Regeln für Zentralbanken, Geschäftsbanken, Hedgefonds und Währungen noch zeitgemäß ist.

Im Lauf der Geschichte haben Menschen viele Dinge als Geld genutzt: Mal sind es Dinge des täglichen Bedarfs, mit einem unmittelbaren Gebrauchswert, wie Getreide, Dörrfisch, Tee, Kokosnüsse, Reis oder Büffel, mal seltene Materialien wie Metalle, Fischzähne oder Schmuck. Im dritten vorchristlichen Jahrtausend beginnt man in Mesopotamien, dem Gebiet des heutigen Irak und Nord-Syrien,

Edelmetalle in Barrenform als Geld zu nutzen. Barren mit einem einheitlichen Gewicht heißen Minas, Schekel oder Talente. Später werden die Gewichte durch den Staat amtlich beglaubigt. In dieser Form dient Geld nun nicht mehr nur als Zahlungsmittel, sondern auch als Recheneinheit für die Preise und zur Aufbewahrung des Vermögens. Die ersten Münzen werden dann im siebten Jahrhundert vor Christus von Kaufleuten im heutigen Gebiet der Türkei geprägt. Ab dem dritten Jahrhundert vor Christus handeln die Griechen schon in großem Umfang mit Münzen aus Gold, Silber und Kupfer. Damals sind Edelmetalle knapp, und anders als heute leidet die Wirtschaft eher an einem Mangel an Geld als an einem Überfluss. Ein Grund für die Geldknappheit liegt darin, dass viele Menschen die Edelmetalle dazu benutzen, ihr Vermögen zu horten – und das Geld so dem Wirtschaftskreislauf zu entziehen. Heute stehen wir vor dem umgekehrten Problem: Die Welt schwimmt im Geld, von dem ein wachsender Teil nicht mehr für den Handel mit realen Gütern benötigt und stattdessen in die Spekulation gesteckt wird. Seit den 1970er-Jahren investieren Anleger – auf Wertsteigerung spekulierend – einen Großteil ihres Geldes in Devisen, Immobilien, Rohstoffe oder sonstige Vermögenswerte.

Geld und Währungen
Das Papiergeld wird zuerst von den Chinesen eingeführt und findet bereits im 9. Jahrhundert weite Verbreitung. Goldschmiede kommen auf die Idee, Goldmünzen aufzubewahren und über den Goldwert eine Quittung auszustellen. Den Eigentümern erleichtert das die Bewachung oder den Transfer ihres Vermögens. Dafür verlangen die Goldschmiede eine Gebühr. Nach und nach beginnen die Menschen, diese Quittungen als Zahlungsmittel zu benutzen. Aus Goldschmieden sind Geldwechsler geworden. Da man schnell bemerkt, dass die Eigentümer des Geldes nie alle gleichzeitig auf ihr Geld zurückgreifen, kommen die neuen Geldwechsler auf eine lukrative Idee: Sie bringen mehr Quittungen in Umlauf, als sie an Gold lagern und begründen damit die künstliche Geldschöpfung. Aus den Quittungen werden später Banknoten, aus den Goldschmieden

Notenbanken. An der Wende vom 17. zum 18. Jahrhundert wird erstmals in Europa staatliches Papiergeld ausgegeben. Auf diesem Prinzip der künstlichen Geldschöpfung beruht unser heutiges Bankwesen noch immer.[1]

Dieser kurze historische Abriss zeigt, wie sich die Ideen und Konzepte von Geldsystemen immer wieder verändert haben. Unabhängig davon hat man viele neue »Geldarten« entwickelt: Heute kann man mit Bonusmeilen einer Fluggesellschaft auch Hotelübernachtungen oder einen Mietwagen bezahlen, bei der Bahn kann man mit Bonusmeilen Koffer oder Freifahrten erhalten. An die Stelle von Rabattmarken, die im Laufe der 1960er-Jahre abgeschafft wurden, ist ein neues System von Treuepunkten und Kundenkarten getreten. Beschleunigt hat diesen Prozess die digitale Revolution.

Die Bochumer GLS Bankiers denken vor allem über die Interpretation des Geldbegriffs nach. Für sie sollte Geld nicht nur als Zahlungsmittel und Leihgeld genutzt werden, sondern soll als Schenkungsgeld auch eine soziale Funktion erfüllen. Wolfgang Latrille, ein von der Anthroposophie geprägter Volkswirt und Manager, schreibt: Schenkungsgeld »erfüllt [...] die höchste Aufgabe, die an das Geld gestellt werden kann, nämlich die Ermöglichung der Entfaltung der produktiven, konstruktiven und kreativen Fähigkeiten der Menschen auf allen Gebieten des Lebens. Nicht nur Wissenschaft, Forschung, Kunst, Religion und Philosophie, sondern auch so pragmatische Leistungen wie die moderne Wirtschaft und die industrielle Technik sind durch menschliche Fähigkeiten entstanden und werden dauernd durch sie weiterentwickelt. Insofern das Schenkungsgeld das Schul-, Erziehungs- und Bildungswesen, ja die ganze Kultur finanziell erhält, hängt von ihm die Zukunft ab.«[2] In der Praxis der Bochumer Bankiers folgen aus diesem Grundsatz dreierlei Arten der Geldverwendung: normale Kreditvergabe, Ermäßigung der Zinserträge für sozial und ökologisch relevante Projekte und schließlich Schenkungen für sozial wünschenswerte, aber wenig rentable Investitionen. Anders als bei gewöhnlichen Banken erfährt der Kunde der GLS Bank, in welche Projekte er sein Geld investieren kann. Er hat die Wahl zwischen den Bereichen Gewerbe und regenerative

Energien, Behinderteneinrichtungen, freie Schulen, Kindergärten oder »Leben im Alter«. Es soll eine Interessengemeinschaft zwischen den Anlegern und Kreditnehmern entstehen, in der sich beide als gleichberechtigte Partner verstehen. Aber die GLS Bank geht sogar noch einen Schritt weiter: Sie wirbt bei den Anlegern darum, zugunsten besonders förderungswürdiger Ziele ganz oder teilweise auf Verzinsung zu verzichten. Sie vermittelt Geschenke. Schließlich informiert die Bank ganz offen darüber, in welchen Bereichen und zu welchen Zwecken sie ihre eigenen Mittel anlegt.

Wer sein Geld bei einer konventionellen Bank anlegt, hat gewöhnlich keinen Einfluss auf die Investitionstätigkeiten der Bank. Und Bankkunden orientieren sich bei ihren Vermögensentscheidungen gewöhnlich an Rendite, Sicherheit und Liquidität. Um diese drei Faktoren dreht sich eine Beratung bei einem gewöhnlichen Finanzinstitut heute. Somit können wir indirekt an Immobilienblasen, Entlassungswellen oder Unternehmensverlagerungen beteiligt sein. Dafür reicht es schon, wenn wir unser Gehalt auf unser Girokonto überwiesen bekommen. In dieser Anonymität des Geldstroms sahen die Gründer der GLS Bank ein Haupthindernis für ein verantwortungsvolles Agieren der Menschen. Deswegen achten sie stets auf Transparenz. Anfangs stellten sie in einem Bankbrief einzelne Projekte vor und warben bei Anlegern um Direktkredite für diese Projekte.

»Diese Durchlässigkeit zwischen Geldanlageseite und dem, was die Bank dann mit dem Geld macht, das unterscheidet die Bank von anderen Instituten«, sagt Götz Werner, Gründer der Drogeriemärkte DM und Aufsichtsrat bei der GLS Bank. Der Kunde könne mitbestimmen und nachverfolgen, was mit seinem Geld geschehe, das »schärfe sein Bewusstsein«. Er sieht Parallelen zu seinem Geschäft mit Kosmetika, Hygieneartikeln oder Waschmitteln. Hier beobachtet er ein wachsendes Interesse der Kunden an der Herstellung der Waren. »Früher wollten meine Kunden auch nicht wissen, wo etwas hergestellt ist, wie groß der CO_2-Fußabdruck ist, oder ob da Kinderarbeit eingeflossen ist. Das ist heute anders«, meint Werner.

Dreimal jährlich listet die GLS Bank in ihrer Kundenzeitschrift alle aktuellen Geschäftskredite auf. Hier lesen die Anleger beispielsweise, dass der Förderverein der Waldorfschule Essen einen Kredit in Höhe von 1,6 Millionen Euro für den Werkstattneubau erhalten hat, 8.000 Euro für die Regionalwährung DreyEcker geflossen ist oder 140.000 Euro in die Fotovoltaik-Anlage Herz und Salffner in Wiesbaden. 11.500 Projekte finanziert die Bank derzeit. Datenschutzrechtlich ist diese Transparenz möglich, solange es um Firmenkredite geht. Privatkredite werden akkumuliert ausgewiesen. Gleichzeitig informiert die Bank darüber, in welche Anleihen und Aktien sie ihr Geld steckt; die Informationen sind im Internet frei zugänglich. »Das diszipliniert das Management«, sagt Stephan Paul, Professor für Finanzierung und Kreditwirtschaft an der Ruhr-Universität Bochum.[3] Diese Vorgehensweise zwinge die Manager, ihre Investitionen zu erklären, und halte sie schon allein deswegen von komplexen, schwer zu durchschauenden Geschäften ab, unabhängig davon, wie viele Kunden diese Informationen letztlich abfragen.

Geldvermehrung

Wer Geld verleiht, verlangt dafür üblicherweise ein Entgelt. Diese Gepflogenheit beherrscht heute unsere Lebenskultur. Das war nicht immer so. Im 13. Jahrhundert definierte der Kirchengelehrte Thomas von Aquin den Zins als Preis für die Zeit, innerhalb derer der Geldgeber auf den Gebrauch des Geldes verzichtete. Zeit jedoch, folgerte Thomas, sei ein Geschenk Gottes, das man nicht verkaufen dürfe. Zudem beraube der Zins den Geldnehmer um einen Teil des Geldes, das mit seiner Arbeit und dem Vermögen anderer erwirtschaftet werde. Schon im Alten Testament findet sich ein Zinsverbot, und im Mittelalter verbot die katholische Kirche jede Zinszahlung. Beim Wiener Konzil im Jahre 1311 forderten die Bischöfe gar eine Exkommunizierung der Herrscher, wenn sie nicht alle Geldverleiher als Wucherer verurteilten. Auch der Kirchenreformator Martin Luther bezeichnete Geldverleiher zwei Jahrhunderte später als Diebe, Räuber und Mörder. Die Sünde des Wuchers, also die Berechnung übermäßiger Zinsen zum unangemessenen Vorteil des Geldverleihers, gibt es für die katholische Kirche noch heute.[4] Nach islamischem Recht dagegen gibt es sogar ein generelles Zinsverbot – bis heute. In beiden Kulturkreisen weiß man allerdings das Zinsverbot geschickt zu umgehen: Die Christen überließen das Geldgeschäft weithin Juden; die Muslime erfanden Beteiligungskonstruktionen, die den Geldanlegern anstelle von Zinsen direkt oder indirekt Gewinne von Firmen auszahlten.

Wie gingen die Gründer der GLS Bank mit dem Zinssystem und seinen Wirkmechanismen um? Sie akzeptierten es als »soziale Tatsache«, mit der man sich abzufinden habe. Allerdings hielten sie es für möglich, »dass durch die Entwicklung der Bank, durch das [...] Näherkommen der Menschen im Lauf der Zeit weniger Zinsen entstehen«, berichtet Rolf Kerler, erster Vorstand der GLS Bank. Wer sein Gegenüber kennenlernt und für dessen Ziele gewonnen werden kann, so die Überlegung, sei auch davon zu überzeugen, wenigstens auf einen Teil der Verzinsung zu verzichten.

Die Idee hatte Erfolg. Wer bei der GLS Bank ein Sparkonto eröffnet, kann selbst bestimmen, wie viel Zinsen zwischen Null und dem branchenüblichen Satz er in Anspruch nehmen will. In den Anfangsjahren verzichtete etwa ein Fünftel ganz oder teilweise auf Zinsen, zum Wohle gemeinnütziger Kreditnehmer. Mit dem Wachstum der Bank sank der Prozentsatz; heute leisten zwar nur ein Zehntel der Kunden diese Zinsspenden, aber die absolute Summe zinslosen Darlehens ist stetig gewachsen. Gerne hätte die Gemeinschaftsbank den Zinseszins ganz vermieden, also den Zins, der auf Zinsen anfällt und die Ursache für die exponentielle Zinsentwicklung ist. Die Idee, den Zins nicht dem betreffenden Sparkonto gutzuschreiben, sondern einem zweiten, zinslosen Sparkonto des jeweiligen Anlegers, war jedoch nicht durchzusetzen. Und so zahlt die Bank heute ganz gewöhnliche Zinsen, genau wie jede andere Bank.

Mit den Einlagen ihrer Kunden wirtschaften Banken und vergeben Kredite. Jede Bank muss einen bestimmten Prozentsatz aller Einlagen als Reserve behalten. Das schreibt der Gesetzgeber vor, um die Zahlungsfähigkeit der Bank garantieren zu können. Bei der GLS Bank beträgt dieser Prozentsatz etwa 30 Prozent. Grundsätzlich kann sie also maximal 70 Prozent der Einlagen als Kredit ausgeben.

Die weltweite Finanzkrise hat die GLS Bank jedoch vor eine ungeahnte Herausforderung gestellt: Nun fließen ihr plötzlich mehr

Gelder zu als erwartet, weil Anleger sie im Vergleich zu anderen Banken als vertrauenerweckender betrachten, von denen etliche in Schieflage geraten sind; andererseits wird die GLS Bank dadurch mit dem Problem konfrontiert, nun schnell förderungs- und kreditwürdige Projekte zu finden, wenn sie die Erwartungen ihrer Kunden erfüllen will. Gerade einmal die Hälfte ihres Geldes hat die Bank Anfang 2011 als Kredite ausgegeben, die andere Hälfte ist vor allem in festverzinslichen Wertpapieren und als Bankanlagen angelegt – in welchen genau, ist auf ihrer Website nachzulesen.

Fast könnte man den Eindruck gewinnen, dass die GLS Bank angesichts der Geldschwemme ungewollt in eine ähnliche Situation gerate, die die weltweit arbeitenden Bankkonzerne willentlich für sich gewählt haben. Diese hatten vor rund zwei Jahrzehnten ihre Geschäftsmodelle grundlegend verändert und dem Ziel untergeordnet, mit Geld ständig mehr Geld zu verdienen. Statt wie zuvor vor allem Unternehmen mit Krediten zu versorgen, spekulierten sie nun mit hohen Summen auf eigenes Risiko. Auf solche Handelsgeschäfte mit Anleihen, Währungen oder Rohstoffen entfällt heute ein großer Teil der Gewinne von Großbanken. Nichts kennzeichnet diesen Sinneswandel deutlicher als die Zielsetzung Josef Ackermanns für die Deutsche Bank, nämlich eine Verzinsung von 25 Prozent für die Aktionäre auf ihr eingesetztes Eigenkapital. Selbst die Sparkassen, die zum überwiegenden Teil im 19. Jahrhundert für die Versorgung der untersten Einkommensschichten mit Bankdienstleistungen gegründet worden waren und eigentlich nur gemeinnützigen Zielen dienen sollten, haben eine ähnliche Kehrtwendung gemacht. Am 29. September 2008 setzte Dietrich H. Hoppenstedt, der Präsident des Deutschen Sparkassen- und Giroverbandes, seiner Organisation das Ziel einer Eigenkapitalverzinsung von 15 Prozent vor Steuern. Das ist mehr als das, was amerikanische Aktien während der vergangenen hundert Jahre im Durchschnitt abgeworfen haben.[5]

Um an Zinsen zu kommen, räumte eine Bank einem mexikanischen Erdbeerpflücker in Kalifornien, der 14.000 Dollar im Jahr verdiente, einen Kredit von 720.000 Dollar ein. Eine andere Bank drückte einer demenzkranken Frau aus Brooklyn mit einer Rente von 1.100 Dollar einen Kredit auf, dessen Tilgungsrate mit der Zeit auf 2.400 Dollar ansteigen sollte. Und nicht nur das: Banken fanden auch noch einen Weg, wie sie sich der Verantwortung für die Folgen entledigen konnten, indem sie ihre Forderungen an andere Gesellschaften verkauften – Fonds, Versicherungen oder andere Banken – und diesen vorgaukelten, es handele sich um solide Anlagen. Sie konnten sogar Ratingagenturen als Komplizen gewinnen, die diesen Schrott mit einem Gütesiegel versahen. Die Käufer, selbst auf einen möglichst hohen Gewinn spekulierend, ließen sich davon blenden – auch wenn es sich um Banken handelte, und sie es besser hätten wissen müssen. Die verheerenden Folgen dieser einseitigen Gewinnmaximierung im internationalen Finanzgeschäft sind weithin bekannt. Ganze Staaten wurden so in die Knie gezwungen – mit schweren Folgen für deren Gesellschaften und viele ihrer Bürger.

Verantwortung des Einzelnen
So lang man denken kann, hat Altruismus in der Geschichte der Menschheit eine Rolle gespielt. In Großfamilien und Stammesgemeinschaften hat man einander geholfen. Im europäischen Kulturkreis gehörten christliche Orden und ihre Klöster zu den ersten Institutionen, die ganz selbstverständlich Bedürftigen halfen. Spätestens seit der Neuzeit traten wohlhabende Bürger als Stifter von Sozialeinrichtungen auf den Plan. Auch Banken haben Stiftungen begründet und treten darüber hinaus als Spender auf. Diesen altruistischen Grundimpuls möchte sich die GLS Bank zunutze machen, indem sie als eine der ersten »Schenken« zu einem ihrer Geschäftsziele erhoben hat. Menschen, die ihr Geld der Bank geben, wollen, dass Sinnvolles mit ihm geschieht. Die Bank kann den Menschen die Augen öffnen für die Wirkungsweise des Geldes. GLS Bank-Gründer Wilhelm-Ernst Barkhoff bei einer Mitgliederversammlung des Paritätischen Wohlfahrtsverbandes: »Früher war Helfen das Privileg der Reichen. In einem demokratischen Staatswesen hat jeder dieses Privileg. Allgemeine gegenseitige Hilfe ist das rationale Prinzip demokratischer Sozialwirtschaft und demokratischer Umverteilung. An diesem Wirtschaftsprozess ist jeder einerseits

kraft Gesetzes als Staatsbürger beteiligt; andererseits sollte sich aber auch jeder als Mensch entsprechend seinem geistigen, seelischen und finanziellen Vermögen aus freiem Entschluss sozialwirtschaftlich betätigen. Das gebietet die Vernunft dem mündigen Bürger. Das hat nichts mit Nostalgie, Romantik oder Gefühlsduselei zu tun. Es handelt sich dabei – zwar nicht nur – aber doch in hohem Maße um ökonomische Erwägungen, um die gegenseitige Befreiung aus ökonomischen Zwängen nach der Methode gegenseitiger Hilfe.«[6] Barkhoff will die Selbsthilfe der Menschen fördern; gegenüber Staat und Kirchen ist er aufgrund seiner Erfahrung im Dritten Reich dagegen skeptisch. »Der Staat galt einem nichts mehr, die ganze Nazizeit und was da alles passiert war. Die Religion oder die Konfession galt einem nichts mehr.« Anders als die damalige Studentenbewegung, die von einer Veränderung des Staates eine Verbesserung der Gesellschaft von oben erhoffte, erhofft er eine Verbesserung der Gesellschaft von unten durch neue soziale Initiativen der Bürger selbst, nicht durch institutionelle Veränderungen.

Start in der Straßenbahn
An einem Tag im Jahr 1956 fährt Wilhelm-Ernst Barkhoff mit der Straßenbahn. Die Bahn ist überfüllt. Er steht draußen auf der Plattform. An der anderen Seite hängt ein Mann und ruft ihm zu: »Du bist doch der Barkhoff, der Rechtsanwalt?« In dem Straßenlärm versucht er, ihm verständlich zu machen: Eine Initiative suche einen Anwalt, der ihr bei der Gründung einer Waldorfschule helfen könne. Über dem Quietschen der Straßenbahn, dem Lärm des Autoverkehrs versteht Barkhoff immer nur »Wald – Dorf – Schule«. Er denkt, es geht um den Bau einer Schule am Waldesrand. »Wenn es keine Arbeit macht!«, ruft er zurück.
Einige Tage später erfährt er im Wattenscheider Ratskeller, worum es eigentlich geht: um den Bau einer Waldorfschule. Noch nie hat sich der Rechtsanwalt bisher mit Anthroposophie befasst. »Zu Anfang glaubte ich, in eine Gesellschaft von Phantasten gekommen zu sein.«[7] Aber der Gedanke an diese Schule und das hartnäckige Engagement der Gruppe überzeugen ihn. Er macht mit und trifft da-

mit (nach eigenem Befinden) eine seiner wesentlichen Lebensent-
scheidungen. »Zwar wollte ich nur ein Glied meines Fingers geben,
bekam aber dann beide Hände voll zu tun.«[8]
Der Schulinitiative fehlt nicht nur ein Jurist, ihr fehlt auch Geld. Für
freie Schulen gibt es zu dieser Zeit noch keine staatlichen Zuschüs-
se. Man benötigt also privates Kapital. Barkhoff und seine Mitstreiter sammeln Spenden bei Eltern, Freunden und Firmen ein. Schließlich können sie der Stadt eine alte Villa abkaufen. So entsteht die
erste Rudolf-Steiner-Schule im Ruhrgebiet – übrigens gegen Widerstand aus den eigenen Reihen: Der Bund der Waldorfschulen hatte
damals wegen Lehrermangels Angst vor einem Qualitätsverlust des
Unterrichts und deshalb einen deutschlandweiten Gründungsstopp
verhängt. Barkhoff will sich damit nicht abfinden: Wenn die Schulen erst einmal bestehen und etwas taugen, dann ließen sich auch
geeignete Lehrer finden.
Im Schulbeirat lernt Barkhoff einige Menschen kennen, mit denen
gemeinsam er in den nächsten Jahren weitere Projekte verwirklichen
wird. Er selbst spricht von einer »Schicksalsgemeinschaft«. Dazu zählen
Klaus Fintelmann, Gründer der »Hibernia-Schule«, der Arzt Klaus
Dumke, der Manager Franz Schily, Vater des späteren Bundesinnen-
ministers Otto Schily, der Unternehmer Ernst Neuhöfer und die
Pädagogen Lore Schäfer, Robert Zimmer und Wilhelm Wollborn.
Besonders wichtig wird für ihn dort die Begegnung mit Gisela
Reuther. Als die promovierte Wirtschaftswissenschaftlerin einen
beruflichen Neuanfang sucht, wendet sie sich an Barkhoff. Er ermun-
tert sie zum Steuerberaterexamen und nimmt sie danach in seine
Kanzlei auf. Gemeinsam mit anderen entwickelt das Team aus dem
trockenen Theoretiker und der quirligen Pragmatikerin das anthroposophische Bankwesen.
Als die Bochumer Waldorfschule Geld für einen Erweiterungsbau
benötigt, reichen Spenden nicht aus. Man benötigt einen Bankkredit.
Barkhoff wendet sich an die örtliche Commerzbank. Deren Direktor
kennt er gut. Der aber winkt erst einmal ab, da die Schule keine
Sicherheiten zu bieten habe. Barkhoff sinnt darüber nach, wie das,
was er für richtig hält, trotzdem umgesetzt werden kann. Ihm kommt

eine Idee: Wie wäre es, wenn die Commerzbank einen Kredit auf die Kreditwürdigkeit der Eltern gäbe? Wenn diese ihre Guthaben auf Konten der Commerzbank verlagern und dieser gegenüber einen Teil davon verpfänden würden? Der Direktor der Commerzbank hält diesen Plan zunächst für utopisch. Doch Barkhoff bleibt hartnäckig und überzeugt einen Großteil der Eltern von seinem Plan. Schließlich bewilligt die Commerzbank einen Kredit an den Schulverein – abgesichert mit den verpfändeten Spareinlagen von Eltern und Lehrern. »Damit tauchte schon sehr früh eine erste Erfahrung auf: Dass etwas bewegt werden kann, wenn viele Menschen gemeinsam – orientiert an einer gemeinsamen Aufgabe – zusammenarbeiten und ihre finanziellen Kräfte bündeln.«[9]

Ermutigt vom Erfolg dieser Idee gründen Barkhoff und Reuther 1961 die Gemeinnützige Treuhandstelle e. V., die die Finanzierung gemeinnütziger Projekte nach dem Vorbild ihrer Schulgründung verwirklichen soll. Zunächst klopfen vor allem Waldorfschulen und Kindergärten an, später einige Landwirte. Die Finanzierung der gemeinnützigen Treuhand erfolgt durch Spenden und eine clevere Geschäftsidee von Barkhoff. Er handelt mit der Commerzbank ein Provisionsmodell aus. Nun führen die Unterstützer der Projekte ihre Konten bei der Commerzbank. Dafür zahlt diese eine Provision von 0,5 Prozent an die Treuhand. Auch beim Abschluss von Bausparverträgen oder dem Kauf von Wertpapieren erhält die Treuhand eine Provision. Schnell kommt so ein Kapital von 1,2 Millionen D-Mark zusammen, mit dem damals etwa Bürgschaften für Kredite in Höhe von etwa 18 Millionen D-Mark übernommen werden können. Alle Beteiligten machen eine einschneidende Erfahrung: Zusammen können sie etwas bewirken. Hier wirkt der ursprüngliche Impuls der Genossenschaftsbewegung: »Einer für alle – alle für einen«.

In den 1960er-Jahren begegnet Barkhoff dem Industriellen Alfred Rexroth. Dieser stammt aus einer alten Unternehmerfamilie, die seit dem 18. Jahrhundert in Lohr am Main in der Metallverarbeitung tätig ist. Rexroth ist Ingenieur und Kunstliebhaber. Gemeinsam mit seinem Bruder Ludwig hat er den familiären Betrieb nach dem Zweiten Weltkrieg wieder aufgebaut und zu einem der führenden

Hydraulikkonzerne der Welt entwickelt, der heute teilweise zum Automobilzulieferer Bosch gehört. Rexroth war sehr früh Rudolf Steiner begegnet und von ihm geprägt worden: Die Werkhalle hatte er nach dessen architektonischen Grundsätzen bauen lassen – keine rechten Winkel und viele Rundungen.

Rexroth sucht zu dieser Zeit Wege, wie er die Ideen Steiners auf die Wirtschaft übertragen könnte. Während seines Studiums war Rexroth als Bürogehilfe beim »Kommenden Tag«, einer Aktiengesellschaft zur Förderung wirtschaftlicher und geistiger Werte, die im März 1920 nach Ideen von Steiner gegründet wurde, erstmals auf dessen Gedanken für Unternehmen gestoßen. Die Gesellschaft hatte Einrichtungen des Geistes- und Kulturlebens betrieben, unter anderem Schulen und Forschungsinstitute. Ihr lag die Überlegung zugrunde, dass Gewinne aus der Wirtschaft unmittelbar als Schenkungsgeld in Lebensbereiche fließen sollten, die Geld verbrauchten, ohne selbst zu produzieren. Dadurch wollte man beispielsweise die Forschung voranbringen oder neue Arbeitstechniken entwickeln. Einige Menschen hatten diese Idee mit Geld unterstützt, andere hatten sogar ihre Betriebe in die Gesellschaft eingebracht. So war ein Konglomerat entstanden, zu dem unter anderem ein Verlag, eine Druckerei, eine Maschinenfabrik, ein chemisches Werk, ein Schieferwerk, eine Kartonagenfabrik, eine Zigarettenfabrik und eine Ölmühle gehörten. Zwar leiteten die beteiligten Unternehmer ihre Firmen weiterhin, aber sie verzichteten auf die volle Verfügung über das eingebrachte Kapital. Sie erhielten nur noch ein festes Einkommen und eine auf fünf Prozent begrenzte Kapitalverzinsung.[10] Dieses soziale Experiment funktioniert nur einige wenige Jahre. Bereits in den 1920er-Jahren geht die Gesellschaft pleite.

Inspiriert vom »Kommenden Tag« gründet Alfred Rexroth später selbst eine Stiftung, die sich der Förderung von Forschungsvorhaben verschreibt, die es Menschen und Gruppen ermöglichen, arbeitend neue Erziehungs-, Ausbildungs- und Arbeitsformen zu erproben.

Barkhoff und Rexroth freunden sich an, und Rexroth wird der entscheidende Finanzier für Barkhoffs Ideen. Er ist es, der in den 1970er-Jahren das ehemalige Theaterrestaurant an der Oskar-Hoffmann-

Straße kauft, in dem zunächst die für die Umsetzung sozialer Projekte gegründete gemeinnützige Treuhand und danach auch die GLS Bank untergebracht werden. Später schenkt Rexroth seinen gesamten Firmenbesitz der Treuhand, mehr als 30 Millionen D-Mark – ein Schritt, mit dem er sich anfangs schwer getan hat. Nicht weil er an der Richtigkeit dieses Geschenks zweifelte, sondern weil er sich nur mit Mühe schon zu Lebzeiten von dem mühsam aufgebauten Unternehmen trennen kann. Dennoch überschreibt Rexroth sein gesamtes Vermögen der Treuhändergesellschaft. Danach erhält er bis zu seinem Tod – vier Jahre später – eine Leibrente von der Neuguss, einer kleinen Firmengruppe vor allem blechverarbeitender Betriebe mit zusammen einigen hundert Beschäftigten, die er der Treuhand übereignet hatte. Bis heute fließen der Treuhand jährlich Gewinne aus der Neuguss zu.

Erster Anlauf
Barkhoff ist davon überzeugt, dass die Gesellschaft einer neuen Bank bedarf, einer Bank, die Geld nicht nur als Mittel betrachtet, weiteres Geld zu verdienen. Solche Ideen passen allerdings so gar nicht in die 1960er-Jahre, die Zeit des Wirtschaftswunders in Deutschland. Als seine Frau Ottilie eines Tages mit den Kindern von einer Erholungsreise aus der Eifel zurück nach Hause kommt, bringt sie ihrem Mann einen schönen Gruß von einem Bekannten mit, »[er] solle nicht immer so dumm über Banken und sonst etwas reden, [er] sollte doch einmal eine Bank machen«.[11] Barkhoff ist verärgert. Aber als er das nächste Mal in Münster ist, besucht er tatsächlich den Genossenschaftsverband. Später schildert er, wie erstaunt die für die Volks- und Raiffeisenbanken in Westfalen zuständigen Mitarbeiter des regionalen Genossenschaftsverbandes auf seine Fragen reagierten: »Was wollen Sie denn, warum wollen Sie eine Bank machen? Ich habe gesagt: Wir machen Schulen und gemeinnützige Sachen, und ich würde gerne eine Bank für gemeinnützige Sachen machen. Da sagten die: Das gibt es überhaupt nicht, das kann man doch nicht. Wir machen gewerbliche Wirtschaft, aber doch nicht gemeinnützige Wirtschaft. Dann habe ich mich wohl geirrt, sagte ich, und

ging wieder. Aber das ärgerte mich auch. Ich dachte: Warum soll es nicht gemeinnützige Banken geben? Dann haben wir angefangen, mit Gisela Reuther zusammen, und haben uns das überlegt und gefragt: Geht das nicht doch, ist das nicht vielleicht doch zu machen? Und dann – die Frau Reuther –, die kann einen so stoßen, die sagte: Setz Dich doch mal hin, es ist doch dein Beruf, schreib doch mal eine Satzung für eine Bank.«[12] Als wenig später Friedrich Hiebel bei ihm ist, ein Vorstandsmitglied der Anthroposophischen Gesellschaft aus Dornach, hat Barkhoff den Satzungsentwurf bereits in der Schublade. Nur wenig Überzeugungsarbeit ist notwendig – bereits einen Tag später gründen Barkhoff und Hiebel in dessen Kanzlei die »Neue Bank«.

Bei der deutschen Anthroposophischen Gesellschaft schrillen die Alarmglocken, als man von den Plänen hört. Niemand hält hier die Zeit reif für ein solches Experiment. Mit Grauen erinnert man sich an das Scheitern des »Kommenden Tags«: Das Konglomerat war Mitte der 1920er-Jahre liquidiert worden, nur wenige Firmen, wie der Arzneimittel- und Naturkosmetikhersteller Weleda, überlebten. Ohne die Zustimmung der Anthroposophischen Gesellschaft ist der Plan von einer solchen Bank jedoch nicht zu verwirklichen. Auch im sogenannten Heidenheimer Kreis diskutiert man über Barkhoffs Pläne mit hitzigen Köpfen. Diesem losen Zusammenschluss, der sich in den 1960er-Jahre mehrmals jährlich trifft, gehören Unternehmer an, die der Lehre Steiners folgen wollen, der Industrielle Peter von Siemens zum Beispiel und der Besitzer der Papiermaschinenfabrik Hans Voith. »Jetzt wollen die Bochumer Dilettanten da eine Bank machen, die haben doch keine Ahnung«, erinnert sich Albert Fink, der zu dem Zeitpunkt für Rexroth eine Firma aufbaut, an die Stimmung. Barkhoff gibt die Idee vorerst auf. Aber klein beigeben will er nicht. Schon wenig später unternimmt er einen neuen Versuch: »Das hat mich natürlich nicht in Ruhe gelassen, dass einer zu mir sagt: Ich müsste eine Bank, die ich gegründet habe, wieder auflösen. Das war doch das Letzte! Dann sind wir langsam vorgegangen.«

Zweiter Anlauf

Barkhoffs Ideen finden nach und nach, vor allem im Ruhrgebiet, immer mehr Anhänger. Immer mehr Menschen wenden sich an ihn, weil Banken die Kreditwünsche ihrer gemeinnützigen Einrichtungen nicht voll erfüllen wollen. Nach den banküblichen Gesichtspunkten mangelt es an ausreichender Sicherheit. 1967 gelingt es Barkhoff und seiner Kollegin Reuther, für die Gründung einer gemeinnützigen Kreditgarantiegenossenschaft (GKG) über tausend Menschen zu gewinnen, die unverzinsliche Genossenschaftsanteile zeichnen, auf deren Grundlage die GKG aufgebaut wird. Diese übernimmt ausschließlich Garantien und Bürgschaften, wenn ortsansässige Banken keine ausreichenden Kredite gewähren. Die ersten Bürgschaften vergibt sie zugunsten des Verlages Freies Geistesleben in Stuttgart, der Christengemeinschaft in Göttingen und der Betriebsgemeinschaft des Dottenfelderhofs in Bad Vilbel.

Zu dieser Zeit stößt Rolf Kerler zu dem Kreis um Barkhoff. Er hat in München Soziologie studiert und sucht nun nach einer Möglichkeit, Wirtschaft und Anthroposophie miteinander zu verbinden. Konrad Schily, der spätere Gründer der privaten Hochschule Witten/Herdecke, macht ihn auf die Bankgründungspläne Barkhoffs aufmerksam, wofür dieser einen ersten festen Angestellten sucht. Kerler bewirbt sich, begeistert sich, bekommt den Job und verzichtet dafür auf eine Promotion bei dem bekannten Soziologen Ralf Dahrendorf. Ein Abstellraum, den Barkhoff bisher als Archiv genutzt hat, wird 1967 Kerlers erstes Büro. Sein Gehalt: tausend D-Mark monatlich. »Das war alles ein bisschen abenteuerlich, aber es hat Spaß gemacht, gerade weil noch überhaupt nichts festgelegt war«, erzählt der 69-Jährige heute. Die anthroposophische Zentrale in Dornach hat keine Rolle gespielt bei der Gründung der Bank, auch die wenigen Ausführungen Rudolf Steiners über die Anforderungen an eine Bank nicht. »Es ging nie darum, theoretische Bank- oder Geldtheorien zu verwirklichen. Die Anfänge hatten mit konkreten Menschen und ihren Problemen zu tun, daraus erst erwuchsen die Aufgaben und Antworten darauf«, sagt Kerler. Als Hebel dient die kluge Anwendung geltenden Rechts: »Barkhoff setzte sich über alle Rechtsregeln hinweg und dachte

Recht neu. Das hat er überall und immer gemacht, wo er das konnte«, sagt Ingo Krampen, der Barkhoff seit seiner Kindheit kennt und
seit dem Studium in dessen Kanzlei gearbeitet hat. Das war auch
der »Keim des anthroposophischen Bankwesens«[13]. Um Missver-
ständnisse zu vermeiden: Barkhoff ist kein Rechtsverdreher. Ihm
geht es darum, einzelnen Menschen oder Gruppen bei der Umsetzung ihrer Idee, wie der Gründung von freien Schulen oder Kindergärten, zu helfen und die Eigenverantwortlichkeit zu ermöglichen.
Das schlägt sich auch in Barkhoffs Unternehmensführung nieder. So
brauchen seine Angestellten in der Kanzlei keine Krankmeldungen
vorzulegen. Krampen, der als Jurastudent in seiner Kanzlei arbeitet,
lässt Barkhoff bereits nach dem dritten Semester Fälle eigenständig
bearbeiten – er zeichnet die Schriftsätze unkorrigiert ab und schickt
sie an das Gericht. Als Krampen zu Bedenken gibt, dass er im dritten
Semester wohl noch keine fehlerfreien Schriftsätze verfassen könne,
erwidert er ihm: »Warum soll ich dich korrigieren? Die Gegenseite
und das Gericht werden Deine Fehler schon bemerken, und diese
Fehler machst Du dann bestimmt nicht noch einmal.«[14]
Barkhoff und Krampen versuchen gemeinsam, ein neues Bürg-
schaftssystem zu entwickeln, mit dem Kredite für gemeinnützige
Initiativen ermöglicht werden sollen. Von einem Computerspezialist
in Hamburg lassen sie sich das Modell »jeder bürgt für jeden«
durchrechnen. Zunächst habe sich das wahnsinnig kompliziert an-
gehört, erinnert sich Krampen. Soll jeder für 1/49 bürgen oder jeder
für jeden der anderen 49? Schließlich entwickeln sie gemeinsam das
Instrument der Leihgemeinschaft: Menschen, die nur über geringe
finanzielle Mittel verfügen, sollen diese solidarisch bündeln, um dadurch Zugang zu einem Bankkredit zu gewinnen. Heute kann man
sich das kaum vorstellen. Zu dieser Zeit, in den 1960er-Jahren, hatten
viele Menschen überhaupt noch nie eine Bank betreten. Sie erhielten
ihren Arbeitsverdienst in bar ausgezahlt. Ein Konto – das war etwas
für Besserverdienende. Banken und Sparkassen boten damals noch
keine Konsumentenkredite an. Wer eine Waschmaschine kaufen
wollte und nicht genügend zurückgelegt hatte, musste sich an die
Teilzahlungsstelle des betreffenden Kaufhauses wenden.

Je nach Projekt gehörten den neuen Leihgemeinschaften mal einige Personen an, mal etliche Hundert. Zur Sicherung jedes Mitglieds wurde die Haftung auf einige Tausend D-Mark begrenzt. Kein Bürge sollte überfordert werden, und im Fall eines Scheiterns sollte niemand sich überschulden.

Wiederholt rät man Barkhoff, doch einfach eine Investmentgesellschaft zu gründen, die ihr Geld nach ethischen Kriterien anlegt, da die Regeln einer solchen Gesellschaft weniger streng sind als die einer Bank. Doch Barkhoff geht es eben nicht nur um das Investment, es geht ihm vor allem um die »Gesellschaftsbildung«. Und die Bank bietet ihm einen Weg dazu. Die Bank soll sich nicht festlegen lassen auf eine »ökologische Bank« oder eine »pädagogische Bank« oder eine »alternative Bank«, sondern sie müsse sich als eine »Bank mit Menschen und für Menschen« verstehen.[15]

Im September 1974 geht Barkhoff zum Bochumer Amtsgericht und meldet die Gemeinschaftsbank eG an. Die Industrie- und Handelskammer hat einen Vorbehalt gegen den Namen: Er sei dem der gewerkschaftseigenen Bank für Gemeinwirtschaft zu ähnlich. Deshalb entscheiden sich die Bochumer für den Namen GLS Gemeinschaftsbank für Leihen und Schenken eG.

Man bezieht drei Räume des ehemaligen Theaterrestaurants schräg gegenüber vom Bochumer Schauspielhaus. Die anderen Räume im Erdgeschoss belegen die Pizzeria Bänksken, der spätere Grüne Laden und der Bochumer Zweig der Anthroposophischen Gesellschaft.[16]

Noch ist das Bankgeschäft ziemlich überschaubar. Noch hebt niemand von seinem Sparbuch bei der GLS Geld ab. Am Ende des ersten Jahres steht unter dem Strich eine Bilanzsumme von zwei Millionen D-Mark. Damit ist die Gemeinschaftsbank ein Zwerg unter Bankriesen. Kerler erinnert sich daran, wie er beim Besuch einer Bankleiterausbildung an der genossenschaftlichen Akademie in Montabaur ein bisschen belächelt worden sei: »Ihr werdet noch auf den Boden der Tatsachen kommen«, diesen Spruch hören die Neubankiers damals oft von den Kollegen. Aber sie lassen sich nicht beirren. Jeden Montag treffen sie sich um 19 Uhr zu einem offenen Kreis. Häufig diskutieren sie bis in die frühen Morgenstunden in einer von Zigarettenrauch geschwängerten Luft. Wenn Barkhoff einmal in Fahrt kommt, kann er stundenlang reden. Wenn er seine Visionen schildert, vergisst er die Zeit. Terminkalender oder Uhr hat er ohnehin nicht dabei.

Weil die GLS Bank vieles anders macht, kann sie ihren Kunden – vor allem gemeinnützigen Initiativen – sehr günstig Kredite zur Verfügung stellen. So legt sie den Zins für einen Kredit nicht bei Geschäftsabschluss fest, sondern berechnet nach Ablauf eines Jahres die gesamten Kosten der Bank (Löhne, Miete etc.) und legt diese auf alle Kreditnehmer um. Diese sogenannte Deckungsumlage beträgt anfangs gerade einmal 0,3 Prozent der ausgezahlten Kreditsumme, steigt später wegen wachsender Finanzierungskosten, beträgt aber nie mehr als drei Prozent – auch nicht in der Hochzinsphase der 1970er-Jahre, als Kreditnehmer bei anderen Banken zweistellige Zinssätze bezahlen müssen. Die Gemeinschaftsbank selbst will keinen Gewinn erzielen; sie verzichtet zunächst auch auf die Bildung von Rücklagen – das ist allerdings nur deshalb möglich, weil sie ihre Kosten am Ende des Jahres auf alle Kunden umlegen kann, und diese gleichzeitig in Leihgemeinschaften für einen Kredit haften. Die Bank selbst trägt damit praktisch kein Risiko. Durch eine Vielzahl ehrenamtlicher Mitarbeiter kann die Bank zudem sehr günstig wirtschaften. Hinzu kommt schließlich, dass die Genossen der Bank bis heute auf die Verzinsung von üblicherweise mehr als 5% ihrer Geschäftsanteile verzichten und der Bank damit praktisch Geld schenken, das wiederum anderen Projekten zugute kommt.

Mittlerweile ist die GLS Bank etabliert, hat Zulauf und wächst stetig. Die Bilanzsumme beträgt heute gut eine Milliarde Euro, verglichen mit etwa einer Million Euro im ersten Geschäftsjahr ist das sehr viel, verglichen mit den meisten Geldhäusern ist das immer noch recht bescheiden. Als es 2005 im alten Bankgebäude zu eng wird, zieht man in einen einige Hundert Meter Luftlinie entfernten sanierten Fabrikbau des Stahlkonzerns Thyssen in der Christstraße. Das Haus wird mit Sonnenkollektoren beheizt und beleuchtet, in der Eingangshalle fließt über drei Stockwerke Wasser an einem Steinblock entlang und endet in einer grünen Oase. Ein solches Entree erinnert mehr an eine Forschungseinrichtung für Umweltfragen als an eine

Bank. Selbstbewusst nennt man sich »erste sozial-ökologische Universalbank der Welt«.

Die ursprüngliche Sinnfrage lässt Führungskräfte, Mitarbeiter und Kunden der Gemeinschaftsbank bis heute nicht los. Größe sei für die Bank nicht entscheidend, sagt Aufsichtsratschef Paul Mackay: »Wir wollen ein Anstoß sein.« Er kannte Barkhoff gut, hat selbst seine Ausbildung bei der Bank erlebt, war später lange Vorstand der Gemeinschaftsbank und hat dann nach einem ähnlichen Muster die Triodos Bank in den Niederlanden aufgebaut.

Auf ein Neues

Die anthroposophischen Einrichtungen hatten nun in der GLS Bank einen Ansprechpartner zur Lösung ihrer Finanzprobleme. Die Bank steht für alle Kunden offen, aber sie ist nicht in der Lage, alle unterstützungswürdigen Projekte und Personen fördern. Als Vorstandsmitglied des Deutschen Paritätischen Wohlfahrtsverbandes (DPWV) kennt Barkhoff die Finanznöte vieler Initiativen und hätte darum fast noch eine Bank für den Paritätischen Wohlfahrtsverband gegründet. Der DPVW ist ursprünglich von Krankenhäusern als Verband der freien Wohlfahrtspflege gegründet worden, um ihnen eine Stimme zu verleihen. Traditionall dominierten bei öffentlichen Diskussionen in Deutschland über den gemeinnützigen Sektor die beiden kirchlichen Wohlfahrtsverbände, die Caritas der katholischen und die Diakonie der evangelischen Kirche. Verächtlich blicken diese etablierten Verbände noch in den 1960er-Jahren auf den »Lumpensammler« DPVW herab, der viele progressive Initiativen wie Kinderläden, Frauenhäuser oder Schwulenprojekte unterstützt.

Barkhoff ist unvoreingenommen, ihm ging es immer um die Lösung von Problemen in aller Offenheit und Pluralität. Eines Tages beschäftigt sich das zuständige Gremium erstmals mit dem Aufnahmeantrag eines Frauenhauses – das Gremium ist von Männern dominiert. Die meisten wollen den Antrag ablehnen. Als alle ihre Gegenargumente ausgesprochen haben, fragt Barkhoff schlicht in die Runde: »Warum eigentlich nicht?« Wolfram Püschel, damals Geschäftsführer beim Verband, erzählt, dass am Ende alle geschlossen für die Aufnahme des Frauenhauses in Bonn gestimmt haben. Als ein Verein schwuler Männer für die besonderen Belange ihrer Kinder dem Verband beitreten will, zögert Barkhoff nicht lange – Anfang der 1970er-Jahre keine Selbstverständlichkeit. Um für solche Initiativen Finanzierungsmöglichkeiten bereitzustellen, will Barkhoff eine paritätische Bank gründen. Die Pläne sind fertig. Der Vorstand des Verbandes hat bereits der Satzung zugestimmt, und der damalige Geschäftsführer des DPWV, Wolfram Püschel, ist zur Bankenaufsicht nach Berlin gefahren. Dort werden die Pläne genehmigt. Doch schnell stößt man auf unvorhersehbare Probleme: Nach dem Zusammenbruch der Kölner Privatbank Herstatt einige Monate zuvor zieht nun die Finanzaufsicht daraus Konsequenzen und erhöht die Mindestanforderung für das Eigenkapital einer Bank von 500.000 D-Mark auf sechs Millionen D-Mark. Zudem werden für den Betrieb zwei vollamtliche Bankleiter verlangt. »Die sechs Millionen Mark hätten wir gestemmt. Aber wir fanden keine Bankiers mit der geforderten Qualifikation. Damals war der Arbeitsmarkt leergefegt, nicht mal einen Pensionär hat man dafür gewinnen können«, erinnert sich Püschel an das bittere Ende der Pläne.

Barkhoffs Weg

»Barkhoff war eine witzige Mischung aus eigentlich konservativ katholisch und total revolutionär«, sagt Ingo Krampen, der lange mit ihm zusammengearbeitet hat. Geboren wird Wilhelm-Ernst Barkhoff 1916 während des Ersten Weltkriegs in der niederrheinischen Bergarbeiterstadt Kamp Lintfort. Er wächst in Wattenscheid auf, das damals zu den ärmsten Städten Deutschlands gehört. Der Rhythmus des Lebens in der Ruhrgebietsstadt ist durch die Kohleförderung in den sieben Zechen bestimmt, die Stahlproduktion und den sonntäglichen Gottesdienst. Die Bergleute schuften neun oder zehn Stunden am Tag – und das sechs Tage in der Woche. Wenn einer tatsächlich einmal Urlaub macht, dann höchstens drei Tage lang, selbstverständlich ohne Lohnfortzahlung. Barkhoffs Vater arbeitet in der Zeche »Centrum«. Als Kind bekommt er eine erste Lektion in Sachen Geld. Über Generationen hatte die väterliche Familie einen

Bauernhof in der Nähe von Gelsenkirchen bewirtschaftet, etwa vier Stunden Fußmarsch weit entfernt. Nun verkauft die Familie den Hof, weil keiner der Erben ihn weiterführen will. Mitten in der Inflation ist der Verkaufszeitpunkt allerdings denkbar schlecht gewählt. Der Wert des Verkaufserlöses schrumpft täglich dahin. Am Ende reicht der Erbanteil des Vaters gerade noch dazu, einen Wohnzimmerschrank für die Aussteuer der Tochter zu kaufen.

Barkhoffs Jugendjahre sind rau. Häufig erlebt er Straßenkämpfe zwischen der Nazi-Schlägertruppe SA, der Rotfront der Kommunisten und den Grünhemden der Sozialisten. Manchmal mischt er sich unter die Demonstranten, die verzweifelt auf ihren Hunger aufmerksam machen. Seine Familie kommt in der ersten Zeit der großen Depression noch ganz gut über die Runden. Doch die Wirtschaftskrise spitzt sich zu. Die Arbeitslosenzahl steigt in der Weimarer Republik auf sieben Millionen. Nun verarmt auch seine Familie, 20 Mark Schulgeld kann sie nicht mehr aufbringen. Barkhoff soll von der Schule abgehen und eine Ausbildung beginnen. Seine Mutter hatte den Tipp bekommen, ihr Junge könne doch eine Banklehre in Südafrika machen. Dann bekommt der Vater Arbeit als Steiger unter Tage und kann seinem Sohn den Schulbesuch weiter bezahlen – Barkhoff macht doch noch Abitur.

Von einem Studium hält der Vater anschließend wenig. »Kannst du nicht etwas Vernünftiges machen?«, fragt er den Sohn. Der entscheidet sich dennoch für ein Jurastudium. Als Student tritt er der NSDAP bei, wie viele Kommilitonen damals. Man habe ihn dazu aufgefordert, sagt er später dazu. Über seine Parteizugehörigkeit hat er sich ansonsten wenig geäußert – anders als über seine Kriegserinnerungen. Selbst enge Weggefährten wussten lange nichts von seiner Mitgliedschaft in der NSDAP. Barkhoff schweigt zu diesem Thema wie viele anderer seiner Generation. Rolf Kerler, der zu den wenigen gehört, mit denen er über die Parteimitgliedschaft gesprochen hat, sagt heute: »Wenn man ihn kennenlernte, merkte man, dass er mit dem Dritten Reich innerlich wirklich gar nichts zu tun hatte.« Öffentlich hat Barkhoff einige Jahre vor seinem Tod in Schweden über seine Zugehörigkeit zur NSDAP gesprochen und sich selbst dabei »mangelndes Bewusstsein« vorgeworfen. Barkhoff studiert zuerst in Freiburg, wechselt dann nach Köln und Berlin. Als er im Jahr 1939 sein Staatsexamen ablegt, ist der Kriegsbeginn bereits absehbar. »Wer Zeitungen las und sich orientierte, der spürte, es gibt Krieg«, erinnert er sich später. Einige Wochen darauf gibt Adolf Hitler den Befehl für den deutschen Überfall auf Polen, mit dem der Zweite Weltkrieg beginnt. Barkhoff, damals Referendar am Gericht, meldet sich freiwillig für den Fronteinsatz. »Was sollten wir machen? Kriegsdienstverweigerung, auf den Gedanken kam überhaupt keiner. Das hätte bedeutet, dass man übermorgen eingesperrt und vielleicht zum Tode verurteilt worden wäre«, erinnert sich Barkhoff später.[17] Der 23-Jährige wird als Offiziersanwärter eingezogen. Beim Feldzug gegen Frankreich erleidet er eine schwere Granatverletzung.

Nach seiner Genesung meldet er sich freiwillig zum Einsatz an der russischen Front und stößt damit auf Unverständnis bei seinen Kameraden. Denn Frankreich scheint besiegt, das Leben dort ist für die deutschen Soldaten recht angenehm. In Russland dagegen tobt schon zu dieser Zeit unbarmherziger Krieg. Trotzdem geht Barkhoff zu seinem Kommandeur und sagt, er wolle nach Russland. Der Kommandeur, der gerade aus Russland kam, fragt: »Bist Du wahnsinnig? Was willst Du denn da?« Barkhoff: »Ich weiß das auch nicht. Aber alle in meinem Alter […] sind im Krieg, und ich sitze hier, und mir geht es zu gut.«[18] So hat er es selbst später geschildert. Barkhoff wird versetzt und führt nun als Offizier eine Batterie der bespannten Artillerie. »Als wir hinkamen, fing es mit den Rückzügen an. Von meinem Alter war keiner mehr da«, erinnert er sich später an seinen Russlandeinsatz.

Bei einem Kurzurlaub in seiner Heimat heiratet er Ottilie Grave, eine Lehrerin aus einem streng katholischen Elternhaus. Sie und ihre drei Geschwister sind alle im Kloster erzogen worden, nur Ottilie ist daraus ausgebrochen und hatte ein Examen als Kindergärtnerin gemacht. Nun arbeitete sie als Lehrerin in Holland.

Gegen Kriegsende befindet sich Barkhoff in dem polnischen Dorf Schmarse in einer als Lazarett genutzten Kapelle. Er hat hohes Fieber, ernährt sich praktisch von Chinin. Er gehört zu den Letzten, die das Dorf gegen die vorrückende russische Armee verteidigen sollen. Als die Stellung aufgegeben werden muss, schlägt sich Barkhoff – durch die Krankheit geschwächt – nach Deutschland durch. Nach seiner Erinnerung erlebt er dabei hellsichtige Momente, während derer er ihm bisher unbekannte Wege oder feindliche Stellungen gesehen habe. In der Nähe von Frankfurt kommt er in ein Lazarett. Am Kriegsende gerät er in amerikanische Kriegsgefangenschaft.[19] Als die Amerikaner Arbeiter für die Landwirtschaft suchen, meldet sich Barkhoff freiwillig. Er hat zwar keine Ahnung von der Landwirtschaft, aber hofft, dass er mit seiner Frau auf einem Bauernhof besser versorgt ist als anderswo. Er wird landwirtschaftlicher Lehrling. Anderthalb Jahre arbeitet er auf dem Bauernhof. Es wird eine harte Zeit für ihn, die Arbeit auf dem Feld liegt ihm nicht. Dennoch sammelt er dabei Erfahrungen, die später eine Rolle spielen mögen, als er sich mit Finanzierungsmodellen für den biologisch-dynamischen Landbau beschäftigt.[20] In den Nachkriegswirren von 1945 wird der erste Sohn geboren: Till leidet am Down-Syndrom und stirbt schon nach elf Monaten an der Behinderung und Unterernährung.

Dann gehen die Barkhoffs nach Bochum zurück und beziehen einen ausgebauten Dachboden. Hier wird der Sohn Georg geboren, später folgen Martin, Michael und Tille. Es ist die Zeit der Lebensmittelkarten: Butter, Käse, Brot und Fleisch sind vom Staat rationiert. Die Zuteilungen decken allenfalls das Existenzminimum. Nur auf dem florierenden Schwarzmarkt ist mehr zu haben. Bezahlt wird dort zumeist in Form von Zigaretten.

»Lebensgewohnheiten gab es nicht, und der Egoismus machte sich überall breit in dieser Not«, schildert Barkhoff die Nachkriegszeit im ausgebombten Ruhrgebiet.

Er wird Anwalt und muss Arbeiter verteidigen, die gegen Vorschriften der Alliierten verstoßen haben, Spekulanten und Schwarzmarkthändler. »Jeder versuchte, ein Grundstück zu bekommen und für ein Grundstück zwei zu kriegen und den Stadtbeamten ein bisschen zu bestechen mit zwei Pfund Heringen oder sonst was.« Beim Urteil über Menschen vertraut er im Zweifelsfall auf seine

Frau. »Man konnte sehen, wen meine Frau nicht leiden mochte, der taugte auch nichts.«

Eines Tages verteidigt Barkhoff eine Gruppe, die eine Verzinkerei betrieb und die Produkte auf dem Schwarzmarkt verkauft hatte. Sie werden zu Haftstrafen von sechs bis neun Monaten verurteilt. Als sie entlassen werden und Barkhoff bezahlen wollen, schlägt er ihnen vor, ihm anstelle einer Bezahlung ein Haus auf seinem gerade erworbenen Grundstück zu bauen. »Das ist das billigste Haus, das in Bochum je gebaut worden ist«, sagt Barkhoff später, 50.000 D-Mark habe es gekostet. Das Haus teilen sich die Barkhoffs mit einer befreundeten Familie, sie ist Künstlerin, er Arzt. Familie Barkhoff wird für ihr soziales Engagement von allen geschätzt: Immer wieder kommt es vor, dass sie Kinder aufnehmen, mit denen die eigenen Eltern überfordert sind. Manche dieser Kinder leben jahrelang bei ihnen.

Barkhoff hat Zeit seines Lebens über seinen Beruf und seine engere Familie hinaus gedacht und gehandelt. Albert Fink, ein Wegbegleiter: »Er hat weit in die Zukunft gegriffen und Visionen umgesetzt. Er hat Menschen für seine Pläne begeistern können.« Manch einer sei auf der Suche nach Steuersparmodellen zu ihm gekommen und habe sein Büro als Spender für eine gemeinnützige Einrichtung verlassen. Häufig habe er solchen Klienten geraten: Verschenken Sie doch Ihr Geld oder verwenden Sie die Gewinne gleich so, dass sie gar nicht erst im privaten Einkommen auftauchen und steuerpflichtig werden, sondern in sinnstiftende soziale und kulturelle Gemeinschaftsprojekte fließen. Nicht gerade ein gewöhnlicher Ratschlag für eine Bank.

Mit den Ideen Steiners kommt Barkhoff erst Ende der 1950er-Jahre in Kontakt, aber sie prägen seinen weiteren Lebensweg in fundamentaler Weise. Er denkt jetzt intensiver darüber nach, wie er als Jurist Initiativen, die er für wichtig hält, fördern kann, getreu Steiners These: »Das Heil einer Gesamtheit von zusammenarbeitenden Menschen ist umso größer, je weniger der Einzelne die Erträgnisse seiner Arbeit für sich beansprucht, das heißt, je mehr er von diesen Erträgnissen an seine Mitarbeiter abgibt, und je mehr seine eigenen Bedürfnisse nicht aus seinen Leistungen, sondern aus den Leistungen der anderen befriedigt werden.« Der Rechtsanwalt überzeugt zwanzig seiner Mitstreiter davon, eine Wirtschaftsgemeinschaft zu gründen. Fortan fließen seine und die Einkünfte seiner Partner, von Mitarbeitern der Bank und einigen Wegbegleitern in eine Gemeinschaftskasse. Aus dem gemeinsamen Topf kann jeder entnehmen, was er zu benötigen meint. Die Idee findet schnell Nachahmer. Walter Burkart, Bankvorstand bei der GLS, betreut in den 1970er-Jahren nebenher einige vergleichbare Wirtschaftsgemeinschaften von Ärzten in Witten/Herdecke und von Lehrern der Waldorfschule in Bochum. Eine davon sei pleite gegangen, berichtet Burkart, weil eines der Gemeinschaftsmitglieder gleich ein Haus gekauft habe. In einem anderen Fall habe sich jemand eine Yacht erlaubt. In den meisten Fällen sei es aber gut gegangen. Einige dieser Wirtschaftsgemeinschaften bestehen bis heute, beispielsweise auf dem Dottenfelderhof in Bad Vilbel. Auf dem 180 Hektar großen Bauernhof wirtschaften vier Bauernfamilien nach dem Prinzip.

Manch einer hatte sich jedoch noch mehr von den Wirtschaftsgemeinschaften versprochen. Kerler gingen sie nicht weit genug. Er hatte sich vorgestellt, dass solche Gemeinschaften vom Finanzamt als ein Finanzsubjekt anerkannt werden. Doch die Behörde stellte sich quer. Somit muss jeder Einzelne zunächst seinen Beitrag versteuern, bevor er in die Gemeinschafskasse fließen kann. Gerne hätte Kerler außerdem auch bei der Krankenversicherung ganz neue Wege eingeschlagen. Es gab Überlegungen, ob eine Wirtschaftsgemeinschaft ein Bett im Krankenhaus Witten/Herdecke finanzieren sollte, das im Bedarfsfall ihren Mitgliedern zur Verfügung stehe. Es blieb bei dem Gedanken.

Hin und wieder kommt es zu Konflikten zwischen den Beteiligten: Als alle drei Anwälte einer Kanzlei auf einen Schlag neue Möbel kauften, habe man schon geschluckt, schildert Burkart eine solche heikle Situation. Mancher fühlt sich auch missverstanden: Eine Frau verlässt die Gruppe, weil sie sich nach dem Kauf eines Pelzmantels zu Unrecht von den anderen kritisiert fühlt.

Barkhoff hat sich in seinem Leben viele Konzepte für soziale Projekte ausgedacht und umgesetzt – ein Konzept hat er sich auch für seinen Lebensabend gemacht: Mit 65 Jahren beendet Barkhoff seine berufliche Karriere, er gibt fast alle Funktionen ab. Viele Freunde und Kollegen sind überrascht. Dabei hatte er diesen Schritt bereits Jahre vorher angekündigt: Ab Mitte sechzig fehle normalerweise die Kraft und Motivation zu körperlicher und emotionaler Betätigung. Nach Aufgabe des Amtes sei die angemessene Übung, die der »aktiven Geduld und begeisterten Resignation«. Fortan reist Barkhoff viel und hält Vorträge. Tatsächlich scheint ihm der Rückzug jedoch schwerer zu fallen als gedacht. »Seine Vorträge wurden drängender, seine Ratschläge wurden Ermahnungen«, schreibt Krampen im Nachruf auf seinen geistigen Ziehvater.[21] »Seine zuvor immer lebenspraktischen Handlungsbilder wurden abstrakter. Er verlor das Interesse an Einzelheiten. Seine Visionen waren zwar nach wie vor kraftvoll, aber nicht mehr unmittelbar umsetzbar. Darunter litt er ebenso wie unter der mangelnden Genialität seiner Nachfolger auf allen Gebieten.« Manches an der Entwicklung der GLS Bank hat ihn gestört, manches ist ihm schlicht zu langweilig geworden. Kurz vor seinem Tod am 30. September 1994 denkt er sich noch einen Spruch aus, der in seiner Todesanzeige erscheinen wird: »Aus Ernst ist ein Stern geworden.«

Rudolf Steiners Ideen

Barkhoff und seine Mitstreiter sind in vielerlei Hinsicht von Rudolf Steiner beeinflusst und beschäftigen sich immer wieder mit seinen Ideen. Seine Präambel für eine neue Unternehmensform ist für das Denken von Barkhoff besonders prägend: »Notwendig ist die Gründung eines bankähnlichen Instituts, das in seinen finanziellen Maßnahmen wirtschaftlichen und geistigen Unternehmungen dient, die im Sinne der anthroposophisch orientierten Weltanschauung sowohl nach ihren Zielen wie nach ihrer Haltung orientiert sind. Unterschieden von den gewöhnlichen Bankunternehmungen soll dieses dadurch sein, dass es nicht nur den finanziellen Gesichtspunkten dient, sondern den realen Operationen, die durch das Finanzielle getragen werden.«[22]

Wer war Rudolf Steiner? Dieser Frage sind anlässlich seines 150. Geburtstags im Jahr 2011 verschiedene Biografen nachgegangen. Sie finden zwiespältige Antworten: »Es gibt wohl kaum einen anderen Lebensreformer, dessen Denken und Wirken seit langem so kontrovers beurteilt wird«, so der Biograf Heiner Ulrich, ein Erziehungswissenschaftler, der vor allem die Pädagogik Steiners erforscht hat.[23] »Rudolf Steiner ist eine Zumutung«, schrieb die *Neue Zürcher Zeitung*.[24] Von einem der »großen Irren der deutschen Kulturgeschichte« war im *Spiegel* die Rede.[25] Dem entgegnet Markus Brüderlin, Direktor des Kunstmuseums Wolfsburg, anlässlich einer umfassenden Ausstellung über Steiner und dessen Einfluss auf die moderne Kunst, es sei an der Zeit, »Steiner zu entsteinern«, ihn als dynamisch-kreativen, spielerischen Denker und das Moderne an seinem Ideenkosmos neu zu entdecken.

Offensichtlich hat Steiners Vermischung von Okkultismus und Wissenschaft vielen Betrachtern eine Beurteilung Steiners erschwert: »Den Okkulten war er nicht immer okkult und den modernen Wissenschaftlern nicht wissenschaftlich genug. Schaut man sich die Steiner-Kritiker von damals und heute an, dann bemerkt man sehr bald, dass sie weder das eine noch das andere Gebiet – und schon gar nicht ihren Zusammenhang – eingehend studiert haben«, meint Walter Kugler, Leiter des Rudolf Steiner Archivs und Professor an der Brookes Universität in Oxford, in seiner Biografie.[26]

Steiner wird am 27. Februar 1861, also zur Zeit der Habsburger Monarchie, auf der Bahnstation von Kraljevec im heutigen Kroatien geboren. Sein Vater ist Bahnbeamter. Mehrfach muss er mit seiner fünfköpfigen Familie umziehen. Bereits in seiner Jugend glaubt Steiner fest daran, übersinnliche Kräfte zu besitzen; er glaubt, eine Tante durch den Ofen schweben zu sehen, die Selbstmord begangen hat. Er besucht die Realschule und studiert später mit einem Stipendium an der Technischen Hochschule in Wien Mathematik und Naturwissenschaften auf Lehramt. Seine Leidenschaft gehört jedoch der Philosophie. Er schreibt über Goethe und Nietzsche. Mit 22 Jahren bricht er das Studium aus finanziellen Gründen ab. Er schlägt sich zunächst als Hauslehrer durch, arbeitet dann einige Jahre lang als Herausgeber der naturwissenschaftlichen Schriften Goethes in Weimar, verlässt die Stelle jedoch auf vernichtende Kritik hin – philologische Kleinarbeit ist seine Sache nicht.[27] 1899, er ist jetzt 38 Jahre alt, lädt ihn die Theosophische Gesellschaft zu Vorträgen ein. Damit nimmt sein Leben eine neue Bahn. Die Gründerin der Theosophie, die Okkultistin Helena Petrovna Blavatsky, hatte einen Weg der esoterischen Schulung entwickelt, der sich vor allem an die indische Religion und Spiritualität anlehnte. Im späten 19. und frühen 20. Jahrhundert entstanden eine ganze Reihe von »apokryphen Glaubenslehren«, von den Zeugen Jehovas über Aleister Crowleys Satanismus und G. I. Gurdjeffs »Lehre vom harmonischen Menschen« bis hin zu der Lehre des Psychoanalytikers Carl Gustav Jungs über Energiekomplexe.[28] Fünf Jahre nach den ersten Vorträgen für die Theosophische Gesellschaft wird Steiner von der britischen Okkultistin Annie Besant zum Generalsekretär der Deutschen Sektion der Theosophischen Gesellschaft berufen. Einige Jahre darauf bricht Steiner mit der Theosophie und entwickelt eine eigene Lehre, die Anthroposophie.

Schon zu seinen Lebzeiten sorgte Steiner für Konfrontationen. Das Spektrum der Reaktionen reicht von enthusiastischer Bewunderung bis zu völliger Ablehnung: »War Steiner der letzte Seher, der in den Weltzeitaltern las wie in einem Buch – wie er vor dem inneren Zirkel seiner Geistschüler behauptete? Oder war sein angebliches Charisma nur das professionell inszenierte, hohle Pathos eines Hochstaplers, wie Erich Mühsam meinte.«[29] Steiner selbst hält sich für einen Eingeweihten, zugleich öffnet er einen Schulungsweg, auf dem jeder zu höheren Kenntnissen gelangen soll. Der Künstler Joseph Beuys und der von der RAF ermordete ehemalige Deutsche-Bank-Chef Alfred Herrhausen wurden von Steiners anthroposophischer Lehre ebenso beeinflusst wie unzählige andere auch.

Bei der Sympathie, die man Steiner und seinen Ideen entgegenbringen mag, sollte man sich dennoch mit dem Vorwurf von Antisemitismus und Rassismus in seinem Werk offensiv auseinandersetzen.[30] Darüber gibt es seit vielen Jahren eine Diskussion. Tatsächlich hat Steiner »den biologisch-anthropologisch nicht haltbaren Rassebegriff benutzt und ihn mit einer obsoleten Völkerpsychologie spirituell ausdifferenziert«, schreibt der Biograf Lange.[31] In den Niederlanden legte am 1. April 2000 die von dem Menschenrechtsanwalt Ted van Baarda geleitete Kommission ihren Bericht »Anthroposophie und die Frage der Rassen« vor. Sie hat 89.000 Seiten der Gesamtausgabe von Steiner durchgearbeitet und dort 16 Äußerungen gefunden, die sie als »ungeschickt, bedenklich, stark beleidigend oder ernsthaft diskriminierend« einstuft.[32]

ÄNDERE DICH SELBST: SO ÄNDERST DU DIE GESELLSCHAFT
IM GESPRÄCH MIT DEM BANKMITBEGRÜNDER UND SOZIOLOGEN ROLF KERLER

Rolf Kerler ist Mitgründer der GLS Bank. Geboren 1941 in Bietigheim, absolvierte er zunächst eine Banklehre und studierte danach Soziologie und Wirtschaftswissenschaften in München. Auf der Suche nach einer Einbindung anthroposophischen Gedankenguts in das wirtschaftliche Handeln trifft er auf Wilhelm Ernst Barkhoff und wird der erste Angestellte der Bochumer Bankeinrichtungen. Von 1968 bis 1989 ist er geschäftsführendes Vorstandsmitglied der Gemeinnützigen Kreditgarantiegenossenschaft, der GLS Treuhand und ab 1974 der GLS Bank; danach wird er Vorstandsmitglied und Schatzmeister der Anthroposophischen Gesellschaft (1988-2002). Bis heute ist er im Aufsichtsrat der Bank. Die Ergebnisse der täglichen Bankarbeit sieht Kerler als Mitglied des Finanzausschusses und Kreditausschusses des Aufsichtsrates heute noch. Er ist Autor einiger Bücher zum Thema Geld, wie zum Beispiel Was hat Geld mit mir zu tun? *und, gemeinsam mit Michael Bockemühl,* Gemeinschaftsbank GLS. Neue Formen im Umgang mit Geld. *Das Gespräch findet bei ihm zu Hause in Arlesheim statt, in der Ruhe eines holzgetäfelten Eckzimmers, die nur gelegentlich von den Glocken des benachbarten Doms von Arlesheim unterbrochen wird.*

Kurz bevor sie die Bank 1974 gründeten, gab es die erste Ölkrise in den Industrieländern …

Ich weiß noch, wie ich während der Ölkrise 1973 in Montabaur spazieren ging und die leere Autobahn sah. Die internationale Ölkrise war für uns erneut ein Beispiel dafür, dass es große Entwicklungen gibt, aber man klein anfangen muss. Ein bedeutsameres soziales Ereignis in dieser Zeit war die Studentenbewegung. Wir hielten sie in ihrer Gewalttätigkeit für unfruchtbar und waren überzeugt: Demonstrieren hilft nicht. Es geht nicht, vom Staat zu erwarten und zu fordern, dass er sich ändert. Man kann nur sich selbst ändern, vielleicht mit anderen zusammen. Man muss deshalb die Dinge selbst in die Hand nehmen und nicht darauf warten, dass das System sich ändert.

Sie setzten keine große Hoffnung auf staatliche Reformen?

Gesunde, auf Dauer nachhaltige Veränderungen sind nur möglich, wenn die Menschen, die es betrifft, selbst aktiv werden, ihre Verhältnisse selbst in die Hand nehmen und nicht darauf warten, dass einige Leitfiguren, Repräsentanten, Politiker oder wer auch immer als Vortänzer auf das Seil gehen und selbst nur zuschauen und es über sich ergehen lassen, was passiert. Barkhoff sagte immer: Wenn wir etwas machen und dabei auf Altruismus bauen, dann sind wir unabhängig von dem, was der Staat vorschreiben kann. Wir bewegen uns in den Freiräumen zwischen den Gesetzen, die nur den Egoismus im Blick haben. Der Altruismus, die Liebe, kann sich nicht auf das Gesetz stützen. Das war ein ganz wichtiger Gesichtspunkt für unser Handeln. Wir waren der festen Überzeugung, dass individuelle oder gemeinschaftliche Lösungen in vielen Situationen besser für die Erfüllung von Aufgaben geeignet sind als staatliche, gleichgeschaltete Vorgaben für alle.

Was bedeutet dies ganz praktisch, beispielsweise für Waldorfschulen – deren Finanzierung ja am Anfang der Bankgründung stand?

Nach meinem Verständnis hat der Staat nicht die Aufgabe, für die Bildung der Bürger zu sorgen. Am besten hält sich der Staat ganz aus der Kultur heraus, weil im staatlichen Handeln die Tendenz liegt, alles gleich zu machen. Die Menschen sollten ihre Schule aber ganz individuell gestalten können; je individueller sie ist, umso besser. Deshalb ist es für mich ein Unding, wenn der Staat z.B. einen allgemein verpflichtenden Lehrplan festlegt.

Heute ziehen sich Wohlfahrtstaaten wegen Geldmangels aus bestimmten gesellschaftlichen Bereichen immer weiter zurück – die Aufgaben werden aber nur selten von Menschen oder Gemeinschaften übernommen ...

Ich sehe ein gravierendes Problem darin, dass wir insbesondere in Deutschland nach wie vor auf den Staat schauen und von ihm erwarten, dass er für uns Bürger sorgt. Sicher sollte der Staat auch im Kulturbereich immer für gewisse Rahmenbedingungen sorgen, damit beispielsweise jedes Kind genügend Geld für den Schulbesuch hat, mehr aber auch nicht.

Sie wollten eine altruistische Bank gründen. Das klingt angesichts der jüngsten Finanzkrise mit den bekannt gewordenen Machenschaften vieler Banken wie aus einer anderen Welt.

Die Finanzkrise beruht doch letztlich darauf, dass der egoistische Umgang mit Geld überhand genommen hat. Wenn man im Gewinnstreben allzu sehr auf sich schaut, entschwindet der Blick für das Ganze. In diese »Bewusstlosigkeit« wirken dann ganz andere, unerkannte und sozial zerstörende Kräfte hinein. Grundsätzlich leben in jedem Menschen sowohl egoistische als auch altruistische Impulse, mit Geld umzugehen. Beides muss seine Balance finden. Man muss kein Moralist sein, sondern nur in die Welt schauen und sehen, wie ungeheuer vieles in selbstloser, altruistischer Weise geschieht – bezahlt und unbezahlt. Aber der altruistische Teil findet mehr im Verborgenen, Privaten und in der Freizeit statt, nicht im Geschäftlichen, nicht im Bankwesen. Altruismus ist gesellschaftlich nicht anerkannt. Und das moderne Bankwesen hat die egoistische Seele in uns machtvoll und dominant gemacht und ist auf dem Wege, den Altruismus in uns mehr und mehr zurückzudrängen und auszuschalten.

Dem wollten Sie eine ganz andere Bank entgegensetzen?

Unser Bankansatz war, diesen anderen Impuls zu stärken, Entfaltungsmöglichkeiten zu eröffnen. Es sollte keine Alternative zum herkömmlichen Bankwesen sein, sondern eine notwendige Ergänzung. Denn uns war klar: Die Menschen brauchen so lange beide Arten von Banken, wie altruistische und egoistische Impulse die Gesellschaft prägen.

Sie waren alle Anthroposophen?

Wir haben uns damals alle mit Anthroposophie beschäftigt, aber unser Gründungsimpuls für die Bankeinrichtungen kam nicht aus dem Lesen der

Schriften von Rudolf Steiner. Die Gemeinschaftsbank ist ganz eindeutig aus praktischen Situationen entwickelt worden, mit denen Barkhoff, ich und andere Menschen damals konfrontiert waren. Dazu zählte vor allem der Finanzierungsbedarf von Initiativen, die soziale Einrichtungen, Höfe, Schulen oder Kindergärten betrieben.

Gibt es überhaupt die anthroposophische Bank?
Es gibt keine anthroposophische Theorie, wie eine Bank auszusehen hat, die man dann versucht, in die Praxis umzusetzen. Es gibt aber eine anthroposophisch orientierte oder fundierte Bankarbeit in dem Sinne, dass die Bank sich mehr als andere Banken um menschliche Situationen kümmert und versucht, dafür adäquate Formen zu fördern. Der Mensch hat bei diesen Banken einen anderen individuellen und sozialen Stellenwert als bei gewöhnlichen Institutionen.

Wäre die Gemeinschaftsbank auch ohne Steiner gegründet worden?
Ich denke schon. Die ersten Gedanken über eine neue Bank hatte Barkhoff, bevor er Steiner kennenlernte. Aber ohne die Anregungen Steiners wäre die Bank natürlich eine ganz andere geworden.

Anders als zu Banken hat sich Steiner ausführlich zum Thema Geld geäußert. Was ist von diesen Ideen in die Gemeinschaftsbank eingeflossen?
Am meisten die unterschiedlichen Qualitäten des Geldes: Kaufgeld, Leihgeld und Schenkungsgeld. Und die Tatsache, dass wir den Grund und Boden nicht als verkäufliche Sache betrachten sollten. Wir haben damals verschiedene Projekte bearbeitet, bei denen wir andere Formen von Eigentum für die Landwirtschaft suchten. Damals haben wir auch generell keine Hypotheken als Sicherheiten verlangt. Stattdessen haben wir auf Leihgemeinschaften gesetzt, bei denen viele Menschen für einen Kredit geradestanden.

Wie würden Sie einem Laien das Konzept der Geldqualitäten von Rudolf Steiner erklären?
Geld ist ein soziales Gestaltungsmittel, es bindet und löst soziale Beziehungen zwischen den Menschen. Das »Kaufgeld« ist das, was sich unmittelbar abspielt, wenn ich etwas kaufe: Bezahle ich eine Ware, bin ich im gleichen Augenblick quitt. Die kurze soziale Beziehung mit dem Verkäufer ist schon wieder zu Ende. Das »Leihgeld« ist Zeitgeld. Man bekommt es eine gewisse Zeit und man gewinnt dadurch die Freiheit, in dieser Zeit

etwas zu tun, was man sich für die Zukunft vorgenommen hat, was sich auch wirtschaftlich trägt, aber ohne Leihgeld nicht umsetzen kann. Man kann nicht warten, bis man das Geld verdienen und langsam zurücklegen kann, sondern will jetzt investieren. Deshalb muss man einen Kredit aufnehmen, den man innerhalb eines gewissen Zeitraums zurückzuzahlen hat. Das ist Zeitgeld. Und das »Schenkungsgeld« geht zum Empfänger ohne die Erwartung, dass man etwas zurückbekommt, man verzichtet auf eine Rückzahlung. Es wird auf ewig weggegeben und schafft dadurch Möglichkeiten, etwas Neues zu schaffen und wichtige Projekte zu ermöglichen. Das Schenkungsgeld geht nicht an Unternehmen, sondern es wird investiert im Bereich Bildung, Forschung und Kunst, wo neue Fähigkeiten entwickelt werden, die zukunftsfähig machen. Dafür ist das Schenkungsgeld notwendig. Das ist Zukunftsgeld.

Gleichzeitig fließt das Schenkungsgeld allerdings auch zurück in den Wirtschaftskreislauf?

Alle, die Schenkungsgeld bekommen, ob Lehrer, Student oder Künstler, kaufen damit ein; insofern fließt das Geld natürlich in den Wirtschaftskreislauf. Doch kann man nicht sagen, dieser Geldschein, den man zum Kaufen ausgegeben hat, sei noch das Schenkungsgeld.

Was steht hinter der Idee der zeitlich befristeten Gültigkeit von Geld?

Steiner hatte die Idee, die Gültigkeitsfristen auf die Geldscheine drucken zu lassen. Nach Erreichen der Jahreszahl ist das Geld nichts mehr wert. Er hat das als Beispiel gemeint. Wir haben in der Praxis keine Möglichkeit gesehen, so etwas auszuprobieren, obwohl uns immer wieder Menschen danach gefragt haben. Aber in der allgemeinen Inflation kann man eine ökonomisch erzwungene Alterung des Geldes sehen.

Welche Rolle hat der Zins für Sie?

Es gibt ja Leute, die den Zins verteufeln. Steiner tut das nicht, er ist da Realist. Ich nenne mal ein Beispiel: Ich baue mir selbst ein Haus und frage meine Nachbarn und Freunde, mir dabei zu helfen und mit Hand anzulegen. So sind früher viele Häuser entstanden, da hat man keine Bauunternehmer beauftragt, sondern die Freunde haben einem geholfen. Es gibt Gegenden, da ist das heute noch so. Diese Hilfe von meinen Freunden ist mit der selbstverständlichen Erwartung der Gegenseitigkeit verbunden, d.h. dass ich ebenso helfen werde, wenn sie ihr Haus bauen. Jetzt kann man sich dasselbe in geldlicher Hinsicht vorstellen: Ich leihe mir Geld von meinen Freunden, weil ich ein Haus baue. Das hat mit Zinsen erst einmal gar nichts zu tun. Damit entsteht aber die Erwartung, diesem Freund ebenfalls Geld zu leihen, sofern er mich darum bittet. Das ist Ausdruck von Gegenseitigkeit innerhalb einer sozialen Gemeinschaft und das ist auch ganz in Ordnung so. Nun kommt man auf die Idee und sagt, er hat mir zwar geholfen, aber ich möchte nicht in die Situation kommen, ihm auch Geld leihen zu müssen. Damit diese Erwartung gar nicht erst entsteht, zahle ich ihm einen Zins. Der Zins drückt damit die Aufhebung einer gemeinsamen Beziehung aus, er befreit von der verpflichtenden Gegenseitigkeit. Der Zins drückt die soziale Distanz zwischen den Menschen aus und ist insofern eine soziale Tatsache.

Ist Zins immer angebracht?

Sicher gibt es Situationen, in denen man keinen Zins nimmt. Wenn ich innerhalb meiner Familie Geld verleihe, verlange ich keine Zinsen. Je mehr der andere mir fremd ist, desto mehr Zinsen werde ich verlangen, weil keine Gegenseitigkeit besteht. Man kann den Zins meiner Ansicht nach nicht wegmoralisieren – eine solche Debatte wäre zu abstrakt. Natürlich ist es gut, wenn Situationen möglich sind, wo man keinen Zins braucht. Man eröffnet dadurch vielleicht auch einen Raum zwischen Menschen, die wieder in gewollter Gegenseitigkeit untereinander kooperieren wollen.

Gibt es bei Steiner Hinweise auf einen angemessenen Zins?

Nein, jedenfalls habe ich bisher keine gefunden.

Sie sprechen von der Bank als einer Bildungseinrichtung ...

Die Bank ist nicht nur zur Finanzierung von Schulen da, sondern auch eine »Schulbank«. Das berührt den Kern dessen, wie wir als Bank zu unseren Kunden stehen. Die Kunden sitzen auf dieser Schulbank, genauso wie die Bankiers. Die Kunden sollen das Geld nicht einfach am Bankschalter abgeben und irgendwelchen Fachleuten überlassen. Es war ein ganz zentrales Gründungsmotiv von uns, dass wir mit der Bank eine andere Beziehung zwischen den Menschen und dem Geld, das zwischen ihnen fließt, stiften wollten.

Wie haben Sie das gemacht?

Indem wir mit den Leuten geredet haben. Zum Beispiel: Eine neue Schule sollte gebaut werden. Normalerweise kam der Geschäftsführer und beantragte einen Kredit. Lieber war es uns aber, mit Lehrern oder Eltern zu sprechen und bestenfalls mit beiden. Wir wollten mit einigen mit der Schule verbundenen Menschen ins Gespräch kommen; die sollten dann die anderen aus dem Umkreis der Schule mit einbeziehen, damit man gemeinsam das Problem löst und nicht sagt: Das macht jetzt der Geschäftsführer, indem er eine Hypothek einträgt, und dann hat er den Kredit. So lief das nicht bei uns, wir sind viel zu Elternversammlungen gefahren und haben über den Umgang mit Geld geredet.

Wie kann man sich das vorstellen?
Wenn viele Menschen aus einer Gemeinschaft zusammenwirken und jeder Verantwortung für beispielsweise 1.000 Euro übernimmt, dann hat man bei 200 Eltern einen Gemeinschaftskredit von 200.000 Euro bekommen. Das waren so die Anfänge bei uns. Und wenn die Leute dann gleichzeitig noch ihr Sparkapital auf eigene Konten bei der GLS Bank übertragen, dann finanzieren sie sogar faktisch selber den Kredit für den Schulbau. Mit diesem Prinzip der gebündelten Verantwortung vieler Einzelner ließen sich so Projekte umsetzen, die wegen fehlender banküblicher und aufsichtsrechtlich notwendiger Sicherheiten sonst nicht finanzierbar gewesen wären.

Ist der Ernstfall eingetreten? Wie haben die Menschen reagiert?
Meistens ging alles gut. Ich erinnere mich an ganz wenige Fälle, wo einige oder eine Gruppe von Eltern aus der Gemeinschaftsfinanzierung ausscheiden wollten (z.B. weil sie Probleme mit der Schule insgesamt hatten). Deren Anteile wurden aber dann von anderen oder von der Schule übernommen.

Kann man so etwas in einer großen Bank durchhalten?
Man muss ja nicht mit allen Kunden reden, nur mit denen, die ein Problem haben, die sind dann auch gesprächsbereit. Dann muss man noch diejenigen finden, die mithelfen, indem sie beispielsweise bürgen oder auf Zinsen verzichten. Das ist heute schwieriger, weil die Größenordnungen von Krediten heute ganz andere sind. Man kann auch ein gewerbliches Unternehmen nicht genauso finanzieren wie eine Schule. Aber manchmal denke ich, die Krise wird dazu führen, dass man wieder kleinere Brötchen backt und mehr zum Kerngeschäft des Bankwesens zurückkehrt. Ich glaube, die Idee der Gemeinschaftsfinanzierung hat auch heute noch Zukunft. Sie schafft in überschaubaren Zusammenhängen Kooperation und soziales Miteinander – wohl wissend, dass soziales Miteinander nicht immer einfach ist. Man muss aber nicht alle Finanzierungsprobleme damit lösen wollen.

Also möchten Sie, was die praktische Bankarbeit angeht, die Geschichte zurückdrehen?

Die Finanzkrise eröffnet geradezu diese Perspektive. Viele kommen doch an den Punkt und sagen, es kann doch nicht so weitergehen mit dieser Art von Investmentbanking. Lasst uns doch lieber wieder anfangen, reale und bewusstere Kreditbeziehungen zwischen den Gläubigern und Schuldnern zu schaffen, solche, die man selber verantworten kann. Vielleicht rückt der Gedanke der Gemeinschaftsfinanzierung dadurch wieder mehr in den Mittelpunkt. Das Gefühl wächst doch allgemein, dass man auf dem Gebiet der Finanzwirtschaft etwas anderes machen sollte als immer weiter abstrakte und abstraktere sogenannte Finanzprodukte zu entwickeln, die keiner mehr durchschaut.

In einem der ersten Geschäftsberichte der Bank stand sinngemäß: Wir wollen nicht werben. Wenn die Menschen uns finden, wollen wir zu Verfügung stehen.

Wir hatten genug zu tun. Es reichte uns völlig, was da an Menschen auf uns zukam. Wir hatten es auch gar nicht nötig, weil immer genügend Geld da war für die Projekte, die wir finanzieren wollten. Warum hätten wir Werbung machen sollen? Die Finanzkrise hat jetzt bewirkt, dass Leute verstärkt mit ihrem Geld zu unserer Bank kommen, aber es braucht alle Anstrengungen, dieses Geld tatsächlich sinnvoll zu verarbeiten.

Derzeit schafft die Bank dies nur mit etwa der Hälfte des Geldes ...

Es ist sicher eine große Herausforderung, genügend sinnvolle Projekte zu finden, in die die Bank investieren kann, und die mit ihrem Grundanliegen zu tun haben. Solche Initiativen müssen ja nicht nur vom Konzept her sinnvoll sein, auch ihre Wirtschaftlichkeit muss gegeben sein.

Gibt es zu wenig Initiativen in unserer Gesellschaft?

Ich würde sagen ja, zumindest von denen, die man gerne hätte.

Wo wünschen Sie sich mehr Initiativen?

Die ganze Zivilgesellschaft ist ja am Wachsen, weltweit – was wunderbar ist. Da könnte ich mir sehr viel mehr konkretere Vorhaben vorstellen. Zivilgesellschaft möchte ich so charakterisieren, dass Menschen anfangen, als Einzelne für das globale Ganze Verantwortung zu empfinden und zu übernehmen. Allerdings gibt es da viele Initiativen, die schwierig zu finanzieren sind. Um ein Beispiel zu nennen: Ich war gerade in Ungarn und habe einige Waldorfschulen besucht. Seit der Wende gibt es in Ungarn 26 neue Waldorfschulen, freie nicht-staatliche Schulen. Sie kämpfen ums Überleben, aber es gibt sie. Da verdienen die Eltern im Schnitt 400 bis 600 Euro im Monat und zahlen ein Schulgeld von 100 Euro für ein Kind, weil die Gemeinden kaum etwas für diese Schulen tun und der Staat noch weniger. Aber wie finanziert man jetzt einen Schulbau für diese Schule? Für solche und viele andere Initiativen müssen erst noch adäquate und hilfreiche Finanzierungsmöglichkeiten entwickelt werden.

In den Anfangsjahren hat die GLS Bank solche Projekte im Ausland finanziert?

Dies hat sich mehr im Rahmen der Treuhandstelle abgespielt. Bevor die Gemeinschaftsbank gegründet wurde, hatten wir schon verschiedenste Initiativen im Ausland gefördert, auch mit Darlehen, beispielsweise Waldorfschulen in Südamerika. Mit Gründung der Bank wurde klar, dass Darlehensgeschäfte in die Bank gehörten und nicht in die Treuhand.

Warum haben Sie sich dann beim Bankgeschäft auf Deutschland beschränkt?

Ein wichtiger Grund war, dass der Wirtschaftsprüfer einer Bank in Deutschland beispielsweise mit einer Bürgschaft aus Spanien nichts anfangen kann. Es gab immer wieder Stress mit den externen Prüfern. Und dann haben wir uns im Wesentlichen auf Deutschland konzentriert. Da gibt es im Übrigen auch genug zu tun. Gleichzeitig haben wir immer wieder Initiativen unterstützt, wenn Menschen in anderen Ländern ähnliche Bankeinrichtungen gründen wollten. Da sind eine ganze Reihe entstanden, ob in Holland, Frankreich, England, Schweden, Dänemark, Norwegen – bis nach Neuseeland. Teilweise sind wir heute noch an diesen Banken beteiligt. Solche Initiativen sollten aber von den Menschen vor Ort selber ergriffen und nicht alle von einer Zentrale gesteuert werden.

Ursprünglich hatte die Gemeinschaftsbank in Deutschland ebenfalls einen dezentralen Ansatz verfolgt und wollte viele kleine Banken gründen.

Es gab beispielsweise eine Initiativgruppe in Stuttgart, da war unser erster Gedanke, die könnten doch eine eigene Bank gründen. Aber in der Zwischenzeit waren die Hürden für ein solches Vorhaben viel höher geworden. Wir haben ja mit 500.000 DM Eigenkapital anfangen können, nun brauchte man ein paar Millionen. Deswegen haben wir dann eine Filiale der GLS Gemeinschaftsbank in Stuttgart eingerichtet.

Heute braucht man zwanzig Millionen Euro, gibt es deswegen so wenig neue Banken?

Die Hürde für eine Bankgründung ist heute sehr hoch für Menschen aus der Zivilgesellschaft. Zumal neben den monetären noch sehr viele aufsichtsrechtliche Hürden genommen werden müssen. Bankgründungen haben zudem nur Sinn, wenn man etwas wirklich Neues machen will. Konventionelle Banken gibt es in Deutschland ja ausreichend.

Halten Sie die Dezentralität grundsätzlich für den richtigen Ansatz?

Ja. Denn regionale Einrichtungen, seien es selbstständige Institute oder Filialen, sind näher an den Menschen als eine zentrale Bank.

Was ist für Sie eine ethische Geldanlage?

Ich würde das Ethische überhaupt nicht auf die Ebene von Anlagen oder Institutionen beziehen wollen. Ethisch kann nur ein einzelner Mensch sein, der eben nicht nach äußeren (»ethischen«) Normen handelt, sondern sich zu etwas durchringt, von dem er überzeugt ist, dass es in dieser besonderen Situation Gutes bewirkt. Ethik ist immer etwas ganz Individuelles. Eine Kapitalanlage als allgemeines Angebot kann nach meinem Verständnis selbst nicht ethisch sein. Sie ist höchstens eine sozial gesundend wirkende oder eine ökonomisch sinnvolle Anlage. Auch der Staat kann nicht ethisch sein, nur die einzelnen Staatsbediensteten könnten versuchen, ethisch zu handeln; möglicherweise kommen sie dabei sogar in Konflikt mit ihren Vorschriften.

Damit läge die Verantwortung beispielsweise für nachhaltige Landwirtschaft dann beim Individuum, nicht beim Gesetzgeber?

Sie liegt immer bei den Individuen. Nehmen Sie einen Landwirt, der muss doch selbst sehen, wie er seine Möhren anpflanzt, dass die Natur nicht geschädigt wird, sofern er ein Problembewusstsein für Umweltbelange hat. Sein Verhalten muss er doch selbst verantworten. Es ist nicht fruchtbar, wenn solche Ideen vom Staat übergestülpt werden und dem Einzelnen so die Verantwortung für sein Tun abgenommen wird.

Hat jeder Mensch die gleiche Verantwortung?

Jeder ist an einer anderen Stelle in der Gesellschaft und hat unterschiedliche Aufgaben. Ich bin unter anderem Lebensmittelkonsument. Als solcher will ich etwa möglichst gut schmeckende, qualitativ hochwertige und möglichst billige Nahrung. Wenn ich meine Verantwortung als Konsument wahrnehme, muss ich auf manches verzichten. Nehmen wir an, ich möchte nachhaltige Landwirtschaft fördern, dann muss ich auf billige Nahrungsmittel in der Regel verzichten. Ich realisiere meine Verantwortung dann in der Weise, dass ich etwas Teureres kaufe und mir bewusst mache, in welchem Zusammenhang die Nahrung hergestellt wird, die ich verzehre. Möglicherweise muss ich mich noch mehr darum kümmern, wenn ich ethisch sein will, dann muss ich mich informieren, wie und wer gepflanzt hat, ob beispielsweise Kinderarbeit damit verbunden ist. So realisiere ich meine Verantwortung als Konsument. Der Landwirt hat eine andere Verantwortung, er guckt ja nicht nur auf die Konsumenten, sondern hat noch andere Gesichtspunkte zu berücksichtigen, wie die Einwirkungen des Klimas oder der Böden auf das Wachstum der Pflanzen usw. Jeder befindet sich an einer anderen Stelle, insofern ist die jeweilige Verantwortung eine andere. Man kann sie nicht quantifizieren oder sagen, sie ist bei allen gleich, es hängt auch vom Horizont der Arbeit und dem damit geforderten Bewusstsein ab.

Welche Verantwortung hat ein Bankvorstand?

Sie richtet sich nach zwei Seiten. Er ist ja vor allen Dingen ein Vermittler. Einerseits muss er sehen, dass er verantworten kann, was seine Kreditnehmer mit dem anvertrauten Geld machen. Andererseits muss er seinen Einlegern gegenüber ehrlich sein und ihnen nicht irgendwelche Märchen beispielsweise über profitable Finanzpapiere erzählen. So fing es bei uns überhaupt an: Wir haben unsere Mitglieder und Einleger über konkrete Projekte informiert, die wir finanzieren wollten. Da liegt auch unsere Verantwortung, dass so etwas ehrlich und transparent passiert. Und anschließend muss der Bankier es entsprechend abwickeln, ohne dass Schäden entstehen – dies ist die spezifische Verantwortung des Bankiers.

Heute geben sich viele Firmen das Etikett der Nachhaltigkeit.

Ich sehe ein Problem darin, dass viele aufspringen auf den modischen Nachhaltigkeitsbegriff, wodurch dieser immer mehr verwässert wird. Man muss wegkommen vom Plakativen, um beurteilen zu können, was wirklich nachhaltig ist. Nehmen wir als Beispiel die Diskussion über den Biosprit. Der wird unter anderem mit dem Slogan beworben: »Mein Sprit wächst nach!« – in der Absicht, damit Nachhaltigkeit zu suggerieren. In Wirklichkeit werden riesige Waldflächen dafür gerodet oder der Landwirtschaft entzogen. Zum anderen sieht man nicht darauf, welche Konsequenzen der Großanbau von Pflanzen für Biospritproduktion auf die Wirtschaft in den Ländern hat, in denen sie angepflanzt werden.

Was bedeutet das?

Nachhaltigkeit kann man nur erreichen, wenn man die Landwirtschaft und die Erde als Ganzes, als Lebensorganismus auffasst und behandelt. Das heißt, wenn man an einer Stelle wesentlich in diesen Organismus eingreift, braucht es andere Aktivitäten, die das Gleichgewicht des Ganzen wieder herstellen.

Wie sehen Sie die Zukunft der GLS Bank?

Ich denke, die hängt mit der Entwicklung der Zivilgesellschaft insgesamt zusammen. Diese Art von Bankarbeit könnte man internationaler gestalten, indem man mehr mit anderen Banken, die ähnlichen Werten verbunden sind, zusammenarbeitet. Da gibt es ja auch erste Ansätze mit der Global Alliance. Das sehe ich als eine positive Entwicklung. »Die Bank der Zivilgesellschaft« wäre der Titel. Ich habe überhaupt das Gefühl, wir müssen die Gesellschaft von unten neu bilden, auf allen Gebieten, nicht nur im Bankwesen.

Weil die Gesellschaft nicht reformierbar ist?

Weil die Initiativen für die Menschen von den Menschen selbst ausgehen müssen.

Wenn Sie heute eine Bank gründen würden, wie sähe die aus?

Wahrscheinlich würde ich heute keine Bank im herkömmlichen Sinne mehr gründen.

Sondern?

Ich würde wohl versuchen, andere Formen der Finanzierung zu entwickeln, ohne diese Reglementierungen und Auflagen, die mit einer Bank heutzutage verbunden sind – und die immer mehr geworden sind und immer noch strenger werden, weil es bestimmte Bankmanager gibt, die ihre Institute zu Spielcasinos gemacht haben und deshalb immer stärker kontrolliert werden müssen. Darunter müssen dann andere, meist kleinere Banken, leiden. Die staatliche Bankenaufsicht differenziert viel zu wenig und meint, alle Banken gleich behandeln zu müssen.

Die GLS Bank ist stark gewachsen, die Treuhand nur wenig.

Man kann das nicht oberflächlich vergleichen. Mir scheint, dass es zuviel Leihgeld in der Welt gibt, das sich in den Banken aufstaut. Es fehlt eher an Schenkungsgeld. Und die Schwierigkeit ist, Leihgeld, das die Menschen zur Bank tragen, um es zu erhalten und zu vermehren, als Bank so zu verwandeln, dass etwas Sinnvolles damit passieren kann.

Sind Anleger zu bequem?

Am Anfang habe ich es nicht jedem, aber manchem Kunden gesagt: »Wenn Sie Geld zu der Bank hier bringen, dann ist es eigentlich nicht richtig, dass sie uns dafür die Verantwortung übergeben.« Mit dieser Einstellung kann man aber keine Bank machen. Ich musste mir das abgewöhnen. Trotzdem stimmt die Aussage. Eigentlich wollten wir ursprünglich ja auch gar nicht unbedingt eine Bank gründen.

Sondern?

Wir haben damals überlegt, ob wir nur eine Kreditvermittlung aufbauen sollen. Das haben wir auch mit den Vertretern der Finanzaufsicht besprochen. Da wurde uns gesagt: Wenn Sie nur Kreditvermittlung machen, dann brauchen Sie keine Banklizenz. Aber – jetzt kommt das große Aber – Sie können dann auch kein Geld durchleiten. Sie können nur Verträge machen und Gespräche führen, doch dann muss der Kunde direkt an den Empfänger überweisen. Und das entsprach nicht dem, was wir wollten. Wir hatten ja schon Geld von Anlegern und wussten, dass die das uns als Treuhändern geben. Wir müssen das Geld selber in die Hand nehmen, und dafür braucht man eine Banklizenz, die wir schließlich beantragt haben.

1   Bernhard A. Lietaer, *Das Geld der Zukunft*, München 1999, S. 66
2   Wolfgang Latrille, *Assoziative Wirtschaft. Ein Weg zur Neugestaltung*, Stuttgart 1985, S. 180
3   *Handelsblatt*, 13. Januar 2009
4   Bernard A. Lietaer, *Das Geld der Zukunft*, a.a.O., S. 131
5   *Die Zeit*, 6/2005
6   Wilhelm-Ernst Barkhoff, *Zukunftsorientierte Sozialarbeit – Ideen und Vorschläge*, Rede beim Deutschen Paritätischen Wohlfahrtsverband, 17. Mitgliederversammlung 1981, abgedruckt in: *Die Drei*, 52. Jg., H.1/1982, S. 22-31
7   W.-E. Barkhoff, »Gedanken im Rückblick auf die Schulgründung«, in: *Die Rudolf Steiner Schule Ruhrgebiet*, Hamburg 1976, S. 18
8   Ingo Krampen, »In memoriam Wilhelm-Ernst Barkhoff«, in: *Bankspiegel* 147 (Beilage), 1994; W.-E. Barkhoff, »Gedanken im Rückblick auf die Schulgründung«, a.a.O., S. 18
9   Rolf Kerler, »Eine Bank für den Menschen«, in: *Aufzeichnungen*, Dornach 2011, S. 5 (Manuskript)

10 *Kapital = Geist. Pioniere der Nachhaltigkeit*, Frankfurt 2009, S. 170

11 W.-E. Barkhoff, Biografie, erzählt und aufgezeichnet am 1. und 2. Oktober 1990, Vidararasen 1990, unveröffentlicht

12 Ebd.

13 Martin Barkhoff, »Wilhelm-Ernst Barkhoff«, in: *Anthroposophie im 20. Jahrhundert – Ein Kulturimpuls im biografischen Porträt*, Dornach 2003, S. 50

14 Ingo Krampen, »In memoriam Wilhelm-Ernst Barkhoff«, a.a.O.

15 Rolf Kerler, *Was hat Geld mit mir zu tun?*, Dornach 2000, S. 25

16 Walter Burkart, *Hinter den Kulissen der Gemeinschaftsbank. Eine kleine Chronik*, unveröffentlicht

17 W.-E. Barkhoff – Biografie, a.a.O, S. 12

18 Ebd.

19 Ebd.

20 Martin Barkhoff, »Wilhelm-Ernst Barkhoff«, a.a.O., S. 49

21 Ingo Krampen, »In memoriam Wilhelm-Ernst Barkhoff«, a.a.O.

22 Rudolf Steiner, »Leitgedanken für eine zu gründende Unternehmung«, in: *Aufsätze über die Dreigliederung des sozialen Organismus und zur Zeitlage 1915 – 1921*, Gesamtausgabe, Dornach 1982 S. 460f.

23 Heiner Ullrich, *Rudolf Steiner: Leben und Lehre*, München 2010, S. 9

24 *Neue Zürcher Zeitung*, 9. Januar 2011

25 *Spiegel*, 19/2010

26 *Neue Zürcher Zeitung*, 9. Januar 2011

27 Ebd.

28 *Süddeutsche Zeitung*, 26. Februar 2011

29 *Tagesspiegel*, 28. Februar 2011

30 Siehe dazu: Peter Bierl, *Wurzelrassen, Erzengel und Volksgeister. Die Anthroposophie Rudolf Steiners und die Waldorfpädagogik*, Hamburg 1999. Siehe auch Hans-Jürgen Bader und Lorenzo Ravagli, *Rassenideale sind der Niedergang der Menschheit. Anthroposophie und der Rassismusvorwurf*, Stuttgart 2002, sowie Helmut Zander, *Rudolf Steiner. Die Biografie*, München 2011

31 *Spiegel* 17/1994

32 Ingo Krampen, *Anthroposophie und die Rassismus-Vorwürfe. Der Bericht der niederländischen Untersuchungskommision ›Anthroposophie und die Frage der Rassen‹*, Frankfurt 2006

Moralischer Mehrwert

Ob Naturkatastrophe oder Unterhaltungswert eines Stars im Branchenvergleich: Praktisch alles wird in der Größe Geld gemessen. Geld ist eine universelle Maßeinheit geworden für mehr als den Wert von Waren, die für eine bestimmte oder zu verhandelnde Summe den Besitzer wechseln, und Dienstleistungen, die man gegen Geld in Anspruch nehmen kann. Menschen vergleichen sich untereinander anhand ihres Einkommens und Übersetzung der ihnen zur Verfügung stehenden Geldmengen in nach außen sichtbare Zeichen – vom Doktortitel bis zur Nobelkarosse sind Statussymbole für Geld zu erwerben, im kleineren Maßstab dienen Markenprodukte zur Differenzierung. Staaten beziffern den Geldwert der Güter und Leistungen, die ihre Bürger produzieren und erbringen und addieren ihn zum Bruttosozialprodukt, dem Wert einer Volkswirtschaft. Dessen Höhe pro Kopf der Bevölkerung gilt international als Ausweis des Lebensstandards, dessen Wachstum als Leistungsbeweis der nationalen Politik. Geld hat Einfluss auf das Selbstwertgefühl. Kein Wunder, dass Menschen bestrebt sind, mithilfe von Geld noch mehr Geld zu erlangen. Wie eine goldblitzende Oberfläche liegt Geld über dem Leben und Streben der Menschen, blendet das Auge, lenkt den Blick ab.

Den wenigsten Bürgern ist bewusst, dass jeder materielle Schaden, den sie verursachen oder erleiden, indirekt zum Wachstum des Bruttosozialproduktes beiträgt. Denn die Kosten für Wiederherstellung gehen ein in die Berechnung des Bruttosozialproduktes – ob es sich um einen Bagatellschaden am Auto handelt oder um einen Großschaden in und an der Umwelt. Alles fließt in der offiziellen Statistik zusammen. Wer Geld ausgibt für eine Ware, kann sich anhand ihres Materials, ihrer Verarbeitung, ihrer Konsistenz davon überzeugen, ob er die Qualität dafür bekommt, die er erwartet. Er kann am fertigen Produkt jedoch nicht erkennen, unter welchen Bedingungen es entstanden ist: Ob es von Kindern hergestellt wurde oder ob Tagelöhner ihre Gesundheit, wenn nicht ihr Leben dafür aufs Spiel gesetzt haben. Er erfährt nichts darüber, wie der Warenerlös auf die Glieder der

Wertschöpfungskette verteilt wird, die vom Hersteller und seinen Mitarbeitern oder Zulieferern über Spediteur und Großhandel bis zum Verkäufer reicht. Für das Bruttosozialprodukt macht das auch keinen Unterschied.

Und gänzlich verborgen bleibt unter der goldenen Oberfläche in der Regel, was geschieht, wenn Menschen Geld anlegen, um damit weiteres Geld zu verdienen. Wird ihr Geld für Zwecke verwandt, mit denen sie sich identifizieren können – wie zum Beispiel für den Wohnungsbau? Dient es Investitionen, denen man neutral gegenüber steht – etwa dem Ausbau einer Konservenfabrik? Oder fließt das Geld in einen Bereich, der den Wertvorstellungen des Anlegers vielleicht sogar widerspricht – beispielsweise die Rüstungsindustrie?

Dabei kann es zu sehr konkreten Interessenkonflikten kommen, je nachdem, ob der Anleger sich als Arbeitnehmer oder Verbraucher, als Vermögensverwalter, Unternehmer oder als politisch motivierter Staatsbürger fühlt.

So gehören die Deutsche Bank, WestLB und ING Bank zu den Finanziers des japanischen Konzerns Tepco, der das Kernkraftwerk in Fukushima betreibt. Das beinhaltet selbstverständlich, dass dazu auch das Geld ihrer Anleger sowie der einfachen Girokonteninhaber zum Einsatz kommt. Selbst diejenigen unter ihnen, die Atomenergie tolerieren oder gar befürworten, dürften entsetzt gewesen sein angesichts der verantwortungslosen Informationspolitik und des schlechten Krisenmanagements, die das Unternehmen seit der Katastrophe im März 2011 an den Tag gelegt hat. Übrigens: Obwohl die Mehrheit der Deutschen sich für eine Abschaltung der Atomanlagen ausspricht, ist auch eine Mehrheit über ihre Girokonten indirekt an der Finanzierung der Atommeiler beteiligt. Alle deutschen Großbanken sowie die Zentralbanken von Sparkassen und Volksbanken sind an der Finanzierung der Atomindustrie beteiligt.[1]

Entsetzt waren gewiss die Anleger einiger Investmentfonds, deren Manager mit der Zusicherung werben, dass sie Geld nur in Investitionen stecken, mit denen auch Umweltschützer einverstanden sein können. Als der Ölkonzern BP im Jahr 2010 die Umweltkatastrophe im Golf von Mexiko auslöst, stellen sie fest, dass sie auch Aktien und Anleihen dieses Unternehmens erworben haben. Zeitweise kann man damals aus dem Weltraum außer der chinesischen Mauer auch einen riesigen Ölwirbel vor der amerikanischen Küste sehen. Allein den ökonomischen Schaden schätzen Versicherungsexperten auf 40 Milliarden US-Dollar; die gesamten Schäden an Umwelt und Menschen sind gar nicht zu beziffern. Eine Untersuchungskommission der US-Regierung stellt später fest, dass es auf der Plattform »keine Sicherheitskultur« gegeben habe.[2]

Bei der üblichen Geldanlageberatung beschränken sich die meisten Berater bis heute auf die Gesichtspunkte Sicherheit, Rentabilität und Liquidität; andere Kriterien und Wertvorstellungen bleiben dabei völlig außer Betracht. Andere waren da schon weiter: Gegen Ende des 18. Jahrhunderts bestehen die Methodisten – als streng bibeltreue Christen – darauf, dass die Zehn Gebote auch bei der Verwendung ihrer Ersparnisse berücksichtigt werden. Deshalb schließen sie die Finanzierung von Brauereien, Glücksspiel, Prostitution und dergleichen aus. Sie gelten als die Ersten, die einen Wertemaßstab für Investitionen entwickelt haben, der heute noch von einzelnen institutionellen Geldanlegern angewandt wird. Als die Quäker Anfang des 19. Jahrhunderts in Großbritannien und in den USA für ihre Mitarbeiter eine betriebliche Altersvorsorge errichten, wenden auch sie bei der Geldanlage christlich fundierte Wertmaßstäbe an: Sie verbieten ihren Pensionskassen den Kauf von Aktien von Rüstungsunternehmen sowie Anleihen von Staaten, die Armeen unterhalten. Bereits 1928 gründet der amerikanische Wirtschaftsjournalist Philip L. Carret einen Fonds mit ähnlicher Zielsetzung. Aktien aus den Branchen Tabak, Rüstung, Glücksspiel und Alkohol werden nicht in seinen Fonds aufgenommen.

In den USA sind heute bereits elf Prozent der Geldanlagen nach dem zusätzlichen Anlagekriterium »ethisch wertvoll« so investiert, dass die Geldgeber dabei ein ruhiges Gewissen haben können. Dabei hat selbstverständlich die Tatsache eine Rolle gespielt, dass sowieso wesentlich mehr Amerikaner als Deutsche an den Kapitalmärkten Geld anlegen. Dies liegt an den unterschiedlichen Systemen der Altersvorsorge: In Deutschland dominiert das umlagefinanzierte

Rentensystem, bei dem die aktiv Beschäftigten die Altersbezüge der Rentner bezahlen. In den USA bauen die, die dafür Geld übrig haben, schon sehr lange ihre Altersvorsorge über den Kapitalmarkt auf. Wenn sich die Amerikaner dabei an ethischen Kriterien orientierten, dann auf dem Weg des Ausschlussverfahrens. Bei dieser Entwicklung haben beispielsweise der Vietnamkrieg oder die Diskussion über die Apartheidspolitik in Südafrika eine entscheidende Rolle gespielt.

In Europa wird seit Ende der 1970er-Jahre ein zusätzlicher Maßstab entwickelt: Einige Banken und Investmentgesellschaften rücken aktiv die Finanzierung von Zielen in den Vordergrund, die ihnen und ihren Anlegern als förderungswürdig und ethisch vertretbar erscheinen. Die Suche nach zukunftsgerichteten Investitionszielen wird befeuert durch die Studie »Grenzen des Wachstums« von Donella und Dennis L. Meadows, die der Club of Rome Anfang der 1970er-Jahre beim MIT in Auftrag gegeben hat. Die Studie lenkt angesichts der Begrenztheit natürlicher Ressourcen die Aufmerksamkeit unter anderem auf die Frage, wie Energiereserven – vorzugsweise Mineralöl – durch andere, regenerative Energiequellen ersetzt werden könnten. Die Thesen des Forscherehepaares platzen wie eine Bombe in die westlichen Industriegesellschaften, die sich bedenkenlos an ein immer höheres Wachstum gewöhnt haben. »Das Grundverhalten des Weltsystems ist das exponentielle Wachstum von Bevölkerungszahl und Kapital bis hin zum Zusammenbruch«, schreibt Meadows vor fast vier Jahrzehnten – eine These, die bis heute Gültigkeit besitzt.[3]

Inzwischen sind europaweit vier Prozent des Geldvermögens nach ethischen und nachhaltigen Wertvorstellungen investiert; in Deutschland sind es knapp ein Prozent.[4] Dabei investieren die Anleger ihr Geld entweder direkt, wie beim Kauf einer Aktie oder Immobilie; oder indirekt, und das ist der häufigere Fall. In Deutschland vertrauen die meisten Anleger ihr Geld Fonds, Lebensversicherungen, Bausparkassen oder Pensionskassen an. Deren Portfoliomanager kaufen mit den Geldern dann Aktien, Immobilien oder Rentenpapiere. Einige wenige Portfoliomanager achten dabei auf ethische Werte –

sie orientieren sich mehrheitlich an Rankings, die nach dem sogenannten »Best-in-Class-Ansatz« verfahren aufgestellt werden. Bei
dieser Bewertungsmethode werden grundsätzlich keine Branchen
ausgeschlossen.

Investoren können sich nun die Unternehmen aussuchen, die im
Vergleich zur Konkurrenz am sozial-ökologischsten wirtschaften,
weil sie beispielsweise Fahrzeuge bauen, die weniger Sprit verbrau-
chen oder mit neuen Elektromotoren ausgerüstet werden. Im Idealfall
kommt es zu einem »ethischen Wettbewerb« innerhalb und zwischen
Branchen, sagt der Moraltheologe Johannes Hoffmann, ein Pionier
der werteorientierten Geldanlage in Deutschland. In der internationalen Diskussion, die die Studie »Grenzen des Wachstums« auslöste,
werden vor allem zwei Begriffe geprägt: qualitatives Wachstum
und nachhaltiges Wachstum. Während der eine die politische Debatte
auf eine Loslösung der Definition von Lebensqualität vom herkömmlichen Bruttosozialprodukt lenkt, richtet der andere das Augen-
merk auf die Suche nach einer Wirtschaftsweise, die möglichst erneuerbare Ressourcen einsetzt. Der Begriff Nachhaltigkeit hat sich
im Lauf der letzten zehn bis fünfzehn Jahre in der Öffentlichkeit
immer mehr durchgesetzt.

Der Begriff selbst stammt aus der Forstwirtschaft, wo er seit etwa
200 Jahren verwendet wird. Hans von Carlowitz arbeitet Anfang
des 18. Jahrhundert in der Forstwirtschaft des Erzgebirges. Er ist
verantwortlich für den Nachschub von Holz für Gruben und Eisen-
hütten. Zur damaligen Zeit wird zur Verhüttung von Eisenerz vor-
nehmlich Holzkohle verbrannt, Gruben werden mit Holzstämmen
ausgebaut. Der Waldbestand schrumpft in dieser Zeit in vergleich-
barem Tempo wie heute die Regenwälder, bis er die Eisenherstel-
lung selbst zu gefährden droht: Ein wachsender Wirtschaftszweig
kommt an seine Grenzen. 1713 fordert von Carlowitz daher eine
radikale Veränderung der bisherigen Wirtschaftsweise: Es darf nur
noch so viel Holz geschlagen werden, wie in der Verbrauchsperiode
Wald nachwachsen kann. Nach und nach wird seine Forderung von
den Regenten in Deutschland verwirklicht. In Japan kommt man zur
gleichen Zeit übrigens auf dieselbe Idee, und bis heute wird der

Wald nicht nur in Deutschland nach dem Grundsatz der Nachhaltigkeit bewirtschaftet. Sehr viel später wird der Gedanke auch in anderen Wirtschaftsbereichen angewandt. Eine nachhaltige Entwicklung, so die Formel der UN-Kommission für Umwelt und Entwicklung, befriedigt die Bedürfnisse der heutigen Generation, ohne die Bedürfnisse künftiger Generationen zu gefährden. Nach dieser Definition müssen dabei drei Bereiche berücksichtigt werden: Neben dem natürlichen Kapital an Rohstoffen, Boden und Luft sind das das Sozialkapital, das in den gesellschaftlichen Institutionen einer Volkswirtschaft beruht, und die Werkzeuge, Maschinen und Produktionsanlagen, die ihr zur Verfügung stehen, also das, was bis heute gemeinhin als das betriebswirtschaftliche Kapital von Unternehmen begriffen wird. Die drei Dimensionen der Nachhaltigkeit erfassen also über den Erhalt des natürlichen Kapitals hinaus ebenso die Ideen der Lebensqualität und gerechter Institutionen.[5]

Als Anfang der 1980er-Jahre der Nato-Doppelbeschluss umgesetzt werden soll, werden einige Anleger auf die GLS Bank aufmerksam. Es gibt viele Menschen, die sich auf keinen Fall an der Finanzierung von Rüstungsvorhaben beteiligen wollen. Die GLS Bank bietet mit ihrer Transparenz und ihren rein zivilgesellschaftlichen Investments in soziale und ökologische Projekte eine Alternative. Damals ist das Institut noch winzig, es beschäftigt 18 Mitarbeiter und kommt auf eine Bilanzsumme von rund 46 Millionen D-Mark. Plötzlich wird es von Geldüberweisungen überschwemmt. Walter Burkart, damals als Vorstand für den Zahlungsverkehr verantwortlich, weiß lebhaft zu berichten, wie ein Kunde persönlich einen »Batzen Bargeld« zur Bank gebracht habe. Dem neuen Kunden sagt er damals: »Geld umschichten alleine ist keine Lösung.« Diese Antwort bekommt damals mancher Anleger, der bei der Geldanlage sein Gewissen beruhigen will. Die Menschen stoßen auf eine Bank, die kein Geld will. Wie ist das möglich?

Die Bank steckt in einem Zielkonflikt. Selbstverständlich ist das Geld der Anleger willkommen. Aber einerseits fließen von ihren Kreditnehmern zügig Rückzahlungen, und anderseits bieten sich nicht in dem Ausmaß neue Projekte, wie die Bochumer Bank nun mit Geld überhäuft wird. Albert Fink, Mitbegründer der Bank: »Man hat sich

damals immer wieder gefragt, wie erklären wir den an uns heran-
tretenden Friedensfreunden, dass die GLS Bank keine jenseits des
finsteren Geldgetümmels liegende Fluchtburg für sichere und friedensstiftende Geldanlagen ist? Wie können wir andererseits deutlich machen, dass sich die Bank sehr wohl zu einem menschen- und
zeitgemäßen Umgang mit Geld und Kapital eignet?« Denn auch
wenn eine Bank nach ethischen Wertmaßstäben wirtschaftet – solange das Geld nur auf dem Konto liegt, passiert in dieser Hinsicht
zunächst einmal gar nichts. Die Bank ist darauf angewiesen, dass
genügend Projekte an sie herangetragen werden, die diesen Vorstellungen entsprechen, und die sie dann finanzieren kann.

Anfangs hat die Gemeinschaftsbank keine Probleme, geeignete
Projekte zu finden. Schließlich ist sie 1974 aus einem solchen Vorhaben
hervorgegangen. In wachsendem Maß hat die Bank Projekte wie
Schulen oder Höfe von Menschen vorfinanziert, die diese selbst mit
Bürgschaften absicherten. Erst später beginnt sie, aktiv Anleger für
bestimmte Vorhaben zu gewinnen.

Bei allem Wachstum von Bilanzsumme, Kunden- und Mitarbeiter-
stamm, bei aller Erweiterung der geförderten Projekte, von Waldorfschulen und Kindergärten bis zu Windparks, generationsübergrei-
fenden Wohneinrichtungen, ökologischem Landbau und kleinen
Unternehmen oder von Bürgerinitiativen, bleibt die Bank bis heute
den Grundsätzen treu, nach denen sie gegründet worden ist. Immer
noch überprüft sie sehr genau die Motive derjenigen, die mit ihr ins
Geschäft kommen wollen. »Wird von einer Initiative nur die normative
Idee dupliziert, beispielsweise das einer biologisch-dynamischen
Landwirtschaftsweise, oder sind die eigenen Motive und Ideale des
Landwirts die Grundlage und das biologisch-dynamische Konzept
nur das Mittel zur Verwirklichung dieser Ideale?«, fragt der heutige
Bankchef Thomas Jorberg. »Denn erst dadurch wird dieses Konzept
individuell aus Erkenntnis neu geschaffen und fortwährend weiter-
entwickelt.«

Die GLS Bank versteht sich jedoch nicht als eine Interessen- oder
Glaubensgemeinschaft, die tatsächliche oder vermeintliche Missstände beseitigen will, womöglich eine Mission verfolgt. Sie sieht

ihre Bestimmung vielmehr darin, dass Gemeinschaften von Menschen oder Individuen sie nutzen, »denen es um die Förderung von individuellen Programmen geht und nicht um gute Programme, Strategien, Systeme«, sagt Fink. Im Idealfall entwickeln Menschen also selbst den Weg zur Verwirklichung einer Idee, und die Bank unterstützt sie dabei – wenn sie davon überzeugt ist, dass dies ein Beitrag zur »friedlichen, multikulturellen, sozial wie ökologisch ausgewogenen Gesellschaftsentwicklung sein könnte.«[6]

Nachhaltigkeit: Schein und Sein
Bei den ethischen Geldanlagen spielen Banken global die zweite Geige, was die Volumina angeht. Investmentfonds beherrschen den Markt. Anfangs haben Religionsgemeinschaften und soziale Hilfswerke, später Pensionsfonds, Stiftungen, NGOs sowie betriebliche Pensionskassen diesen Weg einer Geldanlage in Investmentfonds gewählt. Ein Sonderfall ist der Staatsfonds Norwegens, gegründet, um auch die Generationen am Segen des Ölreichtums zu beteiligen, die leben werden, wenn die Quellen längst erschöpft sein werden – ein nachhaltiges Modell. Solche Staatsfonds unterhalten einige wenige Länder, vor allem Ölstaaten. Der norwegische Fonds gehört weltweit zu den größten Investoren. Anfangs war es den Fondsmanagern ziemlich gleichgültig, in welchen Bereichen sie Geld verdienen konnten. Sie kauften Aktien von Tabakherstellern, Waffenschmieden, sie investierten auch in Branchen, in denen Kinderarbeit an der Tagesordnung ist. Eine heftige öffentliche Debatte brach aus über die Bigotterie des norwegischen Staates, der sich zwar jedes Jahr im Glanz der Verleihung des Friedensnobelpreises sonnte, dessen Staatsfonds aber zeitgleich Unternehmen mitfinanzierte, die in so fundamentalem Widerspruch standen zu den Idealen dieser Ehrung. Zeitungen warfen den Fondsmanagern vor, sie verdienten an »Blutgeld«. Das Finanzministerium und die Bank von Norwegen – beide gemeinsam verantwortlich für den Fonds – gerieten unter massiven öffentlichen Druck. Sie waren gezwungen, einen »Rat für ethische Fragen« zu berufen. Man entschied sich für einen Kreis von Experten für Menschenrechte, Ökologie, Völkerrecht und Finanzen. Jedes

Jahr untersuchen sie seitdem 3.000 bis 4.000 Unternehmen auf ihre Ziele und Arbeitsweisen und sprechen Anlageempfehlungen aus. Auf dieser Grundlage entscheidet der Fonds über An- und Verkauf von Aktien oder Anleihen. Mittlerweile führt der Fonds auch eine schwarze Liste, auf der derzeit 40 Unternehmen verzeichnet sind. Der Beirat hat bewirkt, dass der Fonds sich inzwischen von einem Dutzend Unternehmen völlig getrennt hat. Dazu gehört auch der amerikanische Einzelhandelskonzern Wal Mart, der größte private Arbeitgeber der USA, da das Unternehmen bei den Zulieferern Kinderarbeit toleriert, im eigenen Unternehmen Frauen diskriminiert und Gewerkschaftsaktivitäten zu unterdrücken versucht. »Was diesen Fall zu einem besonderen macht«, so der Beirat, »ist der Gesamtbetrag der Verletzungen ethischer Normen.« Man gewinne den Eindruck, es handle sich um eine systematische und geplante Praxis, sich nahe an der Grenze akzeptabler Arbeitsbedingungen zu bewegen oder diese zu überschreiten. Wal Mart weigerte sich, über diese Vorwürfe überhaupt zu diskutieren. Der Fonds hat seine Konsequenzen daraus gezogen.

Wal Mart ist kein Einzelfall. Andere Konzerne gehen allerdings geschickter vor, indem sie ihre Konzernpraxis verschleiern. Sie geben sich humane Statuten, verpflichten sich zu Mindestlöhnen und zu menschenwürdigen Arbeitsbedingungen. Bernward Gesang, Professor für Wirtschaftsethik an der Universität Mannheim, zeigt anhand des Automobilkonzerns Daimler, wie die Wirklichkeit aussehen kann: »Das führt dazu, dass Daimler Benz für bestimmte Arbeiten Firmen mit Leiharbeitern aus dem Ausland engagiert, die dann Niedriglöhne erhalten. Wenn das hin und wieder von der Presse aufgedeckt wird, werden diese Unternehmen geschlossen und unter neuem Namen wieder eröffnet.« Eine weitere beliebte Methode ist nach Gesang die Verlagerung der Verantwortung auf die Zulieferer der Konzerne. Was ist davon zu halten, wenn diese den Zulieferern zwar Vorschriften über die Arbeitsbedingungen und Produktionsabläufe machen, die Preise aber andererseits derart drücken, dass die betreffenden Firmen diese Bedingungen kaum erfüllen können? So manches hehre Unternehmensstatut ist das Papier nicht wert, auf das es geschrieben wurde. Man muss schon genau hinsehen, um erkennen zu können, ob ein Unternehmen wirklich nach den Wertmaßstäben handelt, die es öffentlich zur Schau stellt.

Der einzelne Anleger ist mit dieser Aufgabe überfordert. Selbst der norwegische Staatsfonds war damit zeitweilig überfordert. Deshalb haben Beratungsunternehmen oder NGOs von den 1980er-Jahren an Agenturen gegründet, die Unternehmen und Staaten, Branchen und Fonds nach ethischen Kriterien bewerten. Diese Unternehmen sind vergleichbar mit den Ratingagenturen, deren Arbeitsweise im Gefolge der Finanzkrise beispielsweise des Staates Griechenland ab 2010 ins allgemeine Bewusstsein getreten ist. Während diese traditionellen Ratingagenturen (namens Standard & Poor's, Moody's oder Fitch) die Bonität eines Unternehmens bewerten, um Anlegern bei der Einschätzung der Zahlungsfähigkeit von Unternehmen zu helfen, nehmen die Agenturen, die sich auf das Rating in Sachen Ethik spezialisiert haben, nicht ausschließlich die Rentabilität unter die Lupe. Sie untersuchen außerdem, ob menschenwürdige Arbeitsbedingungen eingehalten und friedensstiftende Vorhaben gefördert werden, ob die Produkte ohne Kinderarbeit gefertigt und Umweltschutz beachtet, kurzum: ob Wertvorstellungen berücksichtigt werden, die jenseits des Geldes liegen. Nachhaltigkeits-Ratingagenturen untersuchen Unternehmen, Länder und NGOs. Zu den weltweit führenden Agenturen gehören Oekom Research in München, INrate aus der Schweiz und Sustainalytics, ein Netzwerk mit Niederlassungen in Amsterdam, Frankfurt, Madrid, Toronto und Boston.

Auch große Investmentfonds stoßen auf Schwierigkeiten, wenn sie selbst gesteckte wertorientierte Ziele verfolgen. Der internationale Konzern BP polierte jahrelang öffentlichkeitswirksam sein Image; profilierte sich mit der Umbenennung von »British Petroleum« in »Beyond Petroleum« – mehr als Öl – erfolgreich als Entwickler auch alternativer, erneuerbarer Energiequellen. Die Manager einiger nachhaltig investierender Fonds ließen sich von der Kampagne blenden; sie investierten in das Unternehmen und vernachlässigten dabei Hinweise auf Risiken und Mängel auf Ölplattformen des britischen Konzerns. Dabei hatte Oekom Research schon vor Jahren darauf aufmerksam gemacht, dass BP es versäumt habe, ausreichend für technische Sicherheit und Arbeitsschutz auf den Ölplattformen zu sorgen, und den Konzern schon vor der Ölkatastrophe abgewertet.[7]

Die Betreiber der Dow Jones Sustainability Indizes (DJSI) – einige Finanz- und Börsenunternehmen – strichen BP dagegen erst nach der verheerenden Ölkatastrophe im Golf von Mexiko aus ihren einflussreichen Börsenbarometern. Immerhin warteten sie damit nicht den nächsten regulären Überprüfungstermin ab. Mit den DJSI sollen neben ökonomischen auch soziale und ökologische Kriterien von Unternehmen abgedeckt werden.

Viele Unternehmen versuchen, durch ein soziales und ökologisches Auftreten nicht nur ihr Image zu verbessern, sondern auch ihre Rendite zu steigern. In Europa sind nach einer Untersuchung der französischen sozial-ökologischen Ratingagentur Vigeo, 683 Fonds tätig, die Ziele des Umweltschutzes propagieren. Doch ebenso wie bei den Lebensmitteln nicht alles aus biologisch-dynamischem Anbau stammt, was mit »Bio« bezeichnet ist, gilt auch hier: Unternehmen nutzen Begriffe wie nachhaltig, ökologisch, sozial als Etikett für ihre Produkte.

Jeder zweite Bundesbürger, so eine Umfrage, wäre bereit, sein Geld nach ethischen Gesichtspunkten anzulegen.[8] Die Anleger stehen dabei grundsätzlich vor dem Problem, die Spreu vom Weizen trennen zu müssen. Hilfe bieten ihnen bei der Orientierung beispielsweise Ratingagenturen, der die Zeitschrift *Finanztest* der unabhängigen Stiftung Warentest, der Börsenbrief *Oeko-Invest* und das Online-Portal *ECOreporter*.[9]

Grenzen des Wachstums

Das Forscherpaar Meadows, Autoren der Studie über die »Grenzen des Wachstums«, sieht sich seinerzeit, Anfang der 1970er-Jahre, Vorwürfen der Anfechtbarkeit ausgesetzt, da sie ihre Prognosen geradezu mit Eintrittsdatum für den Ernstfall berechnet hatten. Die zeitlichen Prognosen haben sich zwischenzeitlich als falsch erwiesen, auch weil neue Rohstoffvorkommen entdeckt worden sind.

Dennoch haben viele Forscher die Gedanken von Donnella und Dennis Meadows aufgegriffen und weiter vertieft. Einer von ihnen ist Nico Paech, Professor für Betriebswirtschaftslehre an der Universität Oldenburg. Er hat beobachtet, dass die Politik vor allem in hoch entwickelten Industriestaaten zwar vorgibt, durch ihre Gesetzgebung eine nachhaltige Wirtschaftsweise durchsetzen zu wollen – dass aber die meisten Versuche scheitern. Er nennt das den Rebound-Effekt: Zwar entwickeln Industrieunternehmen Produkte, die weniger Schadstoffe enthalten oder die Umwelt weniger belasten; zugleich aber ist deren Verbrauch in einem Ausmaß gestiegen, dass die Umweltbelastung am Ende trotzdem stärker ist als zuvor. Besonders deutlich wird das am Beispiel Auto. Die Ingenieure entwickeln neue Motoren, die für die gleiche Leistung weniger Kraftstoff benötigen; zugleich konstruieren sie aber immer größere, schwerere Autos mit leistungsstärkeren Motoren. In der Summe ist der Kraftstoffverbrauch gestiegen. Hinzu kommt, dass mit wachsendem Lebensstandard in den Industrieländern die Zahl der Automobile pro Kopf der Bevölkerung ständig weiter steigt.

Ähnliche Probleme zeigt die Entwicklung in der Dritten Welt. Heuchlerisch hat man nach dem Ausbruch der ersten Erdölpreiskrise in den westlichen Industrieländern die aufstrebenden Entwicklungsländer davor gewarnt, das westliche Konsumverhalten zu übernehmen. Aber Chinesen und Inder erstreben einen ähnlichen Lebensstandard wie die alten Industrieländer, wozu selbstverständlich das Auto zählt. Auch Russlands Energiehunger nimmt weiter zu, der Energieverbrauch steigt weltweit weiterhin rapide an.

Werden das Konsumverhalten in den entwickelten Ländern und die Wirtschaftsweise in den aufstrebenden Staaten in dieser Weise fortgesetzt, besteht die Gefahr, dass die Menschheit den Moment zur rechtzeitigen Wende verpasst. Wie ernst diese Gefahr zu nehmen ist, zeigen alle internationalen Klimakonferenzen der zurückliegenden Jahre. Paech sieht deshalb nur dann einen gangbaren Weg zu nachhaltigem Wirtschaften, wenn auf der einen Seite die Menschen in den Industrieländern ihren Konsum einschränken, und sie auf der anderen Seite den Entwicklungsländern Spielraum für ihr Wachstum einräumen.

Paech nennt das »Postwachstumsökonomie«.[10] Der Ansatz fußt auf einem sparsamen Umgang mit Ressourcen, einem teilweisen Rückbau industrieller, insbesondere global arbeitsteiliger Wertschöpfungsprozesse und einer Stärkung der lokalen und regionalen Wirtschaft. Eine solche Entwicklung ist nur möglich, wenn die Menschen ihre Wertvorstellungen ändern. Letztlich kommt es auf jeden Einzelnen an, welche Maßstäbe zum Wert allgemeinen Handelns angewandt werden. Der Ökonom, Philosoph und Nobelpreisträger für Wirtschaft Amartya Sen fasst dies in seinem Buch *Ökonomie für den Menschen* in die These: Wir als Menschen, »die zusammen leben, [kommen] nicht umhin, uns zu fragen, ob die fürchterlichen Zustände, von denen wir uns umgeben sehen, nicht wesentlich unser eigenes Problem sind. Sie fallen in unsere Verantwortung«.[11]

Wer mit seiner Geldanlage den gesellschaftlichen Umbau zu einer nachhaltigen Wirtschaft unterstützen will, muss grundsätzlich bereit sein, Abstriche zu machen bei der Rendite oder bei der Sicherheit. Nur wenn ein Anleger für die Umsetzung sozialer oder ökologischer Ideen ganz oder teilweise auf die marktübliche Verzinsung bewusst verzichtet oder mit seinem Geld relativ höhere Risiken eingeht, werden mehr und schneller »grüne« und soziale Projekte umgesetzt. Dann nämlich erhalten auch diejenigen Unternehmer Kapital zur Realisierung ihrer Ideen, welche die von gewöhnlichen Investoren verlangten marktüblichen Zinsen nicht zahlen können. So können Entwicklungen angestoßen werden, die sonst überhaupt nicht oder erst später in Gang gekommen wären. So waren die Finanziers der ersten Windkraftanlagen in Deutschland Überzeugungstäter.

Und doch spricht einiges dafür, dass ethisch motivierte Geldanlagen auch einen höheren Gewinn erzielen können als konventionelle Geldanlagen, bei denen nur Sicherheit, Rendite und Liquidität im Vordergrund stehen. Die amerikanische Unternehmensberatung Mercer hat 36 Studien zusammengefasst, die sich mit diesem Aspekt beschäftigen. 20 Studien beschreiben einen im Vergleich zu konventionellen Geldanlagen positiven Zusammenhang zwischen ökologischem und sozialem Engagement von Unternehmen und deren Rendite, 13 sehen keinen Zusammenhang und 3 erkennen eine negative Auswirkung auf die Renditehöhe.[12] Laut einer Studie des Schweizer Investmenthauses SAM – einem der Pioniere nachhaltiger Geldanlage – rentierten die nachhaltigsten Unternehmen in den Jahren 2001 bis 2008 um 1,48 Prozent besser als gewöhnliche Unternehmen.[13] Dies hat mehrere Gründe: Einerseits sind nachhaltige Unternehmen häufig in neuen und wachsenden Märkten unterwegs (Regenerative Energie, Wassserversorgung, Mobilität etc.), wodurch sie tendenziell höhere Renditen erzielen als in gesättigten Märkten. Außerdem können die Risiken bei gewöhnlich agierenden Unternehmen sehr hoch sein; ob bei dem japanischen Atomkraftwerkbetreiber Tepco oder dem britischen Ölkonzern BP. Die Aufräumarbeiten verschlingen Milliardensummen, der Aktienwert ist ruiniert, und die Anleger verlieren viel Geld.

Gegen den Strom

An der Eingangstür des Elektrizitätswerkes hängt ein Aufruf für eine Demonstration gegen Atomkraftwerke. Im Eingangsbereich liegt eine graue Fibel aus:»Wrack-ab-Kampagne – 100 Gründe gegen Atomkraft«. Willkommen bei dem etwas anderen Energieversorger, den Elektrizitätswerken Schönau! In der ehemaligen Fabrik kurz hinter der Ortseinfahrt von Schönau wurden früher Zahnbürsten hergestellt. Heute verkauft die Elektrizitäts-Genossenschaft »Strom – garantiert ohne Atomkraft«. Das Unternehmen ist bundesweit tätig. Seine Geschichte belegt, was Menschen mit ihrer Überzeugung in der Wirtschaft verändern können.

1986 versetzte die Havarie in Block 4 des Atomkraftwerks W. I. Lenin in der ukrainischen Stadt Tschernobyl ganz Europa in Schrecken. Plötzlich wird Radioaktivität in Hamburg, München und Berlin als reale Bedrohung empfunden. Zeitungen, Rundfunk und Fernsehen sind voll von Warnungen vor dem Verzehr von Milch, Pilzen und Freilandgemüse. Die Politik verharmlost den Ernstfall: Wenn überhaupt Radioaktivität Deutschland erreiche, dann in einer Konzentration, die »mit Sicherheit« nicht so hoch sei, »dass sie gefährlich wird«, so der damalige Bundesinnenminister Friedrich Zimmermann (CSU). Also lassen die Eltern ihre Kinder noch draußen spielen, als mit dem Regen an vielen Orten schon Cäsium 137, Jod 131 und Strontium 90 niedergeht.[14]

»Ich habe eine ungeheure Wut gehabt, dass nach dem Unglück nicht wirklich etwas passiert ist«, sagt Ursula Sladek. Sie beteiligte sich an dem Widerstand gegen Kernkraftwerke, der nach der Reaktorkatastrophe wiederauflebte. Wenn die ehemalige Lehrerin von den Folgen von Tschernobyl erzählt, merkt man ihr noch immer ihre Wut an. Ihr und ihrem Mann, einem praktischen Arzt, sei bewusst geworden, dass es vernünftig und richtig sei, sich gegen Atomkraft zu wenden. Zufällig stoßen sie auf eine Annonce in der Zeitung, in der jemand Gleichgesinnte sucht, um gemeinsam Konsequenzen aus dem Reaktorunglück zu ziehen. Die Sladeks schließen sich an. Bald werden sie zur treibenden Kraft der Bewegung in ihrer Stadt. Wenige Jahre später und zwei erfolgreiche Bürgerbegehren danach sind sie als die »Schönauer Energierebellen« bundesweit bekannt. Heute ist aus der Bürgerinitiative ein erfolgreiches Unternehmen geworden. Kürzlich hat es den hunderttausendsten Kunden begrüßt, expandiert und findet weltweit Beachtung. Am 11. April 2011 erhält Ursula Sladek in San San Francisco für ihren Kampf gegen den Atomstrom den »Goldman Environmental Prize«, einen renomierten Umweltschutzpreis. Die Geschichte der Sladeks belegt, was Anleger mit Geld bewirken können, wenn sie es gezielt einsetzen.

Begonnen hatte die Bürgerinitiative damit, alle möglichen Maßnahmen zum Energiesparen zu ergreifen. Aber diese Methode stößt schnell an ihre Grenze – man kann nicht komplett auf Energie verzichten. Der nächste Gedanke: Umweltverträgliche Stromversorgung durch erneuerbare Energien, beispielsweise durch Wasserkraft. Gemeinsam mit Gesinnungsgenossen wird eine Firma gegründet, die zwei kleine Wasserkraftwerke wieder in Gang setzt, die der regionale Stromversorger abgeschaltet hat, als er das Netz der Schönauer Gemeinde übernommen hat. Da die Kraftwerksübertragungswerke Rheinfelden (KWR) ihren Kraftwerken jedoch den Zugang zum Leitungsnetz verweigern, gehen die Schönauer Bürger in die Offensive. Die Widerstandsgeister der Schönauer Bürger sind geweckt, ein Kampf von David gegen Goliath beginnt.

1990 entsteht die Idee, das Stromnetz der Gemeinde zurückzukaufen. »Unser Plan war ein Stück durch Naivität geprägt«, sagt Ursula Sladek. Der Bürgermeister hält zunächst wenig von dem Projekt. Die Bürgerschaft von Schönau ist gespalten. Manche Bürger meiden die Geschäfte ihrer politischen Gegner. Gasthäuser im Ort werden »nicht mehr nach Speisekarte, sondern nach energiepolitischer Gesinnung der Inhaber ausgesucht«, schreibt der *Spiegel*. Der Riss geht auch quer durch die Fabrikanten: Die Eigentümer der Marmeladenfabrik Faller bringen als Netzkaufbefürworter Marmeladengläser auf den Markt, auf denen groß »Nein« steht. Frisetta, ein Hersteller von Zahnbürsten, kontert mit Produkten, auf die dick »Ja« gedruckt ist. Einige sorgen sich um die Versorgungssicherheit, falls die Bürgerinitiative Erfolg haben sollte.

Am Ende gewinnt die Initiative die Abstimmung in der Gemeinde knapp. Danach stimmt der Gemeinderat dem Erwerb des Stromnetzes zu. Die Bürgerinitiative gründet eine Netzkauf GbR; die erste Hürde ist genommen. Das nächste Problem ist die Finanzierung: Man braucht Geld. Zur Bürgerbewegung gehört Siegfried Rösner. Er hatte sich schon zuvor mit dem Thema erneuerbarer Energien befasst. Seine Frau ist der Anthroposophie verbunden und kennt die GLS Bank. Er nimmt Kontakt mit deren Prokuristen Thomas Jorberg auf, um das Projekt voranzutreiben.

Es ist nicht der erste Versuch der GLS Bank, in die Förderung erneuerbarer Energien einzusteigen. Sie hatte 1989 den ersten Fonds zur Finanzierung von Windkraft in Deutschland aufgelegt – damals ein großes Risiko. Denn der Pilottest mit der öffentlich geförderten Großwindanlage Growian im Kaiser-Wilhelm-Koog bei Marne verläuft miserabel: Innerhalb von vier Jahren funktioniert die Anlage gerade einmal 420 Stunden; die meiste Zeit wird sie repariert. Nun sieht Jorberg eine weitere Gelegenheit, die regenerativen Energien voranzubringen.

Jorberg ist nicht der Einzige, der sich für das »Schönauer Unternehmen« interessiert. Der Hamburger Unternehmer Michael Saalfeld verspricht der Bürgerinitiative, ihr das für den Netzkauf nötige Geld zu leihen. Die GLS Bank schlägt einen anderen Weg vor: Sie will wiederum einen Fonds auflegen und unter Interessenten Geld für das Projekt sammeln. In der Initiative ist man uneinig, wer der passendere Partner ist: Investor oder Bank? Am Ende setzt sich die Überzeugung durch, ein Großinvestor passe nicht zu einer Bürgerinitiative.[15]

Nun legt die GLS Bank einen Spezialfonds auf, der Eigenkapital für den Kauf des Netzes sammelt. Nach vier Monaten sind 2,4 Millionen D-Mark beisammen. Unabhängig davon melden sich Gleichgesinnte aus anderen Regionen direkt bei den Schönauern, die mitmachen wollen. Sie bringen 1,7 Millionen D-Mark auf. Mittlerweile sind 650 Bürger Gesellschafter der Netzkauf GbR, die auf einem Treuhandkonto gut vier Millionen D-Mark angesammelt hat. Auf diese Summe hat ein von der Initiative beauftragter Gutachter den Preis für das Stromnetz geschätzt. Doch der Kraftwerksbetreiber fordert mehr als das Doppelte: 8,7 Millionen D-Mark. Vergeblich protestiert die Initiative bei der KWR. »Aber klagen wollten wir nicht«, sagt Ursula Sladek. Man habe von Kommunen gewusst, die ihre Netze von Stromkonzernen hatten zurückkaufen wollen und wegen Preisstreitigkeiten vor Gericht landeten. Die Verfahren zogen sich häufig über viele Jahre von Gutachten zu Gutachten hin.

Während die Schönauer über ein juristisches Vorgehen diskutieren, wird ihnen plötzlich bewusst, dass ihre Lage doppelt verzwickt ist: Es macht keinen Sinn, die Kaufsumme ganz durch Kapitalanleger aufbringen zu lassen. »Damit wäre das Projekt unwirtschaftlich geworden«, beschreibt Sladek die damalige Lage. Die notwendige Verzinsung des Kapitals hätte das Unternehmen in die roten Zahlen getrieben. Mangelhafte Rentabilität des Eigenkapitals wiederum hätte das Landeswirtschaftsministerium veranlasst, die Genehmigung für die Übernahme des Stromnetzes zu untersagen. Die Initiative steht kurz vor dem Scheitern. In einer Krisensitzung kommt man zu dem Schluss: Lösen lässt sich das Problem in angemessener Zeit nur, wenn man sich das Geld schenken lässt, den Kaufpreis von 8,7 Millionen D-Mark unter Vorbehalt zahlt und anschließend in Ruhe gegen die Netzverkäufer klagt, um den überhöhten Preis zurückzubekommen. »Das war unsere einzige Chance«, sagt Ursula Sladek.

So wird am zehnten Jahrestag der Tschernobyl-Katastrophe, am 26. April 1996, gemeinsam mit der von Schriftsteller Carl Amery gegründeten Stiftung Neue Energie die Aktion »Atom-Count-Down« gestartet. Binnen zwei Monaten bringt die Kampagne 400.000 D-Mark ein. Man bittet die 50 größten Werbeagenturen Deutschlands, kostenlos eine Werbekampagne zu entwerfen, und tatsächlich erklären sich 15 Agenturen dazu bereit. Auch nach einem Hinweis auf mögliche Interessenkonflikte mit Stromkonzernen halten noch sieben ihr Angebot aufrecht. Die Schönauer entscheiden sich für D'Arca, Masius, Benton & Bowles (DMB&B). Diese Werbeagentur entwirft drei Kampagnen. Eine davon wird Furore machen: Über schwarz-weiße Porträtfotos, vom Baby über die Studentin bis zum Landwirt, klebt ein gelber Balken: »Ich bin ein Störfall.« Die Kampagne findet großes Echo. Innerhalb von sechs Wochen kommen eine Million D-Mark an Spenden zusammen. Der damalige Chef der KWR ruft bei Ursula Sladek an und wirft ihr vor, sie zerstöre das Ansehen des Kraftwerksbetreibers. »Da habe ich gesagt, da verstehen Sie irgendetwas falsch, nicht *wir* zerstören Ihr Image, *Sie* zerstören gerade Ihr Image.« Nach einigen Wochen reduziert die KWR ihre Forderung von 8,7 Millionen D-Mark auf 6,2 Millionen D-Mark, und die Schönauer kaufen das Stromnetz. Im Juli 1997 übernehmen sie die Stromversorgung ihrer Gemeinde. »Keine einzige unserer Ideen ist am Geld gescheitert«, sagt Ursula Sladek, und das klingt noch heute ein bisschen überrascht. »Wenn man irgendwelche tollen Pläne hat, kommt ja normalerweise die Stimme aus dem Off, die sagt: Das geht nicht! Wer soll das bezahlen? Wir haben die Erfahrung gemacht, dass viele Leute ihr Geld lieber in ganz konkrete Projekte stecken, als es an einem beliebigen Bankschalter abzugeben, wo sie nicht wissen, was damit passiert.«

Und auch die Klage ist erfolgreich. Ein gerichtlich bestellter Gutachter setzt den Wert des Stromnetzes auf 3,5 Millionen D-Mark fest – etwa die Hälfte des gezahlten Preises. »Wir haben alles, was wir zu viel bezahlt hatten, mit Zins und Zinseszins zurückbekommen; das Geld ist zurück in die Stiftung Neue Energie bei der Gemeinnützigen GLS Treuhand geflossen und steht dort für andere Zwecke zur Verfügung«, sagt Sladek.

ÜBER WERTE MUSS MAN STREITEN, MAN KANN SIE NICHT BERECHNEN

IM GESPRÄCH MIT DER AUTORIN UND FINANZEXPERTIN ANTJE SCHNEEWEISS

Antje Schneeweiß beschäftigt sich seit zwei Jahrzehnten mit alternativen Geldanlagen. Sie begann damit, weil ihr Mann, ein Musiker, das Geld für eine neue Gitarre lieber im Instrumentenkasten sparte, als es zu einer Bank zu tragen, der er misstraute. Schneeweiß studierte damals Philosophie und Anglistik, seit 1996 ist sie für das kirchennahe Institut Südwind zuständig, welches sich mit weltwirtschaftlichen Fragen beschäftigt. Die 47-Jährige hat einige Bücher über sozialverantwortliche Geldanlage geschrieben, darunter das Kursbuch Ethische Geldanlagen, und, gemeinsam mit Wolfgang Kessler, Geld und Gewissen. Zuletzt beschäftigte sie sich vor allem mit den Folgen der Finanzmarktkrise auf die Entwicklungsländer. Sie gehört dem Anlageausschuss[16] der GLS Bank an und entscheidet mit über deren Geldverwendung.

Südwind sitzt in einer ehemaligen Fabrik im rheinischen Siegburg, auf deren Gelände außerdem Einrichtungen der alternativen Szene untergebracht sind. In einer Werkstatt reparieren Jugendliche Fahrräder. Der Weg zum Büro von Antje Schneeweiß führt über eine schmale Treppe ins Dachgeschoss.

Im Rahmen der Berichterstattung über die BP-Katastrophe im Golf von Mexiko haben Anleger, die ihr Geld einem »ethischen« Fonds anvertrauten, entsetzt festgestellt, dass sie an BP beteiligt waren – einer Firma, die ganz offensichtlich ihre Profitmaximierung über Sicherheits- und Umweltstandards gesetzt hat. Wie ist so etwas möglich?
Da muss man genau hinschauen. Es gab beispielsweise ethische Fonds, die nur drei Ausschlusskriterien berücksichtigten: Rüstung, Tabak und Alkohol. Etwas anderes spielte bei ihnen keine Rolle. Deswegen war BP bei diesen Fonds mit dabei, schließlich stellt der Ölkonzern weder Waffen oder Alkohol noch Tabak her. Wenn diese Investmentfonds Kriterien wie Umwelt, Sicherheit oder Menschenrechte bei der Auswahl berücksichtigt

hätten, wäre BP kaum enthalten gewesen. Das sogenannte »Prime Rating«, das die Ratingagentur Oekom vergibt, hat BP in den vergangenen Jahren nie bekommen. Oekom hat bei seinen Recherchen festgestellt, dass die Sicherheitsstandards des Ölunternehmens ungenügend waren. Damit ist BP aus einer ganzen Reihe von nachhaltigen Portfolios herausgefallen. Die Auswahl der Unternehmen hängt eben von den Vorgaben des Finanzdienstleisters ab. Anleger sollten genau hinsehen, welche Kriterien für einen Nachhaltigkeitsfonds gelten.

Durch den Vorfall bei der Ölplattform von BP sind die Auswahlmethoden für nachhaltige Geldanlagen in die Kritik geraten – besonders der Best-in-Class-Ansatz, bei dem alle Unternehmen einer Branche danach bewertet werden, welches von ihnen am nachhaltigsten wirtschaftet. Befürworter versprechen sich davon einen Wettbewerb um die besten Lösungen. Kritiker halten diesen Ansatz für irreführend und fragen sich, wieso ein Unternehmen wie BP zu den Klassenbesten zählen konnte.

Ich finde aus der Wahl des richtigen Ansatzes wird heute viel zu sehr eine Wissenschaft gemacht. Natürlich arbeitet man als verantwortungsvoller Fonds immer mit mehreren Ansätzen. Man nutzt neben dem Best-in-Class-Ansatz noch positive oder negative Auswahlkriterien und einen Beirat. Der Best-in-Class-Ansatz ist hilfreich beim Unterscheiden von Unternehmen, durch ihn wird in gewissem Maß auch ein Verbesserungsdruck auf die Unternehmen ausgeübt. Sein größter Mangel ist, dass es bei einer alleinigen Anwendung dieses Ansatzes dazu kommen kann, dass eben auch der nachhaltigste Betreiber von Kernkraftwerken ins Portfolio aufgenommen wird. Der Aspekt der Sinnhaftigkeit der jeweiligen Unternehmenstätigkeit geht bei diesem Ansatz also verloren, wenn er nicht durch bestimmte Kriterien ergänzt wird. Die vorhandenen Ratingsysteme, die alle stark auf eine vergleichende Bewertung innerhalb einer Branche setzen, suggerieren, dass man ethisches Verhalten ausrechnen kann. Das funktioniert natürlich nicht. Eine ethische Bewertung entsteht immer vor einem Wertehintergrund, der zu Beginn des Prozesses festgelegt werden muss, und im Lichte dessen die Ergebnisse eines Ratings diskutiert werden müssen. Es reicht nicht, ein Raster mit Informationen zu füllen und daraus Noten für ein Unternehmen zu generieren.

Sondern?
Am Ende muss immer nochmals überprüft werden, ob die Ergebnisse dem Wertehintergrund auch entsprechen. Viele dieser Systeme stellen zum Beispiel bestimmte Skandalmeldungen dem Umsatz gegenüber, den ein Unternehmen in dem problematischen Teil seines Unternehmens macht. Man könnte aber auch bewerten, wie viele Menschen negativ von diesem Unternehmensteil betroffen sind, oder wie schwer das Vergehen im Lichte ethischer Werte zu verurteilen ist. Außerdem gibt es natürlich Wertekonflikte. So fragen sich viele Investoren zurzeit, ob sie in chinesische Firmen aus dem Bereich der regenerativen Energien investieren können. Die Tatsache, dass in China keine freien Gewerkschaften zugelassen sind, steht hier der Überlegung gegenüber, dass der Einsatz regenerativer Energien in China aus der Perspektive des Klimaschutzes unbedingt zu fördern ist. Hier hilft ein Beirat, Lösungen zu finden.

Und welche Bedeutung haben die Ratingagenturen?
Ratingverfahren liefern die nötige Information für das Fällen ethischer Urteile. Sie ersetzen diese aber nicht. Es wird oft verkannt, dass es auch für den Weg zu ethischen Urteilen eines Diskurses bedarf. In den vergangenen Jahren hat man die Methoden der ethischen Geldanlage sehr stark an die Methoden der Betriebswirtschaft angeglichen. Ich halte das für einen Fehler: Letztlich ist es eine geisteswissenschaftliche Frage, ob etwas ethisch ist oder nicht. Und dafür brauche ich eine ganz andere Herangehensweise, die darf nicht zu kurz kommen.

Können Sie ein Beispiel für diese Methoden nennen?
Wir haben da verschiedene Instrumente. So kann man in der Argumentation stärker die Folgen bewerten, die ein Unternehmensverhalten mit sich bringt, oder die Einhaltung von Werten. Ein Pharmaunternehmen zum Beispiel kann gezielt zu Krankheiten forschen, die vor allem in Entwicklungsländern vorkommen, und dort so Krankheits- und Todesfälle reduzieren. Gleichzeitig betreibt es embryonale Stammzellenforschung, was gegen den Wertkodex der Kirchen verstößt. Was ist hier wichtiger, die Folgen oder das Einhalten der Werte?

Wer sollte das entscheiden?
Ausrechnen lässt sich das nicht, das ist eine ethische Entscheidung, die am besten in einem Diskurs gefunden wird. Deshalb betone ich die Notwendigkeit

von Beiräten für Nachhaltigkeitsfonds und Banken, in denen Menschen mit verschiedensten Kompetenzen und Ansichten vertreten sind. Ich arbeite in einer Reihe solcher Gremien. Wir erleben immer wieder, dass Unternehmen, die gut geratet werden, nach unseren eigenen Erkenntnissen, über die wir uns austauschen, gar nicht mehr so gut dastehen. Ich habe schon oft erlebt, dass wir in einem solchen Gremium Unternehmen oder ganze Branchen ausgefiltert haben. Es gibt aber auch die umgekehrten Fälle.

Fallen Ihnen dazu konkrete Fälle ein?

Ein aktuelles Beispiel ist Tunesien. Wir haben für einen Fonds diskutiert, ob wir Tunesien aufnehmen sollen. Das Land hatte ein gutes Finanzstärkerating; und die gängigen Indikatoren, die von den Nachhaltigkeits-Ratingagenturen verwendet werden, stuften das Land hinsichtlich der Regierungspraxis und der Stabilität ebenfalls gut ein. Dann hat sich ein Menschenrechtsexperte in dem Gremium zu Wort gemeldet und uns auf die vielfältigen Menschenrechtsverletzungen aufmerksam gemacht. Die Indikatoren zeigten das nicht an. Wir haben uns daraufhin gegen den Kauf von tunesischen Staatsanleihen entschieden. Ein paar Monate später kam die Revolution. Die ganze Welt hat gesehen, was für eine Diktatur Tunesien war, und wie sich die Herrscherclique bereichert hat. Den Fonds hätte ein Engagement in Tunesien aber nicht nur Reputation bei nachhaltig interessierten Anlegern gekostet. Diese Anlage wäre auch ein schlechtes Investment gewesen. Die Ratingagenturen haben ja direkt nach der Revolution das Länderrisiko für einen möglichen Ausfall von Zahlungen hochgestuft. Ein anderes Beispiel sind die schädlichen Nebenwirkungen von Bioethanol, die wir in einem solchen Gremium diskutiert haben, lange bevor es weltweit ein Thema an den Börsen wurde und die Agrotreibstoffaktien in den USA purzeln ließ. So etwas erlebe ich immer wieder.

Gibt es eine Korrelation zwischen Nachhaltigkeit und wirtschaftlichem Erfolg?

Manchmal, aber nicht immer. Die Entwicklung der Rohstoffpreise zeigt jetzt im Frühling 2011 genau das Gegenteil. Wenn man im letzten Jahr als Anleger aus ethischen Gründen auf den Kauf von Rohstoffaktien verzichtete, machte man einen geringeren Gewinn als diejenigen, die Rohstoffe kauften. Zu solchen Gewinneinbußen sind leider viele, gerade auch große institutionelle Anleger, nicht bereit.

Gibt es eine Möglichkeit, wie ich als Anleger guten Gewissens in Rohstoffe investieren kann?

Sicher kann man verantwortlicher und weniger verantwortlich in Rohstoffe investieren. Es gibt signifikante Unterschiede zwischen einzelnen Unternehmen, aber problematisch bleibt es trotzdem immer. Wenn man dennoch meint, man müsste in Rohstoffaktien investierten, gibt es Möglichkeiten, die besseren Unternehmen herauszufiltern. Und doch – ich habe zum Beispiel einmal den Minenbetreiber Anglo American untersucht, der zu den besseren Minenbetreibern gehört, was auch viele Menschen vor Ort so gesehen haben. Auch da gab es immer noch einen Todesfall pro Monat in den Platinminen in Südafrika. So sieht dann eben die bessere Variante aus. Besser bedeutet eben nicht schon gut.

Was halten Sie von Rohstoffkontrakten, mit denen Spekulanten auf steigende oder fallende Preise setzen können?

Dies ist ein separates Problem, da die Käufer dieser Kontrakte ja gar nicht wirklich Rohstoffe erwerben. Trotzdem können sie durch den Kauf dieser Kontrakte die Preise anheizen. Das kann besonders bei Nahrungsmitteln zu einem großes Problem werden, wenn sich die Menschen aufgrund von Preissteigerungen keine Grundnahrungsmittel mehr leisten können. Manche ethischen Investoren schließen deshalb Nahrungsmittel momentan komplett aus ihren Rohstoffinvestitionen aus. Ich halte das für richtig. Eigentlich muss sich erst der gesamte Rohstoffmarkt ändern, damit ich als Anleger mit gutem Gewissen in Rohstoffe investieren kann.

Welche Änderungen halten Sie für nötig?

Die an der Börse gehandelten Rohstoffe unterliegen heute einer sehr strengen Standardisierung. Damit können die Käufer sicher sein, immer die gleiche Qualität zu erhalten. In die Vorgaben für diese Standardisierung sollte man Nachhaltigkeitsaspekte einbringen. Nehmen Sie das Öl. Es gibt ja ganz verschiedene Sorten von Öl, die an den Börsen gehandelt werden, und die jeweils einem ganz bestimmten Qualitätsstandard entsprechen müssen. Man könnte jetzt sagen, zum Qualitätsstandard gehört es künftig ebenfalls, dass die gesamte Wertschöpfungskette bei der Ölförderung frei von Korruption ist. Damit hätte man an den Börsen, einer ganz zentralen Stelle des Wirtschaftskreislaufes, wo jeder Rohstoffproduzent seine Waren verkaufen will, ein wirksames Instrument eingeführt. Dann müssten künftig alle Ölproduzenten gewährleisten, dass ihre Unternehmenspraxis frei von Korruption ist. Bei Verstößen wären die Ölproduzenten haftbar.

Viele Unternehmen und Staaten kaufen schon seit geraumer Zeit Land in Afrika ein. Die Wirkung wird unterschiedlich beurteilt. Manche sehen darin ein willkommenes Mittel für eine notwendige Modernisierung der Landwirtschaft in Entwicklungsländern, wovon die Bevölkerung profitieren könnte. Andere befürchten eine Rekolonialisierung und Vertreibung der Kleinbauern von ihren Feldern.

Ich sehe diese Entwicklung ziemlich kritisch. Schauen Sie doch einmal in die Geschichte: Versprechen gab es schon viele für die Kleinbauern in Entwicklungsländern. Eine Modernisierung der Landwirtschaft hat für verarmte Kleinbauern, wenn sie es nicht selbst in der Hand haben, bisher immer wenig gebracht. Ich halte es für wesentlich sinnvoller, eine entwicklungspolitische Strategie anzuwenden, bei der die Kleinbauern gestärkt werden. Den Kauf von Landflächen durch ausländische Investoren halte ich für den falschen Weg. Besonders schädlich ist der Kauf durch Investoren, denen es nur um eine Steigerung des Bodenwertes geht. Sie haben gar kein Interesse an einer Entwicklung der Landwirtschaft vor Ort.

Der Mikrokredit galt in den letzten Jahrzehnten als die entwicklungspolitische Innovation, mit der man Kleinbauern helfen kann. Gilt das immer noch?

Grundsätzlich sehe ich das immer noch so.

Kann ich als Anleger verantwortungsbewusst in unterentwickelten Ländern Geld anlegen oder sollte ich besser spenden?

Man kann beides machen. Und ich finde, ein verantwortungsvoller Mikrokredit ist nach wie vor eine sehr gute Möglichkeit, sein Geld in Entwicklungsländern anzulegen. Man muss sich den Anbieter eben ganz genau anschauen. Gemeinsam mit einigen Hilfsorganisationen sowie Kirchen- und Alternativbanken haben wir mit unserem Fair-World-Fonds auf eine andere Weise versucht, eine Geldanlage zu konzipieren, die unter Entwicklungsgesichtspunkten akzeptabel ist. Schließlich kann nicht jeder Investor in Mikrokredite investieren, beispielsweise wenn er die Vorgabe hat, mündelsicher zu investieren. Wir haben Kriterien für den Fonds entwickelt und versucht, dann Unternehmen und Anleihen zu finden, welche eine spezielle entwicklungspolitische Ausrichtung haben. Da ist der Windkraftbauer aus Indien genauso enthalten wie die Naturkosmetikkette aus Brasilien. Wir wollten damit darauf aufmerksam machen, dass es nicht nur der Ökoaspekt ist, der nachhaltige Anleger interessiert, sondern auch stark der Entwicklungsaspekt.

Gibt es einen Zielkonflikt zwischen Ethik und Rendite?

Das fängt mit der Frage an, ob Investoren bereit sind, aus moralischen Gründen ganz auf einzelne Branchen zu verzichten. Eigentlich dürften Kirchen heute nicht in die Pharmaindustrie investieren, solange diese die embryonale Stammzellenforschung betreibt. Das müsste für beide Kirchen ein rotes Tuch sein, weil es gegen ihre selbst formulierte Ethik verstößt. Es ist für viele kirchliche Vermögensverwalter aber ein echtes Problem, auf diese renditestarke Branche zu verzichten. Ähnliches gilt für Bergbau oder Rohstoffe.

Wie hoch können nachhaltige Renditen sein?

Das kommt sehr auf das Instrument an. Im Mikrofinanzbereich halte ich die zwei Prozent von Oikocredit für angemessen. Das heißt nicht automatisch, wenn jemand vier oder fünf Prozent zahlt, dass das schlecht ist. Wenn man dagegen stark wachsende Unternehmen der regenerativen Energien oder andere innovative Unternehmen nimmt und da einen Beteiligungsfonds auflegt, dann sind die Erwartungen schon anders, da sind aber auch die Risiken anders. Wir hatten mal das Thema Kleinunternehmen in Indien, wo man in kleine, auf Entwicklung setzende Unternehmen investiert. Da sagte jemand, der sich damit gut auskennt, man erwarte schon eine Rendite einzelner Unternehmen von 50 bis 100 Prozent. Aber man gehe auch davon aus, dass von zehn Unternehmen im Portfolio nur zwei oder drei überleben. Diese riskanteren Anlagemöglichkeiten existieren bei nachhaltigen Anlagen genauso wie bei gewöhnlichen. Man kann relativ hohe Renditen erzielen, wenn man die entsprechenden Risiken eingeht. Ich halte das auch keinesfalls für unethisch. Von daher kann man die Renditehöhe einer nachhaltigen Anlage nicht pauschal festlegen. Sehr problematisch finde ich es, wenn im Bereich der alternativen Anlagen Hedgefonds auf ethisch gestrickt werden. Da kommt die ganze Problematik der Intransparenz und der Schattenfinanzzentren ins Spiel. Leider haben sich die meisten Banken, die nachhaltige Fonds auflegen, zu wenig mit der Frage beschäftigt, welche Bankgeschäfte mit Nachhaltigkeit unvereinbar sind. Die Verlagerung von Tätigkeiten in Schattenfinanzzentren ist zum Beispiel für viele von ihnen kein Problem. Das sehe ich sehr kritisch.

Wie würden Sie es machen?

Beim Fair-World-Fonds haben wir erst einmal definiert, wie der Fonds sich überhaupt auf den Finanzmärkten verhalten soll. Da haben wir uns mit Steueroasen, aber auch Derivaten und Spekulation beschäftigt. Wir kaufen beispielsweise Derivate, wenn überhaupt, nur wenn sie der Absicherung dienen.

Und das funktioniert?

Das ist kein Problem. Schwieriger ist es mit den Schattenfinanzzentren.

Da agieren Nachhaltigkeitsfonds?

In einer Reihe von Nachhaltigkeitsfonds sind Anleihen von Unternehmen enthalten, die in Schattenfinanzzentren wie den Niederländischen Antillen, Cayman oder Jersey aufgelegt wurden. Das ist gang und gäbe. Auf diese Weise entziehen die Unternehmen dem Staat Steuern. Es gehört sich nicht für einen Nachhaltigkeitsfonds, dies durch den Kauf der Anleihen zu unterstützen. Und der dritte Knackpunkt ist für mich die Devisenspekulation. Ich habe einmal einen Nachhaltigkeitsfonds gesehen, der das machte. Das ist dann auf mein diskretes Nachfragen geändert worden. Bei diesen Fragen ist die Szene der ethischen Geldanlage ziemlich verschlafen. Das hat sich leider auch nach der Finanzkrise nicht geändert. Die haben sich alle nur gefreut, dass sie sehr viel mehr Geld von den Anlegern bekommen. Aber die Selbstreflexion fehlt mir da. Man kann nicht nur von den Unternehmen Transparenz verlangen – die nachhaltigen Investmentfirmen müssen sich auch selbst angucken lassen.

Haben sich die Regeln für die Banken nach der Finanzkrise geändert?

Gut, man hat die Boni etwas gestutzt, man hat die Eigenkapitalvorschriften der Banken etwas erhöht. Aber dann schaue ich mir die Investmentbank Lehman Brothers an und sehe, dass die Manager dort vor allem über eine Beteiligung am Aktienkapital entlohnt wurden. Der Vorstandsvorsitzende hatte 40 Prozent seines Vermögens in Lehman-Aktien investiert, müsste also am langfristigen Erfolg des Unternehmens sowieso sehr interessiert gewesen sein. Sogar das Eigenkapital war zu Beginn der Krise nicht weit weg von den neueren Vorschriften. Man hat in der Krise gehandelt wie bei einem leckgeschlagenen Schiff. Man hat die Löcher gestopft, damit die Fahrt weitergehen kann.

Und wird sie lange weitergehen?

Ich vermute, dass die Fahrt erstaunlich lange weitergehen wird. Es gibt jetzt so viel Wachsamkeit der Regierungen und Aufsichtsbehörden. Sie gucken immer mal wieder im Schiffsrumpf nach, ob da noch einmal Wasser nachkommt, und wenn ja, klebt man noch etwas drauf. Ich denke, das Schiff wird ohne große Probleme noch einige Jahre vor sich hinsegeln.

Gibt es genügend nachhaltige Anlagen für die Investoren?

Für einen privaten Anleger ist das Angebot groß genug. Schwierig ist es dagegen für die institutionellen Investoren wie Versicherungen oder Pensionskassen, die stark im festverzinslichen Bereich investiert haben. Sie brauchen eine große Palette von Anlagemöglichkeiten, weil sie Laufzeiten staffeln sowie Renditen und Zinsrisiken abwägen müssen. Aktien gibt es genügend, aber bei den festverzinslichen Papieren gibt es nur ein geringes Spektrum.

Umfasst der Anspruch ethischer Geldanlagen die gesamte Wertschöpfungskette? Von der Herstellung des Produkts in Asien über den Transport nach Europa bis hin zu den Arbeitsbedingungen der Verkäuferinnen in der Filiale einer deutschen Stadt?

Man hat es im Blick. Im Textil- oder IT-Bereich gibt es Probleme, was die Arbeitsbedingungen in der Zulieferindustrie anbelangt. Da achtet man längst nicht mehr nur auf das Unternehmen, sondern auch auf die Zulieferer. Man schaut sich die Politik an, die ein Unternehmen im Hinblick auf Arbeit und Umwelt dieser Zulieferer hat. Aber in bestimmten Bereichen ist es extrem schwierig, einen Durchblick zu bekommen.

So wie beim schwedischen Modekonzern H&M, der beispielsweise nicht sagt, wo seine Baumwolle herkommt, und wo sie verarbeitet wird.

Da ist häufig detektivische Kleinarbeit gefragt. Meine Kollegin hat einmal herausgefunden, wo Aldi in China fertigen lässt. Diese Detektivarbeit können Nachhaltigkeitsagenturen nicht machen, die sich eben durch die Gebühren für die Anleger finanzieren. Die reichen dafür nicht aus. Sie orientieren sich deswegen vor allem daran, wie glaubwürdig ein Unternehmen seine Lieferkette darlegt, dass es die Zulieferproblematik im Griff hat. Daneben beobachten die Ratingagenturen externe Quellen wie die Presse und sprechen mit Nichtregierungsorganisationen.

Viele Unternehmen verpflichten sich in Erklärungen zur Einhaltung bestimmter ökologischer oder sozialer Standards. Wie viele setzen das um?

Die meisten Unternehmen wissen, dass sie diese Selbstverpflichtungen gar nicht ganz einhalten können. Beispielsweise beim Thema Kinderarbeit. Wenn ein Unternehmen eine Zulieferkette hat, die in Entwicklungsländer reicht, ist das kaum zu kontrollieren. Kakao ohne Kinderarbeit? Das ist für kein Schokoladenunternehmen möglich, wenn es den Kakao konventionell kauft. Ich sage mal: Wichtig ist ein ernsthaftes Bemühen des Unternehmens. Die Trennung zwischen Unternehmen, die ein reines Lippenbekenntnis abliefern, und jenen, die ernsthaft an der Umsetzung von Nachhaltigkeitszielen arbeiten, gelingt den Nachhaltigkeitsratingagenturen recht gut.

Was kann der Einzelne erreichen? Wie wichtig ist die Politik bei der Einhaltung ethischer Standards in der Wirtschaft?

Wenn man sich die Geschichte der Sozialgesetzgebung in Deutschland anschaut, sieht man, dass dem Gesetz einige Initiativen von Unternehmen vorangingen, die man heute unter dem Kürzel CSR zusammenfassen würde, »Corporate Social Responsibility«. Sie boten ihren Mitarbeitern günstigen Wohnraum an und führten die betriebliche Altersversorgung ein. Das Gesetz kam erst später. Vielleicht könnte das heute ähnlich funktionieren. Ein Gesetz, das übergestülpt wird, das beispielsweise den Import von Waren mit Kinderarbeit verbietet, ist eine leere Hülle, wenn es nicht über einen kritischen Dialog zwischen NGOs und Unternehmen vorbereitet wird. Wir wollen die Voraussetzungen dafür stärken, dass es gelebt wird. Dazu zählen auch freiwillige Maßnahmen der Unternehmen. Man wird immer merken, dass man da nicht stehen bleiben kann. Und man wird immer merken, dass es viele Unternehmen gibt, die ihre Selbstverpflichtungen nicht einhalten. Aber man hat die Unternehmen so weit, dass sie das Thema auf der Agenda haben, dass sie etwas dazu geschrieben haben, dass einige mehr oder weniger ernsthaft versuchen, sie einzuhalten. Und das ist erst einmal die Voraussetzung dafür, dass es eine Gesetzgebung geben kann, die so etwas auch effektiv von oben regelt. Dieser Prozess kann von Investoren sehr wirkungsvoll unterstützt werden.

Inwiefern?

Ich habe einmal den Nachhaltigkeitsbeauftragen von Adidas gefragt, ob sie sich wegen ihrer Konsumenten oder wegen der Kapitalanleger um bessere Arbeitsbedingungen bei ihren Zulieferern bemühen. Für ihn war ganz klar, dass es hier nur um den Kapitalmarkt geht. Warum der Konsument den Turnschuh kauft, wisse man nicht; aber wenn er konkrete Anfragen von Nachhaltigkeitsagenturen oder großen Pensionskassen zu dem Thema habe, dann habe das ein großes Gewicht, danach handele man.

Aber wie weit geht das Engagement? Am Ende wollen die Investoren doch eine möglichst hohe Verzinsung der Gelder ihrer Anleger. Sie stehen schließlich ebenfalls in einem Wettbewerb.

Insofern sind die Anleger, besonders die institutionellen Anleger, gefesselte Riesen, weil alle sagen, die Rendite muss immer stimmen. Zumindest die Investoren aus Großbritannien haben aber kein Problem damit, recht starke Sozialkriterien von den Unternehmen zu fordern und zu sagen, langfristig ist das auch gut für die Rendite. In Deutschland sehen Investoren das enger. Natürlich gibt es da Konflikte zwischen höheren Sozialstandards und Rendite. Das Potenzial ist groß, aber man muss noch mehr an der Renditevorstellung der Investoren arbeiten.

Kann ich als Einzelner mit meinem Geld etwas bewirken?

Als Einzelner ist es schon schwierig, außer man ist sehr vermögend. Für den Verbraucher sind sicher die Rücklagen für das Alter und die Bankverbindung die beiden wichtigsten Ansatzpunkte, über die er auf dem Kapitalmarkt Nachhaltigkeitskriterien vorantreiben kann. Hier lohnt es sich, kritisch nachzufragen.

Die Hilfen für die Banken haben die Staaten und ihre Bürger Milliarden gekostet. Aber das scheint, anders als Atomkraftwerke oder »Stuttgart 21«, die Menschen nicht zu stören. Große Demonstrationen gegen die Milliardenhilfen für Banken gab es nicht.

Manch einer hält es für das große Scheitern der Zivilgesellschaft, dass da nichts passiert ist. Meiner Meinung nach sind die Leute anders mit dem Problem umgegangen. Sie wechseln ihre Bank und gehen nicht auf die Straße. Schauen Sie doch, was bei den Alternativbanken passiert ist. Deren Wachstum halte ich schon für einen Beleg für ein Umdenken vieler Menschen.

1 www.urgewald.de/index.php?page=3-64-156&artid=361&stwauswahl=, Pressemitteilung »Schluss mit staatlich verbürgten Atomexporten«, 17. März 2011
2 *Süddeutsche Zeitung*, 31. Dezember 2010
3 Dennis Meadows, *Die Grenzen des Wachstums. Bericht des Club of Rome zur Lage der Menschheit*, Stuttgart 1972, S. 129
4 Antje Schneeweiß, *Finanzierung nachhaltiger Entwicklung. Ein Überblick über die Situation nachhaltiger Geldanlagen in Deutschland*, Berlin 2010
5 Johannes Hoffmann/Gerhard Scherhorn, *Saubere Gewinne. So legen Sie Ihr Geld ethisch-ökologisch an*, Freiburg 2002, S. 139
6 Mensch und Markt, http://polimotion.de/files/M&M%20Begleitschrift%20final%20 download.pdf, Stand 15. April 2011, S. 36ff
7 Unternehmensangaben Homepage BP, www.bp.com, Stand 8. März 2011
8 *Süddeutsche Zeitung*, 31. Juli 2010
9 www.oekom-research.com; www.test.de, www.oeko-invest.de, www.ECOreporter.de
10 Niko Paech, »Die Postwachstumsökonomie – ein Vademecum«, in: *Zeitschrift für Sozialökonomie* 46/160-161, S. 28-31
11 Amartya Sen, *Ökonomie für den Menschen. Wege zu Gerechtigkeit und Solidarität in der Marktwirtschaft*, München 2000, S.335
12 Oekom CR Review 2010, Oekom Research, S.12
13 Wilma de Groot, Christophe Churet, »Alpha durch Nachhaltigkeit«, SAM White Paper
14 *Die Zeit*, 34/2009
15 Bernhard Janzing, *Störfall mit Charme. Die Schönauer Stromrebellen im Widerstand gegen die Atomkraft*, Freiburg 2008, S. 55
16 Die GLS Bank verfügt nach eigenen Angaben als einzige Bank in Deutschland über einen solchen, mehrmals jährlich tagenden Anlageausschuss.

Anfang 2003
übernimmt die
GLS Bank große
Teile der Ökobank.

Die Zentrale der ersten sozial-ökologischen Bank der Welt befindet sich in einem sanierten Industriebau in Bochum.

Pause im Innenhof:
Genossenschaftsmitglieder
der GLS Bank unterhalten
sich bei der jährlichen
Generalversammlung
in Bochum.

Am Anfang der Bank
steht der Umbau einer
alten Villa zur ersten
Waldorfschule des
Ruhrgebiets.

Rolf Kerler, Gründungsvorstand der GLS Bank.

Der Industrielle Alfred Rexroth.

Paul Mackay, Aufsichtsratschef.

Albert Fink, langjähriger Aufsichtsrat bei der Bank.

Die Gründer der GLS Bank: Gisela Reuther und Wilhelm-Ernst Barkhoff.

Andreas Neukirch (links) und Vorstandssprecher Thomas Jorberg: Zusammen bilden sie heute den Vorstand der Bank.

Jahresbericht. Die Gründer der GLS Bank
wollten auf die unterschiedliche Wirkung
von Geldvorgängen aufmerksam machen:
Zahlen, Schenken und Leihen.

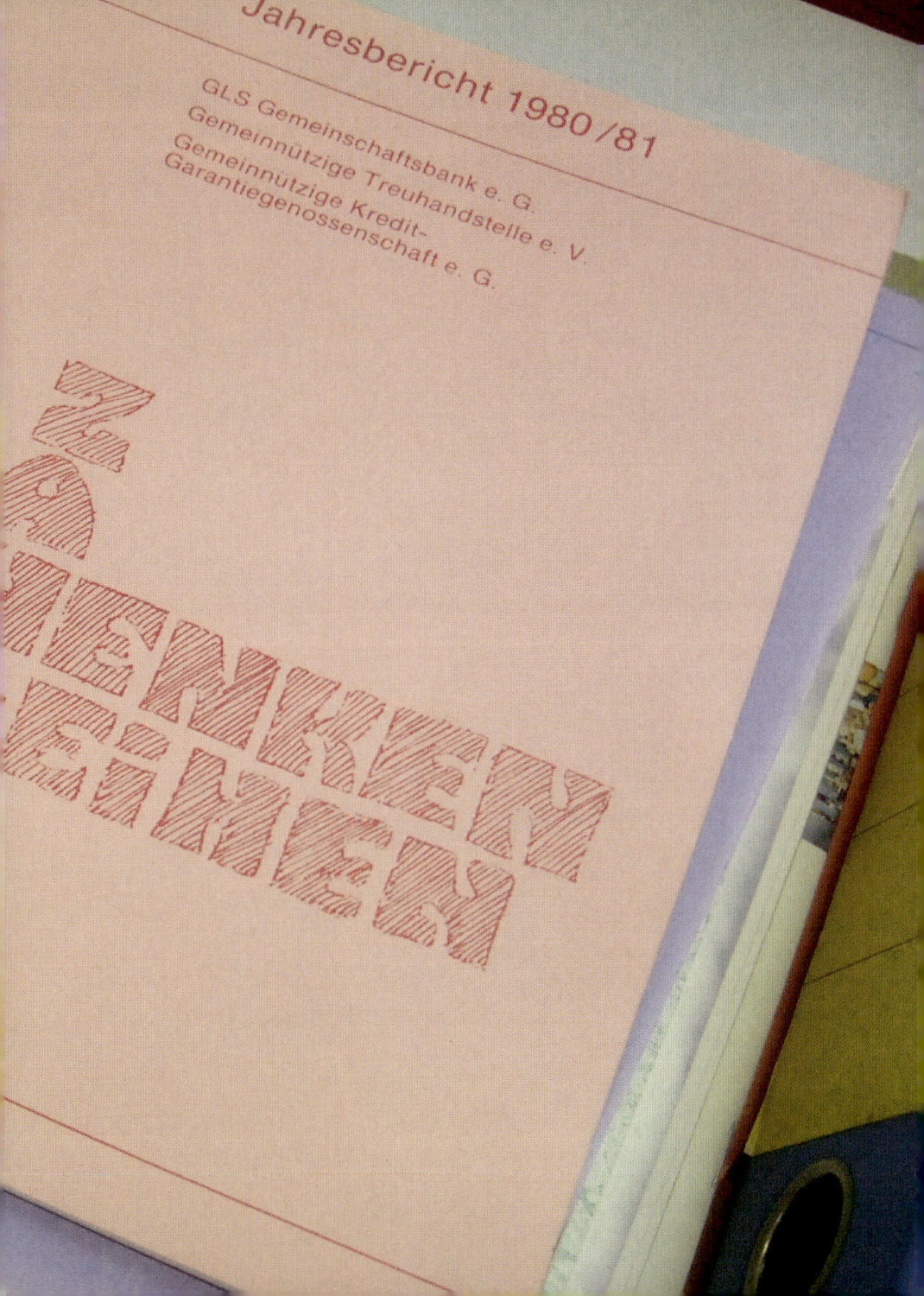

Jahresbericht 1980/81

GLS Gemeinschaftsbank e. G.
Gemeinnützige Treuhandstelle e. V.
Gemeinnützige Kredit-
Garantiegenossenschaft e. G.

ZUSAMMEN
LEBEN

Dottenfelderhof.

Eines von vielen
Kulturprojekten:
die Brotfabrik
in Berlin.

Von Anfang an von der GLS Bank gefördert: Initiativen wie die Hofgemeinschaft Wildkuhl.

Energiesparendes Mobil vor dem ersten Gebäude der GLS Bank.

Die GLS Bank ist der größte Kreditgeber für freie Schulen in Deutschland. Anfangs waren es vor allem Waldorfschulen.

Bei der GLS Bank können die Kunden
bestimmen, in welche Projekte ihr Geld
investiert wird – beispielsweise in
heilpädagogische Einrichtungen.

Die GLS Treuhand unterstützt
auch politische Projekte für
mehr direkte Demokratie.

Blumenernte beim
alternativen Wirtschaftsprojekt
»Sekem« in Ägypten.

Alternative Wohnprojekte und regenerative Energien – beides verwirklicht im Solarschiff in Freiburg.

Ursula Sladek, Stromrebellin aus Schönau.
Mit ihrer Initiative hat sie sich gegen die
großen Stromkonzerne durchgesetzt.

Pioniere des Ökostroms:
Zur Förderung regenerativer
Energien legt die GLS Bank
1989 den ersten Fonds für
Windkraft überhaupt auf.

Dank Mikrokrediten können sich Menschen wie hier in Tamil Nadu (Indien) eine Existenz aufbauen.

Ein Bankkonto haben in vielen Regionen der Welt bis heute nur wenige Menschen. Wirtschaft und Alltagsleben funktioniert hier nur mit Bargeld.

Das Goetheanum im schweizerischen Dornach ist das Zentrum der Anthroposophie.

Rudolf Steiner, Begründer der Anthroposophie, im Jahr 1908.

Soziale Netzwerke

Die GLS Bank und die Ökobank sind die jüngsten Genossenschaftsbanken, die in Deutschland gegründet wurden. Während Erstere
1974 als Bank für soziale Initiativen startet, wird Letztere 1988 als
Bank der Umweltbewegung gegründet. Die Motive der Gründer
sind sehr unterschiedlich, aber eines haben sie gemeinsam: Wie die
Erfinder der modernen Genossenschaften, der Westerwälder Bürgermeister Friedrich-Wilhelm Raiffeisen (1818-1888) und der sächsische
Jurist und Politiker Hermann Schulze-Delitzsch (1808-1883) möchten
sie etwas bewegen und die gravierenden Probleme ihrer Zeit angehen, ohne sich dabei auf den Staat zu verlassen. Sie verstehen Genossenschaften als Instrument der Selbsthilfe von Bauern und Handwerkern angesichts deren Nöte zur Zeit der industriellen Revolution,
die im 19. Jahrhundert Deutschland erreicht.
Angesichts der neuen industriellen Massenproduktion sind viele Hand-
werksbetriebe nicht mehr konkurrenzfähig und müssen aufgeben.
Die meisten Menschen in den Städten leben in armseligen Verhältnissen. Um zu überleben müssen in einer Arbeiterfamilie selbst Kinder
unter schlimmsten Bedingungen arbeiten. Der Alltag in den Fabriken
ist grausam. Staatliche Inspektoren beschreiben, »wie die Kinder von
den Aufsehern nackt aus dem Bette geholt, mit den Kleidern auf dem
Arm unter Schlägen und Tritten in die Fabriken gejagt [...] wurden
[...], wie ein armes Kind noch im Schlaf, und nachdem die Maschine
stillgesetzt war, auf den Zuruf des Aufsehers aufsprang und mit geschlossenen Augen die Handgriffe seiner Arbeit durchmachte.«[1]
Einige Sozialreformer greifen die Genossenschaftsidee auf: Robert
Owen in England, Charles Fourier in Frankreich und Ferdinand Lassalle
in Deutschland sehen Genossenschaften als wichtigen Baustein für
einen Gegenentwurf zum kapitalistischen Betrieb. Für Hermann
Schulze-Delitzsch und Friedrich-Wilhelm Raiffeisen stehen sie für das
Prinzip der Selbsthilfe und Selbstverantwortung, das für spätere
Genossenschaften prägend wird.[2]
Raiffeisen initiiert in seiner Gemeinde Weyerbusch im Westerwald im
Hungerwinter 1846/47 einen »Verein zur Selbstbeschaffung von

Brod und Früchten«. Gemeinsam bauen die Dorfbewohner ein Backhaus, backen und verteilen das Brot als Vorschuss unter den Bedürftigen, die dafür wiederum Arbeiten in der Gemeinde erledigen. Als Nächstes gründen die Bauern einen landwirtschaftlichen Verein und kümmern sich von da an gemeinsam um Saatgut, Dünger oder Vieh sowie den Verkauf der Ernte. Gemeinsam besitzen sie eine bessere Verhandlungsposition gegenüber Verkäufern, Mühlenbetreibern oder Schlachthöfen.

Schulze-Delitzsch sind hauptsächlich die Handwerker ein Anliegen, die angesichts der neuen Konkurrenz der Fabriken zusehends unter Druck geraten. Nach der gescheiterten Revolution von 1848 darf sich der linksliberale Sozialreformer allerdings nicht mehr politisch betätigen und verliert sein Richteramt. Als Armenanwalt in seiner Heimatstadt setzt er den Genossenschaftsgedanken nun praktisch um: Er betreibt die Gründung einer Schuhmacher- und Tischler-Vereinigung. Gemeinsam können die Mitglieder günstiger Leder oder Holz einkaufen. Der Anwalt lernt die Nöte von Handwerkern bei der Suche nach Kreditgebern kennen: Damals gibt es viel weniger Banken, und diese konzentrieren sich in den größeren Städten. Geldhäuser tätigen Geschäfte fast ausschließlich mit Fürsten, Großgrundbesitzern, Handelshäusern oder Industriellen, aber nicht mit gewöhnlichen Bauern oder Handwerkern. Wenn diese Kredite brauchen, müssen sie sich an private Geldverleiher wenden, die häufig Wucherzinsen verlangen. 1850 gründet Schulze-Delitzsch den ersten Vorschussverein, ein Zusammenschluss von Handwerkern, um gemeinsam Kredite aufzunehmen. Jeder beteiligte Genosse zahlt einen Beitrag in einen gemeinsamen Topf, und mit dem so verfügbaren Eigenkapital und einer gleichzeitigen unbeschränkten Haftungspflicht seiner Mitglieder füreinander kann der genossenschaftliche Verein Kredite für die Mitglieder beschaffen. Weil alle Genossen gegenseitig haften, sorgt eine starke soziale Kontrolle dafür, dass die Kredite vernünftig verwendet werden. Später entstehen aus diesen Vereinen die Volksbanken. Den gleichen Ansatz verfolgt Raiffeisen für die Bauern, er gründet mit dem »Heddersdorfer Darlehensverein« den Vorläufer der Raiffeisenkassen. Die Idee der

Selbsthilfe schlägt ein: In wenigen Jahren entstehen in Europa vielerorts Genossenschaften.

Als Abgeordneter des Reichstages schreibt Schulze-Delitzsch 1889 das Genossenschaftsgesetz, das in seinen wesentlichen Grundzügen bis heute gilt. Die Genossenschaft wird ein deutscher Exportschlager. Heute gibt es in mehr als hundert Ländern etwa 700.000 Genossenschaften mit 380 Millionen Mitgliedern, in denen Menschen sich eigenständig organisieren. Die Vereinten Nationen haben 2012 zum Internationalen Jahr der Genossenschaft erklärt.

Gemeinsam gestalten

Herkömmliche Geschäftsbanken richten ihr Handeln nach den Interessen der Aktionäre aus. Als Eigentümer der Bank wählen sie den Aufsichtsrat. Kunden haben bei Unternehmensfragen kein Mitspracherecht, das haben Geschäftsbanken mit den Sparkassen gemein.

Die Sparkassen wiederum sind, ähnlich wie die Genossenschaften, eine gesellschaftliche Antwort auf die schwierigen sozialen Verhältnisse in der Zeit der industriellen Revolution. Meist gründeten Stadtväter oder reiche Bürger die Sparkassen, damit ärmere Mitbürger überhaupt irgendwo ihr Geld sparen konnten. Noch heute gehören sie in Deutschland bis auf wenige Ausnahmen den Städten oder Gemeinden. Sparkassen sollen die Versorgung der Bevölkerung mit Bankdienstleistungen wie Konten, Sparangebote, bezahlbare Kredite oder die Förderung der regionalen Wirtschaft gewährleisten. Bei einer Sparkasse kann jeder Bürger ein Konto einrichten, was bei anderen Banken nicht der Fall ist. Über die Zusammensetzung des Verwaltungsrates, des Kontrollgremiums einer Sparkasse, entscheiden Lokalpolitiker, die häufig selbst Platz in dem Gremium nehmen. Auf diese Weise haben sie als Vertreter der Eigentümer Einfluss auf die Geschäftspolitik der Sparkassen, und nicht deren Kunden. Genossenschaftsbanken sind anders organisiert: Hier wählen die Mitglieder aus ihrem Kreis den Aufsichtsrat und entscheiden bei der Generalversammlung über die geschäftliche Ausrichtung der Genossenschaft. Bei der Abstimmung hat jedes Mitglied eine

Stimme. Als Geschäftszweck muss eine Genossenschaftsbank laut Gesetz die Förderung ihrer Mitglieder verfolgen.

Insgesamt gibt es heute 1.138 Genossenschaftsbanken in Deutschland mit insgesamt 16,7 Millionen Mitgliedern.[3] Damit gehören sie zu den mitgliederstärksten Organisationen in Deutschland, knapp hinter dem ADAC mit 17 Millionen Mitgliedern, aber beispielsweise weit vor dem Deutschen Gewerkschaftsbund mit 6,2 Millionen Mitgliedern. Anders als die meisten Finanzinstitute haben sie von der Finanzkrise profitiert. In ganzseitigen Anzeigen werben sie nun selbstbewusst: »Wir sind die, die aufgrund unseres regional ausgerichteten Geschäftsmodells manchmal als etwas provinziell galten, bis Du [die Finanzmarktkrise] die Grenzen und Gefahren eines ungebremsten globalen Investmentbanking schmerzvoll vor Augen geführt hast.«[4] 300.000 neue Mitglieder hat das seit dem Ausbruch der Finanzkrise überzeugt.

Die Geschäftspolitik der Genossenschaftsbanken hat sich im Laufe der Zeit jedoch stark von ihren Ursprüngen entfernt. Zum Teil liegt das daran, dass sich das Gesamtsystem verändert hat, innerhalb dessen die Banken agieren. Bei der Gründung durch Raiffeisen und Schulze-Delitzsch machten die Genossenschaftsbanken ausschließlich Kreditgeschäfte. Aus der Differenz zwischen Guthabenverzinsung und Kreditzinsen bezahlten sie ihre Betriebskosten und eventuell die Dividende für die Mitglieder. Grundsätzlich funktioniert das Geschäftsmodell der Genossenschaftsbanken heute noch genauso. Anders als in der Zeit der Gründung der Genossenschaftsbanken gibt es in den Industrieländern allerdings keinen Mangel, sondern einen Überfluss an Bankangeboten für die Kunden. Die Genossenschaftsbanken konkurrieren heute mit Geschäftsbanken, Sparkassen, Direktbanken und speziellen Plattformen, bei denen Kredite zwischen Privatpersonen vermittelt werden.[5] Der Wettbewerb auf dem Kreditmarkt funktioniert so gut, dass die Zinsmarge deutlich geschrumpft ist. Eine gewöhnliche Genossenschaftsbank versucht heute, das schrumpfende Zinsgeschäft durch eine Erhöhung der Provisionen auszugleichen – sie fließen, wenn den Kunden Finanzprodukte wie Bausparverträge, Versicherungen oder Aktienfonds verkauft werden.

Im Kampf um das Geschäft sind Androhung von Versetzung, Kürzungen der Gehälter oder sogar Kündigungen bei Nichterfüllung der Verkaufsziele Realität geworden. »In vielen Filialen geht es zu wie in Drückerkolonnen«, sagt Verdi-Vorstand Uwe Foullong.[6] Daran habe sich auch durch die Finanzkrise nichts geändert, teilweise seien die Verkaufsvorgaben für die Beraterinnen und Berater sogar erhöht worden.[7] Genossenschaftsbanken, die so handeln, stellen offensichtlich das Interesse der Bank über das Wohl ihrer Mitglieder – und pervertieren damit die Idee der Genossenschaftsbank.

Walter Burkart hat sich dagegen gewehrt. Er fand die Vertriebsmethoden der gewöhnlichen Banken schon in den 1970er-Jahren fragwürdig. Er hatte eine Banklehre bei der Bayerischen Hypo-Vereinsbank gemacht, dann studiert und bei der Stadtsparkasse Hanau angefangen. »Ich war im üblichen Bankwesen, so richtig auf die unangenehme Art, also Geld scheffeln, Leute ausnützen, alles was man kennt. Aber der springende Punkt war, dass mir dieses einseitige Beraten als Lebensinhalt irgendwann fragwürdig vorgekommen ist.« Deswegen kündigt er 1975 bei der Sparkasse, kurz vor seiner Beförderung in den Vorstand des Instituts mit zwanzig Filialen. Er bewirbt sich auf eine Stellenanzeige der GLS Bank und bekommt die Stelle. Damals arbeiten in dem Institut nur eine Handvoll Mitarbeiter. Bereut hat Walter Burkart diesen Schritt nie, auch wenn das weniger Geld für mehr Arbeit bedeutete. Aber dafür erschien ihm seine Arbeit endlich sinnvoll.

Für Bankmodelle wie Genossenschaftsbanken ist es wichtig, dass Geldinstitut und Bankkunde den gleichen ideellen Antrieb haben. Es ist einerseits entscheidend, welche Projekte eine Bank mit dem Geld ihrer Kunden tatsächlich fördert, und wie sie ihre Anleger behandelt. Aber im Idealfall ist die Bank auch Teil einer sozialen und ökologischen Bewegung, der sich die Bankkunden zugehörig fühlen. Bei der GLS Bank spiegelt sich ein solches Selbstverständnis bereits in der Satzung wider. Sie schließt Geschäfte zu Lasten der Menschen und der Umwelt aus und stellt die Förderung von Projekten, Initiativen und Unternehmen, die dementsprechend handeln, in den Vordergrund: »Das Ziel des Zusammenschlusses ist gegenseitige Hilfe, nicht die Gewinnerzielung für das einzelne Mitglied oder für die Genossenschaft. Wer Geld bei dieser Genossenschaft anlegt, tut dies in erster Linie mit Rücksicht auf den Geldbedarf anderer Mitglieder und um im volkswirtschaftlichen Interesse einen Ausgleich des Gesamtetats aller Mitglieder zu erreichen«. Maximal 20.000 Geschäftsanteile à hundert Euro darf ein Mitglied erhalten. Verzinst werden diese Anteile nicht, anders als bei gewöhnlichen Genossenschaftsbanken. Die Mitglieder erwarten bewusst keinen Zins, weil sie die Arbeit der Bank für vorrangig halten.

Die Ökobank
Einen klaren Ansatz hatte auch die Ökobank. Die Gründer wollten die Gelder von Friedensbewegten und Umweltschützern einsammeln und damit eine ökonomische Gegenmacht bilden. Die Reaktionen des Establishments der Geldwirtschaft reichten von belustigt bis ablehnend. Der Aufsichtsrat der Ökobank sprach später von einer »tollkühnen Aktion von ein paar Verrückten«.[8] Die GLS Bank ist damals als Berater in das Projekt involviert, die in der Ökobank einen willkommenen Bundesgenossen sieht. Es dauert allerdings vier Jahre, um die Zulassung bei den Behörden 1988 endlich durchzusetzen. Schon nach wenigen Jahren ist die Ökobank die größte Alternativbank in Europa, ist innovativ und setzt Maßstäbe bei den Mitwirkungsmöglichkeiten der Genossen. Mit »Ökovision« legt sie den ersten grünen Fonds in Deutschland auf.
Bei der Gründung der Bank entscheidet man sich für eine Art Gewaltenteilung zwischen Politikern und Bankern. Was politisch wünschens- und förderungswürdig ist, darüber entscheiden Beiräte, »die die Ökonomie nicht interessieren sollte«[9], auf der anderen Seite stehen Bankiers, die den ökonomischen Sachverstand vertreten. Bei einer solchen Konstellation sind Konflikte kaum vermeidbar. Die Bank scheitert jedoch schließlich an einer Ballung von Kreditengagements in einer Branche, einem sogenannten Klumpenrisiko. Ein klassischer Bankfehler. Wenn Banken ihre Kredite nicht über viele Kunden und Branchen streuen, dann sind sie anfällig. Als drei Kreditengagements an Betriebe aus der Recyclingbranche notleidend

werden und dann auch noch der Umbau einer Mühle in ein Öko-kaufhaus, ist der grüne Traum 2001 vorbei. Eine angebahnte Fusion mit der GLS Bank scheitert ebenfalls, obwohl Bankchef Thomas Jorberg für einige Zeit die Führung der Ökobank übernimmt. Man befürchtet bei der GLS Bank mit dem Untergang der Ökobank zwar einen Schaden für alle alternativen Banken, berichtet rückblickend Albert Fink, damals im Aufsichtsrat der GLS Bank; andererseits besteht die Gefahr, dass die Ökobanker angesichts ihrer doppelt so hohen Mitgliederzahl die GLS Bank »kapern« könnten. »Da wären wir wahrscheinlich mehr Ökobank geworden als ich gewollt hätte«, sagt Kerler, zu dieser Zeit Aufsichtsratsvorsitzender bei der GLS Bank. Ihn störte auch die basisdemokratische Kultur bei den Öko-bankern: »Wir haben die Bank als Vorstandsbank geführt. Wir haben gesagt, wer die Bank führt, muss die Leitlinien vorgeben.«

Als die Fusion platzt, greift der Genossenschaftsverband ein. Die Muttergesellschaft Ökogenossenschaft wird von der Tochter Öko-bank getrennt; die Bank landet nun bei der für genossenschaftliche Problemfälle geschaffenen Bankabwicklungsgesellschaft (BAG) in Hamm. Als diese einen großen Teil der Kreditrisiken übernimmt, greift die GLS Bank doch noch zu, und erweitert dadurch ihr ökologisches Profil. Allerdings übernimmt sie nicht die zahlreichen Genossenschaftsmitglieder der Ökobank, sondern nur Teile des Geschäfts. Seitdem bietet sie auch ein Girokonto und Zahlungsverkehr an. Die Genossenschaft der Ökobank ändert ihren Namen und agiert heute als Ökogeno in Freiburg. Die meisten der ehemaligen Genossen haben ihr die Treue gehalten. Die Ökogeno realisiert verschiedenste Vorhaben, an denen sich nur die Genossen beteiligen können. Dazu zählen neue Wohnformen wie zum Beispiel das Freiburger Projekt VAUBANaise; Menschen verschiedener Generationen sowie mit und ohne Handicap sollen in die vierzig Wohn- und Gewerbeeinheiten einziehen.

Nach der Eingliederung der Ökobank wächst die GLS Bank schneller als bisher. Einen großen Schub an neuen Kunden gibt es zusätzlich nach der Finanzkrise, doch die Reformansätze der Regierung zur Stabilisierung der Finanzwelt sorgen indirekt für Schwierigkeiten:

Alle Banken sollen künftig mehr Eigenkapital in ihrer Kasse behalten, damit sie nicht so schnell in Liquiditätsengpässe geraten. Zudem wollen die Bankaufseher auch verändern, was als Eigenkapital anerkannt wird. So könnten stille Beteiligungen künftig nicht mehr zählen. Fest steht, dass die GLS Bank aufgrund ihres starken Wachstums ihr Eigenkapital nun deutlich aufstocken muss. »Entscheidend wird sein, ob die Kunden bereit sein werden, auch größere Summen unverzinst als Eigenkapital zu geben«, sagt Moritz Krawinkel, Vorstand des westfälischen Genossenschaftsverbands. Möglicherweise wird die GLS Bank künftig die Genossenschaftsanteile ihrer Mitglieder verzinsen, um genügend Kapital einzusammeln. Damit würde sie ein wichtiges Charakteristikum verlieren. Krawinkel hält es gar für eine offene Frage, ob ethisch-ökologische Banken eine Zukunft haben. »Vielleicht stellen wir eines Tages fest, dass solche Banken nur in einer Wohlfühlphase in Europa möglich waren«, sagt er und spricht damit aus, was wohl die meisten gewöhnlichen Genossenschaftsbanker denken. Schließlich deutet wenig darauf hin, dass viele traditionelle Genossenschaftsbanken ihr Geschäftsmodell umbauen werden. Einzig die Volksbank Eisenberg hat sich entschieden, zumindest teilweise ein anderes Bankgeschäft zu betreiben; sie hat 2002 als Tochter die Ethikbank gegründet. Selbst ihre klassische Aufgabe – die Kreditversorgung der Gewerbetreibenden und Handwerker – erfüllen die Genossenschaftsbanken heute nicht mehr in allen Fällen. Schwer haben es vor allem Menschen, die geringe Kredite brauchen und über eine schlechte Bonität verfügen.

Als eine Alternative zu den herkömmlichen Finanzierungsmodellen findet daher eine Idee in Deutschland Zuspruch, die man bisher vor allem aus Entwicklungsländern kennt: der Mikrokredit. Er gilt dort als das wichtigste sozialpolitische Instrument der vergangenen beiden Jahrzehnte. Ende der 1990er-Jahre beginnt man auch in Deutschland auf eine Initiative der Deutschen-Bank-Stiftung mit der Einführung des Mikrokredits, angespornt von ersten Erfolgen in Industrieländern wie den USA, Frankreich oder England. Binnen zehn Jahren entstehen einige vom Staat finanzierte lokale Initiativen in Deutschland. Als Dachorganisation für lokale Mikrokreditinstitute wird

2004 unter Mitwirkung der GLS Bank das Deutsche Mikrokreditinstitut (DMI) gegründet. Der erwartete Andrang auf die Kredite bleibt jedoch aus: Eigentlich sollen die Kleinkredite nur an Gründer vergeben werden – den Bedarf haben aber andere: Handwerker und Gewerbetreibende, die schon längst aktiv sind, aber aus unterschiedlichen Gründen keinen oder nur unzureichend Kredite für ihr Geschäft bekommen. Ihre Anzahl schätzen Experten auf eine halbe Million Selbstständige.[10]

Mikrokredite in Dortmund
Das im 19. Jahrhundert für Arbeiter gebaute Stadtviertel Nordstadt betritt man durch den Hinterausgang des Dortmunder Hauptbahnhofes. Während der Industrialisierung kamen Polen, in den 1960er-Jahren Türken, Italiener und Spanier in die Stadt. Sie fanden gut bezahlte Jobs im Stahlwerk Hoesch, dem Ruhrhafen oder der Zeche Kaiserstuhl, welche das 3,7 Quadratkilometer große Stadtviertel begrenzen. Zeche und Stahlwerk sind schon lange geschlossen, mehr als jeder fünfte der 54.000 Nordstadtbewohner im erwerbsfähigen Alter hat keine Arbeit, jeder dritte bekommt staatliche Unterstützung. Die Hälfte der Menschen hat ihre Wurzeln im Ausland. Wer hier Arbeit hat, ist oft selbstständig. Das Viertel gehört zu den zwölf Problemvierteln europäischer Städte, die Geld aus einem EU-Topf für europäische Stadtentwicklung (»Urban II«) erhalten.
»Ihr Handwerk beherrschen sie«, sagt Hubert Nagusch, der seit einigen Jahren als lokaler Wirtschaftsförderer der Stadt Dortmund mit seinem dreiköpfigen Team in dem Viertel unterwegs ist. Dagegen hapere es an unternehmerischem Basiswissen und natürlich an Geld. Da gerate manch einer schon wegen einer Investition von tausend Euro in die Klemme. Im März 2008 schließen sich darum 16 Unternehmer zur Nordhand eG zusammen, um die wirtschaftliche Situation in ihrem Viertel zu verbessern. Da sitzt der Baustoffhändler neben dem Friseur, der Metallhandwerker neben dem Spielzeughändler.
Vor der Gründung der Nordhand eG erging es vielen Kleinunternehmern wie Jürgen B. Der Kfz-Mechaniker fragte vor einigen Jahren bei der Stadt um einen Kredit an. Er repariere in einem Hinterhof

Autos, nun habe er einen großen Auftrag. Er solle für einen Old-timerfan einen Mercedes 280 SE, Baujahr 1969, auf Vordermann bringen. Die Kosten für die Ersatzteile von 5.000 Euro könne er jedoch nicht vorstrecken. Der Mechaniker hatte einige Schufa-Einträge, für sein Konto gab es schon seit längerem keinen Überziehungskredit mehr. Keine Sicherheiten, eine schlechte Bonitätsvita – kein Kredit. »Ich konnte ihm nicht helfen«, sagt Nagusch, kein Hilfsprogramm passte und eine Stadt dürfe selbst keinen Kredit vergeben. So verlor Jürgen B. den Auftrag. »Die Geschichte ließ mich nicht ruhen«, sagt der 53-Jährige, der selbst in der Nordstadt aufgewachsen ist. Heute könnte er den Mechaniker zur Nordhand schicken. Sie hilft, wo gewöhnliche Banken abwinken.

»Jeder Mensch, der nicht von Transfer-Einkommen lebt, ist ein Gewinn für die Stadt«, begründet Udo Mager die Gründung der Nordhand eG. Für den Geschäftsführer der Wirtschaftsförderung ist es selbstverständlich, dass sich eine Stadt um alle Geschäftsleute kümmern muss, wenn sie vorankommen wolle. »Wir können die Kleinstbetriebe nicht mit spitzen Fingern anfassen und hoffen, dass uns der große Wurf gelingt«, sagt Mager.

Die Vergabe von Kleinkrediten ist für Banken unwirtschaftlich. Rund 300 Euro kostet die Prüfung eines Kleinkreditvertrags. Banken verdienen mehr Geld, wenn sie ihr Kapital anlegen, statt riskante Kleinkredite an Unternehmer auszugeben. Zudem müssen die Banken bei der Berechnung der Kredite neue Regeln beachten. Während sie früher für alle Kredite den gleichen Anteil Eigenkapital aufbringen mussten, ist dieser heute je nach der Bonität des Kreditnehmers gestaffelt. Damit werden die häufig riskanten Kredite für Kleinunternehmer für Banken relativ gesehen teurer. Das Mikrokreditmodell der Nordhand eG bietet einen Ausweg.

Die Nordhand selbst ist jedoch keine Bank, sondern eine Art Mittler. Wenn deren Vorstände Frank Lunke und Michael Sieberath eine Empfehlung aussprechen, dann erhalten die Genossen mit großer Wahrscheinlichkeit einen Bankkredit – vorausgesetzt, sie haben zuvor für fünfzig Euro einen Genossenschaftsanteil gekauft, einige Zeit den monatlichen Mitgliedsbeitrag von fünf Euro sowie einen individuellen Sparbetrag gezahlt und an den monatlichen Treffen der Genossenschaft teilgenommen. Diese Vorgehensweise hat mehrere Vorteile: Die Genossen lernen sich kennen, helfen sich gegenseitig und qualifizieren sich weiter. Es geht nicht nur um Kredite, sondern auch um die Bildung eines Netzwerks. »Wir sind eine Wertegemeinschaft«, sagt Ayse Özdemir, die eine Praxis für Physiotherapie in der Nordstadt betreibt.

Ein klassischer Fall ist der heute 40-jährige Kleinunternehmer Sascha Wundes, der sich mit handgestrickten Fingerpuppen selbstständig gemacht hat. Nach seinem Ethnologiestudium reiste er durch Südamerika. In Peru kaufte er Bäuerinnen Fingerpuppen ab und gründete zu Hause ein Import-Geschäft. Mittlerweile verkauft Wundes ein Standardsortiment von 140 Püppchen und individuell angefertigten Puppen aus Peru und Bolivien – auch an Firmen, die beispielsweise ihr Logo in Form von Fingerpuppen herstellen lassen können. Dann gerät Wundes in einen finanziellen Engpass. »2007 war ich fast am Ende. Ich brauchte von heute auf morgen 4.000 Euro.« Nur dank der Hilfe von Freunden und Verwandten kommt er wieder auf die Beine. Für das nächste Mal hat Wundes vorgesorgt. Spätestens nach fünf Tagen würde die Nordhand eine Kreditentscheidung treffen. Nach der Vorarbeit der Genossenschaft ist die Kreditvergabe durch die kooperierende GLS Bank nur noch eine Formsache. Bereits vor zehn Jahren hat die GLS Bank das Modell des Mikrokredits nach Deutschland geholt und ausprobiert. Weil die Agenturen die Prüfungsarbeit erledigen, sinken die Kosten einer Kreditvergabe deutlich. Die GLS Bank vergibt die Kredite. Wenn die Mikrokreditnehmer ihren Verpflichtungen nicht nachkommen, erhält die Bank den Ausfall aus einem mit hundert Millionen Euro ausgestatteten öffentlichen Sicherungstopf ersetzt. Dafür haben Bund und EU Mittel bereitgestellt. Beim ersten Mal hätte Wundes einen Kreditanspruch in Höhe des vierfachen Betrags seines angesparten Geldes, später dann den fünf- oder sechsfachen Betrag, höchstens jedoch 10.000 Euro.

Solche Mikrofinanzinstitute gibt es mittlerweile bereits an vierzig Orten, unter anderem in München, Hannover und Berlin. Einige vergeben 10, anderen 60 Kredite pro Jahr. Insgesamt waren es 2010

1.750 mit einer Durchschnittshöhe von 6.000 Euro. Mittlerweile sind es wöchentlich etwa 100 Stück. Weitere Institute sind in Planung. In Köln will eine Genossenschaft von Markthändlern künftig auch Mikrokredite anbieten, beispielsweise zur Finanzierung neuer Stände. Gewöhnlich erhalten Mikrokreditnehmer zunächst einen Betrag von wenigen Tausend Euro. Zahlt ein Kreditnehmer anschließend seine Raten pünktlich, kann der Kredit auf bis zu 20.000 Euro aufgestockt werden.

Die Vergabe von Mikrokrediten läuft anders ab als bei der gewöhnlichen Hausbank: Häufig schauen die Berater der Mikrofinanzierer, meist ehrenamtlich Tätige, bei den Interessenten vorbei. Gemeinsam mit dem Kleinunternehmer gehen sie die Kontoauszüge durch und reden oft zusätzlich mit Freunden oder Angehörigen über das Projekt. Einige Mikrokreditinstitute wünschen sich Referenzen von Bekannten oder Verwandten. Ist man sich einig, geht es schnell. Das Bundesministerium, das diese Mikrofinanzierungsprojekte fördert, verlangt gewöhnlich, dass ein Mikrokredit eine Woche nach dem Antrag ausgezahlt werden soll. An Zinsen müssen die Kreditnehmer maximal 7,5 Prozent jährlich zahlen. Erfolgt die Zahlung fristgerecht, erhalten sie zehn Prozent der Kreditsumme für ihre Arbeit. Ausfälle werden von diesem Wert abgezogen. Angesichts des hohen Betreuungsaufwandes ist mit solchen Kleinkrediten kein großer Gewinn möglich. Es handelt sich dabei um ein Geschäft für Idealisten. Das Mikrofinanzprojekt, das in Deutschland bis 2015 laufen soll, unterscheidet sich deutlich von Subventionsprogrammen, bei denen beispielsweise Gelder als Zuschuss für Existenzgründungen verteilt werden. Schließlich müssen Mikrokredite zurückgezahlt werden. Die Ausfallquote lag zuletzt bei 2,1 Prozent, sagt Falk Zientz, bei der GLS Bank für Mikrofinanzierungen zuständig – ein großer Erfolg, wenn man bedenkt, dass zu Beginn des Projekts jeder Zweite seinen Kredit nicht wie vereinbart bedient hat.[11]

Eine gute Idee in Gefahr
Während der Mikrokredit in Deutschland seine ersten Erfolge feiert, wird in den Entwicklungsländern zunehmend Kritik an dem Modell

laut. Die Missstände werden offensichtlich, nachdem sich einige Kreditnehmerinnen in der indischen Region Andhra Pradesh das Leben nehmen. Nicht nur in indischen Medien liest man Geschichten über Kredithaie, die die Frauen durch ihre Geschäftsmethoden in die Kriminalität und sogar in die Prostitution gedrängt haben. Im Oktober 2010 wird die Mikrokreditvergabe von der indischen Regierung verboten, um Schlimmeres zu vermeiden. Tatsächlich hat sich die Praxis der Mikrokreditvergabe im letzten Jahrzehnt deutlich verändert. Früher war es ausschließlich ein entwicklungspolitisches Instrument von Staaten, Kirchen und NGOs. Heute gibt es etwa hundert private Mikrofinanzanbieter, die laut der Ratingagentur Oekom Research etwa sechs Milliarden Euro investieren. Dies entspricht bereits einem Zehntel der Summe, die Staaten und NGOs als Mikrokredit bereitstellen. Bis 2015 könnte diese Summe schon auf 15 Milliarden Euro anwachsen, schätzt die Weltbank.[12]

Private Investoren, die früher die Finger von den Kleinkrediten ließen, wittern jetzt ein Geschäft. Das ist zunächst einmal eine gute Nachricht, weil immer noch mehr Bedarf besteht als Angebot. Heute erhalten etwa 100 Millionen Menschen einen solchen Kredit. Laut der amerikanischen Investmentbank Morgan Stanley gibt es weltweit jedoch einen Markt von mehr als 1,5 Milliarden Menschen – das ist mehr als das Fünfzehnfache der bisherigen Kreditnehmer. Alle diese Menschen zählen mit einem Einkommen von weniger als 1,25 Dollar am Tag zu den Ärmsten der Welt. Allerdings dürfte ihnen kaum allen mit einem Kredit geholfen sein, der eben nur dann einen Sinn hat, wenn der Kreditnehmer auch eine wirtschaftlich tragfähige Idee vorweisen kann. Sonst ist es ein zynisches Geschäft, eine Spende wäre dann sinnvoller.

Geschäftsbanken handeln jedoch nicht aus idealistischen Motiven oder als Philanthropen, sie sollen im Auftrag ihrer Aktionäre Geld verdienen. Der indische Markführer für Mikrokredite, SKS, wirbt bei seinem Börsengang im Sommer 2010 mit einer Eigenkapitalrendite von 24 Prozent. Anleger kaufen für 350 Millionen US-Dollar SKS-Aktien. An dem Institut haben sich bereits vorbörslich die Finanzinvestoren Sequoia Capital, Sandstone Investment und der deutsche

Allianz-Konzern beteiligt, womit auch die Kunden und Aktionäre der Allianz an dem Mikrokreditgeschäft verdienen. Schon drei Jahre zuvor ist die mexikanische Banco Compartamos als erstes Mikrokreditinstitut der Welt an die Börse gegangen und hat knapp eine halbe Milliarde US-Dollar Kapital eingesammelt. Es versprach ein gutes Geschäft zu werden, schließlich verlangte die Bank von den Kreditnehmern hohe Zinsen. Es »ist schlicht und einfach Wucher, wenn etwa Compartamos [...] 80 Prozent Zinsen verlangt«, sagt Prof. Reinhard H. Schmidt, Experte für internationales Bankwesen an der Universität Frankfurt zu dieser Entwicklung.[13] Die Gewinnspanne der Banken ist leicht auszurechnen, wenn man bedenkt, dass sparsamen Institutionen schließlich 15 bis 25 Prozent Zinsen reichen, um ihre Kosten abzudecken. Im Herbst 2010 gehen Ratingagenturen davon aus, dass siebzig Prozent der Kreditnehmer der beiden Mikrofinanzriesen ihre Schulden nicht mehr zurückzahlen können.[14]

Mikrokredite haben aus Sicht von Anlegern einen Vorteil: Brechen die Aktienmärkte ein, dann wirkt sich dies kaum auf die Rückzahlung von Mikrokrediten aus. Weil die Renditen für Mikrokredite in den beiden Krisenjahren 2008 und 2009 stabil sind, pumpen Anleger viel Geld in die Mikrokredite. »Vorteilhaft für die Anleger ist die geringe Korrelation der Mikrokredite zu anderen Anlageklassen«, sagt Michael Schramm, Vermögensverwalter und persönlich haftender Gesellschafter bei Hauck & Aufhäuse auf einer Konferenz über Mikrokredite, zu der die Wirtschaftszeitung *Financial Times Deutschland* im Herbst 2010 nach Frankfurt eingeladen hat.

Der Erfinder des Mikrokredits, Muhammad Yunus, kritisiert mit Blick auf manch einen börsennotierten Konkurrenten: »Das drängt Mikrofinanzierung in die Richtung der Kredithaie.«[15] Allerdings gibt es in jüngster Zeit auch Kritik an der von ihm gegründeten Grameen Bank. Mikrokredit-Initiativen seien weniger erfolgreich als behauptet werde, kritisiert die auf Entwicklungsfragen spezialisierte Menschenrechtsorganisation Movement for Resources and Freedom Society. Die Mikrokredit-Konditionen seien häufig unflexibel, die meist wöchentlichen Rückzahlungen zu restriktiv, um den Kreditnehmern eine freie Entscheidung über die Verwendung der Kredite zu ermöglichen. Regelmäßig würden Schuldner woanders neue Kredite zu höheren Zinsen aufnehmen, um ihren Verpflichtungen nachzukommen. In den Erfolgsstatistiken der Mikrofinanzierer tauchen sie als erfolgreich getilgte Darlehen auf. In Bangladesch seien die Armutsstatistiken dreißig Jahre nach Yunus' Erfindung schlechter denn je, schreibt Thomas Dichter, Mikrofinanzexperte beim Cato Institute, einer libertären US-Denkfabrik: »Die meisten Menschen sind keine Unternehmer und tendieren dazu, den Kredit für den Konsum auszugeben.« Bei aller berechtigten Kritik ist der Mikrokreditgedanke dennoch bestechend. Er animiert die Menschen zur Selbsthilfe statt sie mit Almosen abzuspeisen. Es gibt den Menschen auch Selbstvertrauen und neues Selbstwertgefühl, wenn eine Initiative wie die Bank von Muhammad Yunus den Menschen Geld leiht, weil sie auf die Fähigkeit dieser Menschen vertraut, das Geld zurückzuzahlen. Es gibt viele Erfolgsgeschichten bei der Grameen Bank und anderen Mikrokreditinitiativen, seit Yunus den ersten Mikrokredit an eine Gruppe von 42 Korbflechterinnen vergeben hat. Allerdings sollte die gängige Praxis der Mikrokreditvergabe weiterentwickelt werden. Ein Notfallfonds wäre einzurichten für diejenigen Kreditnehmer, die ihren Verpflichtungen ohne eigene Schuld nicht mehr nachkommen können, zum Beispiel aufgrund von Krankheiten oder Umweltkatastrophen. Zudem muss gewährleistet sein, dass die Zinsen nicht zu hoch sind. Die Zentralbank in Bangladesch hat – wohl auf Druck der Regierung – Yunus aus der Grameen Bank gedrängt. Faktisch ist die Bank seit dem Frühling 2011 verstaatlicht. Die Zukunft der Bank und der anderen Grameen-Unternehmen ist ungewiss.

MIKROKREDITE HELFEN – ABER ES DAUERT!
IM GESPRÄCH MIT TOR GULL, CHEF VON OIKOCREDIT

Oikocredit ist die älteste Organisation für ethisches Investment. Alles fing an, als 1968 bei der vierten Vollversammlung des Ökumenischen Rates der Kirchen im schwedischen Uppsala über die soziale

und wirtschaftliche Entwicklung der Welt diskutiert wurde. Heute
vergibt Oikocredit Darlehen an Mikrokreditorganisationen in sechzig
Entwicklungsländern in einem Volumen von 480 Millionen Euro.
Der 61-jährige Tor Gull ist Finne und leitet die internationale Ge-
schäftsstelle im niederländischen Amersfoort. Vor neun Jahren
wechselte er von einer gewöhnlichen Bank zu Oikocredit. Er kennt
beide Seiten, und vor allem kennt er sich mit Mikrokrediten aus. Ich
treffe ihn in der Frankfurter Christuskirche, wo eine regionale Ge-
schäftsstelle ihr Büro hat. Aus dem Kirchenbüro sieht man durchs
Fenster schräg oben die Türme der Großbanken.

Herr Gull, gibt es gutes und schlechtes Geld?
Nein. Es kommt immer darauf an, was jemand mit seinem Geld macht.
Warum werden Mikrokredite vor allem an Frauen vergeben?
Schon die ersten Mikrokredite sind an Frauenkooperativen in Entwicklungsländern vergeben worden. Frauen vertrauen sich untereinander
mehr als Männer. Dies ist wichtig, weil die Gruppen meist gemeinsam für
die Rückzahlung der Gelder verantwortlich sind. Bis heute geht der Großteil der Mikrokredite daher an Frauen.
Im Sommer 2010 haben sich einige Mikrokreditnehmerinnen in
Indien umgebracht, weil sie die Raten nicht bezahlen konnten. Ist
der Mikrokredit entzaubert?
Es stimmt, dass einige der Menschen, die Selbstmord begangen haben
sollen, Kunden von Mikrofinanzinstitutionen waren. Allerdings habe ich
keine unabhängigen Berichte über die Ursachen der Selbstmorde gesehen.
Mikrokredite sind dann hilfreich, wenn sie sachgemäß eingesetzt werden,
aber wenn Mikrofinanzinstitutionen maßlos Kredite an Kunden vergeben,
kann dies auch großen Schaden anrichten.
Es gibt immer mehr Studien und Stimmen, die den Nutzen von Mikro-
krediten anzweifeln.
Sicher gibt es einzelne Fälle, in denen sie nicht helfen können. Aber Fakt
ist: Mikrokredite haben die Lebenssituation von Millionen Menschen weltweit verbessert. Dies zeigen auch Umfragen, die wir gemeinsam mit der
Grameen-Foundation in einigen Ländern wie den Philippinen oder Bangladesch unter den Kreditnehmern durchführen.

Nach welchen Dingen forschen Sie in den Umfragen?

Wir stellen zehn einfache Fragen: Wie viele Mahlzeiten am Tag essen Sie? Gibt es Fleisch? Besuchen die Kinder eine Schule? Und wir sehen, die Situation der meisten Menschen verbessert sich durch Mikrokredite – aber es dauert.

Wenn Mikrokredite vergeben werden, um für den Kreditnehmer Einkommen zu generieren, dann ist das Ziel, dass der Kreditnehmer sein kleines Geschäft erweitern kann (oder ein neues aufbauen kann). Dadurch erhöht sich sein Einkommen, was der Familie zugutekommt, insbesondere den Kindern.

Sehen Sie Schwachpunkte am klassischen Mikrokreditmodell?

Am Modell selbst gibt es keine Schwachpunkte, bei der Umsetzung des Modells allerdings schon. Wenn das Hauptziel einer Mikrofinanzinstitution darin liegt, ihren Gewinn zu maximieren, dann ist die Institution vom Wachstum angetrieben und wird Kredite an Kunden vergeben, die keine erhalten sollten. Oder wenn eine Mikrofinanzinstitution nicht sorgfältig genug ihre Kreditnehmer prüft, wird sie auch Kredite an Kunden vergeben, die keine erhalten sollten. Das hat dann zur Folge, dass die Menschen mehrere Kredite aufnehmen und in die Überschuldung geraten.

Wie würden Sie so etwas verhindern?

Indem mehr Wert auf die sogenannten Kundenschutzrichtlinien gelegt wird, und indem wir betonen, dass es nicht Ziel der Mikrofinanz ist, Profit zu erwirtschaften, sondern mehr Menschen Zugang zu Finanzdienstleistungen zu ermöglichen. Soziale Werte und die soziale Wirkung von Mikrofinanz müssen ein wichtiger Bestandteil der Motivation sein, die jemanden veranlasst, in Mikrofinanz zu investieren.

Das Modell beruht ja wesentlich auf der sozialen Kontrolle innerhalb der Gruppe der Kreditnehmerinnen. Was halten sie von der Einrichtung eines Notfallfonds für Kreditnehmerinnen, die unverschuldet säumig bleiben, beispielsweise, weil sie krank geworden sind?

Ich glaube, dass Mikrofinanz dann am besten wirkt, wenn Mikrofinanzinstitutionen nachhaltig wirtschaften und nicht auf Zuwendungen irgendeiner Art angewiesen sind. Ich glaube aber, dass Ausfälle aufgrund von Tod oder gesundheitlichen Problemen aufgefangen werden können, wenn Mikroversicherungen gefördert werden. Viele Mikrofinanzinstitutionen, vor allem die großen, haben bereits verschiedenste Arten von Mikroversicherungen eingeführt. Eine andere wichtige Versicherung ist eine Versicherung gegen Ernteausfälle, deren Entwicklung und Handhabung allerdings schwierig ist.

Mittlerweile engagieren sich immer mehr Finanzunternehmen bei Mikrokrediten.
Kleine Organisationen wie wir können nicht alles tun. Ich heiße jede Bank willkommen, die interessiert ist. Man muss auch kein Philanthrop sein, um Mikrokredite zu vergeben.

Aber das führt dazu, dass immer mehr Menschen Kredit erhalten, die ihn nicht zurückzahlen können. Im Herbst 2010 sprachen Ratingagenturen davon, dass siebzig Prozent der Kredite ausfallgefährdet sind. Welchen Menschen kann man verantwortungsvoll Mikrokredite geben, welche unterstützt man besser mit Spenden?
Es kann zu Problemen führen, wenn Mikrofinanzinstitutionen die Rückzahlungsfähigkeit ihrer Kunden nicht sorgfältig prüfen oder zu viele Kredite an dieselben Personen vergeben. Mikrofinanz soll es Kreditnehmern ermöglichen, Einkommen zu erwirtschaften, und daher sollte es für die Mikrofinanzinstitutionen möglich sein, zu bewerten, ob ein bestimmter Kleinunternehmer einen Kredit bekommen soll oder nicht. Über die letzten Jahre wurden auch viele Kredite vergeben, die für andere Aktivitäten als die Gründung oder Erweiterung eines Kleinstunternehmens gedacht waren. Die Kredite wurden für Schulgebühren oder den Hausbau usw. verwendet. Solche Kredite sind sehr riskant, wenn der Kreditnehmer und seine Rückzahlungsfähigkeit vor der Kreditvergabe nicht sorgfältig überprüft wurden.

Kann man Mikrokredite für den Konsum vergeben?
Das ist nicht ratsam, außer in Fällen, in denen die Rückzahlungsfähigkeit klar belegt werden kann. Zuwendungen und Spenden sollten für Katastrophenhilfe eingesetzt werden oder für Menschen, die ihre Grundbedürfnisse wie Essen oder ein Dach über dem Kopf nicht erfüllen können.

Wie viele Kredite fallen bei Oikocredit aus?
Der Anteil der überfälligen Kredite beträgt in unserem Portfolio von 480 Millionen Euro acht Prozent. Das heißt nicht, dass all diese Kredite nicht zurückgezahlt werden, sondern dass wir Rückzahlungsverzögerungen bei einigen unserer Kunden verzeichnen. Manche von ihnen werden vielleicht nie zurückzahlen können, dann müssen wir abschreiben, aber manche werden später zurückzahlen oder nachdem ihre Schuldensituation

umstrukturiert wurde. Wir haben nur sehr geringe Abschreibungen pro Geschäftsjahr.

Was sind die Ursachen?

Die Gründe für längere Rückzahlungsverzögerungen können vielfältig sein. Manchmal sind es organisationsinterne Gründe, die zu Verzögerungen führen. Bei unseren Projektpartnern im landwirtschaftlichen Bereich kommt es manchmal, wie schon erwähnt, zu Ernteausfällen, sodass das Einkommen fehlt, mit dem der Kredit abbezahlt werden kann. Manchmal erschweren es politische Eingriffe den Partnern, ihre Arbeit fortzuführen. Und manchmal verhindern die Konjunktur- und Geschäftsaussichten, dass die Partner genügend Überschüsse erzielen, um ihren Verpflichtungen aus dem Kreditvertrag nachzukommen.

Sehen Sie eine Profitgrenze bei der Ausgabe von Mikrokrediten?

Ja, sicherlich, aber es wäre nicht ratsam, eine absolute Obergrenze festzulegen. Wenn die Zinssätze einer Mikrofinanzinstitution extrem hoch sind bei gleichzeitig hoher Kapitalrendite, kann man daraus schließen, dass die Institution eher profitorientiert als sozial orientiert ist. Meiner Meinung nach ist es daher wichtiger herauszufinden, welche Ziele die Geldgeber oder Teilhaber einer Mikrofinanzinstitution haben. Haben sie sie gegründet, um Geld zu verdienen oder um armen Menschen Zugang zu Finanzdienstleistungen zu ermöglichen? Verfolgen sie einen sozialen Auftrag? Bemühen sie sich, bestimmte soziale Ziele einzuhalten und haben sie eine Strategie, um den effektiven Zinssatz für ihre Kunden zu senken?

Sind Mikrokredite eine Anlageklasse wie Aktien, Immobilien oder Staatsanleihen, oder gelten hier andere Gesetzmäßigkeiten?

Man kann Investitionen unterschiedlich klassifizieren, je nachdem, in welchem Bereich man tätig ist. Manche klassifizieren Mikrokredite als eigene Anlageklasse. Für bestimme kommerzielle Investoren ist dies sicherlich der Fall, für andere vermutlich nicht.

Besteht durch neue Anbieter, die sehr rüde Methoden anwenden, die Gefahr der Diskreditierung des gesamten Ansatzes?

Die Gefahr besteht immer. In letzter Zeit erschienen viele kritische Artikel zur Mikrofinanzierung, aber ich denke, das ist notwendig, damit die Branche sich einem »Reinigungsprozess« unterziehen kann und am Ende stärker aufgestellt ist als vorher. Die Mikrofinanz wird weiterhin als wichtiges Instrument

Bestand haben, das einen Beitrag zur Verminderung der Armut leistet. Es wäre allerdings ein Fehler, sich bei der Armutsbekämpfung nur darauf zu verlassen. Es bedarf weiterer Elemente wie Gesundheitsversorgung und Bildungsprogramme, um eine nachhaltige Entwicklung voranzutreiben.

Muhammad Yunus, der als Gründer der Grameen Bank den Friedensnobelpreis bekommen hat, fürchtet die Rückkehr der Wucherer im Gewand solcher Anbieter.

Es gibt leider Anbieter, die die Menschen ausbeuten. Diese Unternehmen setzen die Menschen beispielsweise bei der Rückzahlung unter Druck. Solche Methoden lehne ich ab.

Sie zahlen zwei Prozent Rendite. Können Sie damit Anleger locken?

Auf jeden Fall. Im Jahr 2010 wurden 64 Millionen Euro neu bei uns angelegt. Im Jahr davor waren es fast 63 Millionen.

Als engagierte Christen Oikocredit gründeten, wollten sie erreichen, dass die Kirchen ihr Geld anders anlegen. Wie viel investieren die Kirchen heute?

Ein Fünftel unserer Mittel stammt von den Kirchen. Wenn gesetzlich festgelegt ist, dass sie ihr Geld mündelsicher anlegen müssen, dürfen manche Kirchen unsere Genossenschaftsanteile leider nicht kaufen.

Aber tatsächlich hat doch noch nie ein Anleger bei Ihnen Geld verloren.

Unsere Anleger haben seit dem Start 1975 keinen einzigen Cent verloren. Wir haben 18 Jahre lang zwei Prozent Zinsen gezahlt und nach der Asienkrise zwei Jahre lang ein Prozent. Unser Fokus liegt im Wesentlichen auf dem sozialen Ertrag. Durch den Verzicht auf hohen Profit kann die Organisation ihre Arbeit auch in Krisenzeiten sowohl finanziell als auch sozial fortsetzen.

Sind Ihre Zinsen den Kirchen zu gering?

Ja, auch das. Sie streben meist eine Mindestverzinsung von vier Prozent an.

Wie hoch sind die Zinsen, die Sie von den Kreditnehmern verlangen?

Wenn wir Kredite in lokaler Währung vergeben, was oft der Fall ist, versuchen wir uns nach den örtlichen Marktzinsen zu richten. Wir möchten nicht die lokalen Finanzmärkte unterbieten, sondern uns nach den Sätzen richten, die im jeweiligen Land vorherrschen. Daher variieren unsere Zinsen zwischen 8 und in einigen Fällen 15 Prozent.

Wo wollen Sie künftig Schwerpunkte setzen?

Wir wollen stärker in junge Mikrokreditorganisationen investieren, die oft von anderen wegen der Risiken gemieden werden, und mehr in faire Handelsstrukturen.

1 Friedrich Engels, zitiert nach: Robert Kurz, *Schwarzbuch des Kapitalismus*, Frankfurt 1999, S. 114
2 Bundesverband der Deutschen Volksbanken und Raiffeisenbanken, www.bvr.de
3 Ebd.
4 *Süddeutsche Zeitung*, 17. November 2010
5 Sehr viel einfacher ist dies seit der Erfindung des Internets, weil sich die Leute nun leichter finden. Vorreiter war als Vermittler Zopa in Großbritannien 2005, eLooly führte in Deutschland 2007 den ersten elektronischen Kreditmarktplatz ein.
6 *Focus*, 43/2008
7 ver.di, »ver.di-Umfrage: Bankberater wollen beraten statt auf ›Teufel komm raus‹ verkaufen«, Pressemitteilung, 18. Dezember 2009
8 *Spiegel special*, 2/1995
9 Jutta Gelbrich, Gesprächsprotokoll einer Plenumsdiskussion vom 10. Juni 1999
10 Alexander S. Kritikos, Christoph Kneiding, »Mikrokredite: Bedarf auch in Deutschland«, Wochenbericht des DIW Berlin, 27-28/2009, S. 451, und Heinz-Rudolf Meißner u.a., »Mikrofinanzierung und Mezzanine-Kapital für Gründungen und KMU«, Forschungsgemeinschaft für Außenwirtschaft, Struktur- und Technologiepolitik e.V., Berlin 2009
11 Alexander S. Kritikos, Christoph Kneiding, »Mikrokredite: Bedarf auch in Deutschland«, a.a.O., S. 453
12 Deutscher Bundestag Drucksache 17/4619
13 *Natur und Kosmos*, November 2010, S. 25
14 *Die Zeit* 11/2011
15 *Die Presse*, 29. Juli 2010

Die zweite »grüne Revolution«

Anfang 2011 gehen in Berlin 20.000 Menschen auf die Straße, um gegen die verfehlte Agrarpolitik zu protestieren. Zuvor hatten stets nur die Landwirte ihre Trecker gegen agrarpolitische Entscheidungen aufgefahren, die ihnen nicht passten – sei es bei nationalen Protesten in Berlin oder in europäischer Sternfahrt gen Brüssel. Noch zwei Jahre zuvor ist der Versuch der Milchbauern gescheitert, für ihre Forderung nach einem Mindestpreis von 40 Cent je Liter ausreichend Verbraucher für ihr Anliegen zu gewinnen. Diesmal aber haben Medienberichte über dioxinverseuchte Nahrungsmittel, über unverantwortliche Viehaufzucht und -fütterung und die gesundheitlichen Folgen die Bürger auf die Straßen getrieben. Vor dem Brandenburger Tor, nicht weit vom Reichstag, drängen sich die Menschen. »Es ist die Gier des Systems, die hinter den Skandalen steht«, sagt Hubert Weiger, Vorsitzender des Bundes für Umwelt und Naturschutz (BUND) bei der Abschlusskundgebung. Die Redner bei dieser Demonstration fordern eine Agrarwende – wie sie die Umwelt- und Verbraucherverbände in den letzten vierzig Jahren immer wieder erfolglos gefordert haben. Die Politiker, die etwas verändern wollten, hatten es schwer. Ende der 1980er-Jahre will EU-Agarkommissar Mac Sharry eine Agrarreform umsetzen. Er scheitert am Widerstand der Bauernverbände und der nationalen Landwirtschaftsminister. Zehn Jahre später setzt sein Nachfolger Franz Fischler zumindest durch, dass Subventionsansprüche der Bauern nicht länger von der Produktionsmenge abhängen, sondern von der bewirtschafteten Fläche. Die massive Überproduktion des EU-Agrarmarktes soll eingedämmt werden. Diese Reform gelingt jedoch nicht etwa, weil die nationalen Regierungen plötzlich zu Anhängern einer ökologischen und nachhaltig orientierten Landwirtschaft geworden wären. Möglich ist sie, weil man viele Länder aus Mittel- und Osteuropa in die Gemeinschaft aufnahm, und der bisherige Subventionsschlüssel der Politik schlicht zu kostspielig erscheint.
Die große Wende auf den Äckern in Europa ist bis heute ausgeblieben. Widerstand kommt vor allem von den großen Landwirtschafts-

betrieben, die von den jetzigen Subventionen profitieren. Bis heute macht die ökologische Landwirtschaft nur einen Bruchteil der Agrarpraktiken aus. In Deutschland werden bislang lediglich 5,8 Prozent der landwirtschaftlichen Nutzfläche auf eine naturschonende Weise bewirtschaftet. Dabei wird verzichtet auf Pflanzenschutzmittel sowie auf Wachstumsförderer, Mineraldünger und Gentechnik, wie sie von konventionell wirtschaftenden Bauern gewöhnlich eingesetzt werden.

In den 1960er-Jahren spricht alle Welt von der »grünen Revolution«. Allerdings ist damit nicht eine ökologische oder biologisch-dynamische Landwirtschaft gemeint, sondern eher das Gegenteil: der Einsatz neuer Saatgutsorten, Düngemittel und Pestizide in einer industriell geprägten Landwirtschaft in bisher ungekanntem Ausmaß. Tatsächlich hat die grüne Revolution zu einer großen Steigerung der Erträge geführt. Auch in der Tierhaltung sind die Produktleistungen geradezu unglaublich: Es gibt hochgezüchtete und mit Kraftfutter gepäppelte Kühe mit einer Jahresbestleistung von 11.000 Liter Milch und Masthähnchen, die nach 35 Tagen schlachtreif sind. Die weltweite landwirtschaftliche Produktion könnte heute problemlos alle Menschen ausreichend mit Nahrung versorgen. Dass trotzdem eine Milliarde Menschen hungern müssen, liegt vor allem an der ungleichen Einkommensverteilung. Hunger ist ein Armutsproblem.

Doch das wird sich ändern – das Verteilungs- wird von einem Energieproblem abgelöst werden. Wenn die Menschen nichts an ihren Ernährungsgewohnheiten ändern, wird die Landwirtschaft die 9,1 Milliarden Menschen kaum ernähren können, die in einem halben Jahrhundert voraussichtlich auf der Erde leben. Denn der Energiehunger der industriellen Landwirtschaft ist enorm: Sie verbraucht mehr Energie als sie produziert, ohne Öl wächst nichts! Treibstoff benötigt der konventionell wirtschaftende Betrieb nicht nur, damit Trecker und Melkmaschinen laufen. Öl ist auch der Basisstoff für Kunstdünger und Pestizide. Öl wird für das maschinelle Trocknen der Ernte ebenso gebraucht wie für das Beheizen der Gewächshäuser. Für die Produktion ihrer Lebensmittel benötigt die Menschheit so momentan 10 bis 15 Prozent des gesamten Energieverbrauchs.[1]

Nach Hans Herren vom Millenium Institute in Arlington, Virginia, Ko-Präsident des Weltagrarberichts, ist das Ende dieser Art von Landwirtschaft vorprogrammiert: »Die industrialisierte Landwirtschaft ist bankrott. [...] Mit dem Auslaufen von fossiler Energie, der Basis für Kunstdünger und Agro-Chemikalien, wird sie in fünfzig bis hundert Jahren absterben.«[2] Aber es kommen noch andere Probleme dazu: Der Kunstdünger belastet das Grundwasser, und an den giftigen Pestiziden, mit denen die Pflanzen gegen Schädlinge geschützt werden, sterben jährlich tausende Bauern und Feldarbeiter. Zudem führt der Anbau von Weizen, Soja, Baumwolle oder Mais in riesigen Monokulturen zu einer Erosion der Böden. Mittlerweile ist davon bereits eine Fläche betroffen, die größer ist als die USA und Mexiko zusammen. Die einseitige Ausrichtung der Landwirtschaft auf wenige Pflanzen – 15 Sorten liefern neunzig Prozent der Kalorien – macht unser System der industriellen Landwirtschaft extrem anfällig für Schädlinge und Krankheiten, was wiederum den Masseneinsatz von Pestiziden erfordert.

Eine nüchterne Zustandsbeschreibung hat der Weltagrarrat verfasst, der sich im Auftrag der Weltbank mit der Zukunft der Landwirtschaft beschäftigt hat. Sechs Jahre haben Vertreter von Regierungen, NGOs und Unternehmen sowie Hunderte Wissenschaftler dazu die Lage analysiert. Ihre Schlussfolgerung ist eindeutig: Ohne eine radikale Wende in der Agrarpolitik wird das Welthungerproblem nicht in den Griff zu bekommen sein. Sie fordern eine Abkehr von Mechanisierung und Automatisierung, weg von den Konzernen hin zu den Kleinbauern. Sie fordern eine Ernährungssouveränität, definiert als das »Recht von Menschen und souveräner Staaten, demokratisch ihre eigene Landwirtschafts- und Ernährungspolitik zu bestimmen«.[3] Eine selbstbestimmte Landwirtschaft wird sich ihrer Ansicht nach nur entwickeln, wenn die Regierungen regionale und lokale Selbstversorgungsstrukturen fördern. Noch ist eine solche Entwicklung möglich. Kleinbauern bilden – trotz des Vordringens der industriellen Großbetriebe – immer noch das Rückgrat der Welternährung. Sie ernten den überwiegenden Teil aller Nahrungsmittel auf ihren kleinen Feldern, die selten größer sind als zwei Fußballfelder. Das heutige Agrarsystem bevorzugt jedoch Großbetriebe, die »seit Jahrzehnten politisch und wirtschaftlich so unterstützt wurden, dass sie in zunehmendem Maße von volumenbedingten Kosteneinsparungen durch Spezialisierung und zugleich von einer Externalisierung von sozialen und Umweltkosten profitieren konnten.«[4] So erhalten Großbetriebe den Löwenanteil der EU-Agrarsubventionen. Dafür, dass bei dieser Landwirtschaft das Grundwasser mit Nitrat belastet wird, brauchen die Bauern keine Abgaben zu zahlen.

Die Forderung nach einer Wende hin zu ökologischer Landwirtschaft, nachhaltiger Forstwirtschaft und einer Förderung der kleinbäuerlichen Strukturen ist alt. Allerdings waren sich lange Zeit nahezu alle Agrarexperten einig, auf diese Weise niemals alle Menschen ernähren zu können.

Jetzt gibt es neue Erkenntnisse: Man kann gesunde Nahrungsmittel in genügender Menge anbauen. Oliver De Schutter, UN-Sonderberichterstatter für das Recht auf Nahrung, konnte nachweisen, dass man auch bei einer ökologischen Landwirtschaft die Erträge deutlich steigern kann. Durch eine solche Umstellung könnte die Lebensmittelproduktion in fünf bis zehn Jahren verdoppelt werden, so die Kernaussage seiner im Frühjahr 2011 vorgelegten Studie.[5] Damit entfällt ein wichtiges Argument der Lobbyisten einer industrialisierten Landwirtschaft. Grundlage sind zahlreiche Projekte ökologischer Landbewirtschaftung in 57 Entwicklungsländern. Für De Schutter ist in einer Welt limitierter Ressourcen ein möglichst naturgetreuer Anbau erforderlich, bei dem chemische Mittel durch Nützlinge der Tier- und Pflanzenwelt ersetzt und die Bodenproduktivität durch schonende Feldbestellung gewährleistet wird. Auch durch industrielle Nutzung ausgelaugte Böden können sich wieder regenerieren – allerdings in einem sehr langen Prozess. Hundert Jahre braucht unter optimalen Umständen die Bildung eines Zentimeters Boden.

Eigentlich könnte die industrielle Landwirtschaft also ein Auslaufmodell sein – tatsächlich ist sie jedoch weiterhin auf dem Vormarsch. So erhalten die agroindustriellen Betriebe in der Europäischen Union einen Großteil der staatlichen Förderung, und in vielen Entwicklungsländern breiten sich große landwirtschaftliche Betriebe immer noch aus und verdrängen die Kleinbauern. Die Lobby, die weltweit gegen eine ökologische Agrarwende arbeitet, ist mächtig. Wie immer handelt es sich dabei um all die, die dadurch viel Geld verlieren würden. Pestizide, künstliche Düngemittel, Einmal-Saatgut und Patente auf genetisch veränderte Pflanzen bescheren Agrar- und Chemiekonzernen wie Monsanto, Bayer, BASF oder Syngenta Gewinne in Milliardenhöhe. Wer sich also für eine Agrarwende einsetzt, der sollte auch als Geldanleger die Finger von Aktien und Anleihen derjenigen Unternehmen lassen, die eine solche Wende zu verhindern suchen.

Biologisch-dynamische Landwirtschaft
Der Kreis um Wilhelm-Ernst Barkhoff entwickelt in den 1960er-Jahren Vorstellungen, die weit über ökologische Landwirtschaft hinausgehen. Sie wollen landwirtschaftliche, gewerbliche und gemeinnützige Tätigkeiten auf den Höfen integrieren und neue Arbeitsplätze schaffen, statt die bestehenden wegzurationalisieren, so wie in der konventionellen Landwirtschaft. Anders als heute wächst damals in Deutschland die Industrie rasant und benötigt ständig neue Arbeitskräfte, die häufig aus der Landwirtschaft rekrutiert werden. Barkhoff und seinen Mitstreitern geht es nicht darum, ein allgemeingültiges Alternativmodell für die Landwirtschaft zu entwickeln. Sie wollen Menschen unterstützen, die ihre individuellen Vorstellungen eines biologisch-dynamischen Bauernhofs verwirklichen wollen. Einige Male begleitet Barkhoff solche Projekte. Eines Tages kommen Landwirte in seine Kanzlei. Sie interessieren sich für die Lehren Steiners und wollen nun eine Landwirtschaftsgemeinschaft gründen. Sie haben 250.000 D-Mark zusammengetragen – zu wenig, um wie gewünscht den Dottenfelderhof zu pachten, den sie für die Umsetzung ihrer Pläne für geeignet halten. Allein für das Inventar verlangt die Hessische Siedlungsgesellschaft jedoch 400.000 D-Mark. Barkhoff ist begeistert von den Ideen der Gruppe und hilft ihnen sofort. Er überzeugt noch am gleichen Tag den Direktor der örtlichen Commerzbank, der Gruppe einen Kredit zu geben und bürgt selbst mit 150.000 D-Mark.»Dadurch konnten wir den Hof übernehmen«, sagt der Gemüsebauer Dietrich Bauer, bis heute bei dem Projekt dabei.

Der Hof liegt in einer Schleife des kleinen Flusses Nidda, gleich hinter Bad Vilbel. Das bäuerliche Anwesen sieht aus wie im Bilderbuch und ist eines der ältesten Deutschlands, ehemals im Besitz der Landgrafen von Hessen.

Die Bochumer Finanziers favorisieren eine neue Eigentumsform für landwirtschaftliche Betriebe. Sie propagieren den Abschied von der Erbfolge, aber vor allem sollen der Verkauf und die Beleihung der Flächen ausgeschlossen werden. Gleichzeitig wollen sie durch eine Entschuldung der Höfe erreichen, dass die Landwirte dort die Art von Landwirtschaft betreiben können, die sie umsetzen wollen; sie sollen sich nicht durch wirtschaftliche Zwänge diktieren lassen müssen, wie sie den Boden zu bewirtschaften und mit den Tieren umzugehen haben. Das klingt allerdings schon in den 1960er-Jahren utopisch, als es noch viele klassische Bauernhöfe mit Vieh- und Ackerwirtschaft gibt. Schon bald befinden sich viele Bauern in einer Spirale aus Expansion und Verschuldung: Die Abnahmepreise sinken durch eine Rationalisierung der Produktion und eine Senkung der Subventionen, und Bauern, die mit ihren Betrieben überleben wollen, benötigen immer größere Flächen und immer industriellere Abläufe, um über die Runden zu kommen. Das will finanziert werden, weswegen viele Bauern Geld bei Banken aufnehmen. Die Banken stellen Bauern bereitwillig Darlehen zur Verfügung, schließlich bekommen sie Grund und Boden als Sicherheit. Viele Landwirte geraten in wirtschaftliche Schwierigkeiten – und geben ihr Land auf.

Mittels der GLS Treuhand kaufen die Bochumer Höfe frei und ersinnen eine rechtliche Konstruktion, bei der eine Beleihung oder gar der Verkauf der Böden ein für allemal ausgeschlossen wird. Einer oder mehrere Höfe werden dabei in eine gemeinnützige Landbau-Forschungs-GmbH übertragen, deren Satzung eine biologisch-dynamischen Bewirtschaftung vorsieht, und dann an die Bauern verpachtet. Die gemeinnützige GLS Treuhand stellt auch zinslose Mittel für den Ankauf von Land oder zur Finanzierung von Investitionen zur Verfügung. So erhält die überwiegend aus studierten Landwirten bestehende Gemeinschaft des Dottenfelderhofs einen zinslosen Kredit in Höhe von 1,8 Millionen D-Mark für den Ankauf von zwanzig

Hektar Land. In dieses landwirtschaftliche Reformprojekt wollen die Gründer – angeregt von Barkhoff und einen Reformgedanken Rudolf Steiners aufgreifend, nach dem jeder Mensch von Geburt an einen gleichen Anteil an Grundbesitz hat – nun weitere 600 Menschen als Mitunternehmer einbeziehen. Umgelegt auf die Zahl der Bundesbürger im Jahr 1968, ergibt die damals in Deutschland zur Verfügung stehende landwirtschaftliche Nutzfläche je Bürger 2.500 Quadratmeter oder ein Morgen Land. Und 600 Morgen Land gehören zum Hof. Jeder der Mitunternehmer soll sich regelmäßig an den Betriebskosten beteiligen und außerdem einen Kreditanteil von 3.000 D-Mark übernehmen und an die Treuhandstelle überweisen. Die Idee der Hofbetreiber ist, dass mit diesem Schenkungsgeld die 1,8 Millionen D-Mark zusammenkommen, mit denen die GLS Treuhand ausgeholfen hat – damit die GLS Treuhand nach Rückzahlung des Kredits weiteres Bauernland hätte aufkaufen können.

Gefunden haben sich dann allerdings nur 130 Menschen. Sie zahlen noch heute einen jährlichen Pachtanteil von je 67 Euro. Vielleicht wären es mehr geworden, wenn nicht jeder als Mitglied der gegründeten Gesellschaft bürgerlichen Rechts voll hätte haften müssen. Später wandeln sie die Rechtsform der Betriebsgemeinschaft aus haftungsrechtlichen Gründen in eine Kommanditgesellschaft um. Der Dottenfelderhof ist jedoch nie in wirtschaftliche Schwierigkeiten geraten, auch nicht, als die Scheune abbrannte. In vierzig Jahren hat die Gemeinschaft aus dem heruntergekommenen Gehöft einen preisgekrönten Betrieb gemacht. Es gibt dort Schweine, 800 Hühner, 80 Kühe auf der Weide und statt künstlicher Besamung zwei stattliche Schwarzviehbullen, Hunde und Katzen. An einem kalten Dienstag im Februar 2011 parken auf dem Hof etwa dreißig Autos, Hofladen und Café sind gut besucht. Viele Familien kommen aus dem nahen Frankfurt zum Einkaufen. Der Skandal um dioxinverseuchtes Tierfutter sorgt für eine zusätzliche Nachfrage, schnell sind die Eier nun ausverkauft. Es gibt eine Lagerhalle für Kartoffeln, die ohne Heizung auskommt, und eine Photovoltaikanlage. Die Landwirte betreiben eine eigene Züchtung, der die Hofgemeinschaft bereits einige neue Möhrensorten zu verdanken hat. Gerade wird ein neuer Hofladen geplant, aller Voraussicht nach finanziert durch einen Kredit der GLS Bank.

Wie ist dieser freiwillige Zusammenschluss von Landwirten organisiert? Martin Hollerbach und die anderen Bauern heißen in der Kooperationsvereinbarung ihrer Lebens- und Arbeitsgemeinschaft »geschäftsführende Landwirte« und haben ein weder vererb- noch übertragbares Nießbrauchsrecht, das heißt, sie genießen mit ihren Familien auf dem Hof das Recht auf Lebensunterhalt und kostenfreies Wohnen bis zum Lebensende. Niemand kann in dieser Gemeinschaft einem anderen kündigen. Allerdings kann jeder Einzelne jederzeit selbst seine Koffer packen und gehen – diese Freiheit ist ihnen wichtig. Regelmäßig gibt es Veranstaltungen für die Unterstützer, die weit verstreut leben.

Ein besonderes Anliegen ist den Betreibern des Dottenfelderhofs die Weiterbildung und Forschung. Die fünf Landwirte bilden neben der Betriebsgemeinschaft auch einen gemeinnützigen Verein, die im Haupthaus untergebrachte Landwirtschaftsschule Dottenfelderhof. Dort geben die Landwirte ihr Wissen in Jahreskursen an Lehrlinge und in Wochenseminaren weiter. Alles, was zum Hof gehört, ist Eigentum des Vereins: die Häuser, das Vieh, Maschinen, Saatgut, die Ernte, die Autos und selbst das Bankguthaben. Mit solchen sozialgestalterischen Ideen überfordern diese Bauern in den 1970er-Jahren die Vorstellungskraft vieler Beamter in Genehmigungsbehörden und Finanzämtern. Manch einer bezweifelt, ob ein solcher Hof überhaupt wirtschaftlich lebensfähig sein kann.

Zum Streitfall wird Ende der 1980er-Jahre der Buschberghof im schleswig-holsteinischen Fuhlenhagen. Er soll aus bisherigem Privateigentum auf einen gemeinnützigen Träger übertragen werden. Künftig wollen hier drei Familien in einer Landwirtschaftsgemeinschaft wirtschaften. Die regionale Landwirtschaftskammer stört jedoch, dass in der Satzung des gemeinnützigen Vereins auch Aufgaben wie Sozialtherapie, Ausbildung, Forschung aufgeführt sind, die nicht im engeren Sinne zur Landwirtschaft gehören. Die Kammer klagt, und es kommt zum Prozess, der mit einer herben Niederlage für die Bauern endet. Biologisch-dynamische Landwirtschaft sei keine ertragreiche Form der Landwirtschaft, befinden die Richter in ihrem Urteil. Zudem habe das gesamte Modell mit dem herkömmlichen Verständnis von Landwirtschaft nicht mehr viel zu tun. Hätte sich diese Rechtsauffassung durchgesetzt, wäre dies das Ende solcher Hofkonstruktionen gewesen. Barkhoff legt jedoch Beschwerde beim Oberlandesgericht ein. Über dessen späteres Urteil in der Revision ist Albert Fink noch dreißig Jahre später begeistert. Anders als in der Vorinstanz hält man die biologisch-dynamische Landwirtschaft sehr wohl für betriebswirtschaftlich machbar und spricht sich generell für eine Stärkung kleiner und mittlerer Betriebe aus, da diese auch ein wichtiger Kulturfaktor seien. »Das Urteil ist ein Plädoyer für die biologisch-dynamische Landwirtschaft«, sagt Fink. Und damit steht weiteren Hofgründungen nichts mehr im Wege.

Ihre landwirtschaftlichen Reformansätze finanzieren die Bochumer ganz bewusst durch Gewinne aus industriellen Betrieben (Stahlverarbeitung, Farben, Schulbedarf etc.), ein Prinzip, das sich bereits in Schriften Steiners findet. Der Begründer der Anthroposophie hatte von einer »Disparität von Landwirtschaft und Industrie« unter Wertgesichtspunkten gesprochen. Während man für den Betrieb von Industrien immer Rohstoffe benötige, könne man eine nachhaltige Form der Landwirtschaft betreiben, bei der sich der Boden immer wieder selbst regenerieren kann.[6] Er war von der Notwendigkeit überzeugt, einen gesellschaftlichen Ausgleich herbeizuführen. Dazu Fink: »Das eigentliche Motiv war, Industriegewinne wenigstens teilweise für die Entwicklung des ökologischen Landbaus [...] einzusetzen.« Mithilfe des Industriellen Alfred Rexroth kann der Bochumer Kreis dies verwirklichen: Schon früh setzt er Rechtskonstruktionen um, bei denen automatisch ein Teil der Firmengelder in die gemeinnützige Treuhandgesellschaft fließt. So wie bei der Firma Schweißtechnik, einem kleinen Unternehmen aus Bochum, das Tanks und Rohranlagen in vielen Ländern der Erde baut. Rexroth hat die Firma im maroden Zustand gekauft und lässt sie von Fink als geschäftsführendem Gesellschafter sanieren. Im Lauf der Jahre werden aus fünfzig Mitarbeitern fünfhundert. Regelmäßig überweist das Unternehmen am Jahresende mehrere Hunderttausend D-Mark auf das Konto der Treuhand. Mit der Zeit findet Fink diese Konstruktion jedoch zunehmend problematisch: »Es ist zwar schön, wenn der Gewinn an die gemeinnützige Treuhandstelle geht und da Ordentliches mit gemacht wird, aber wie das Geld verdient wird, da habe ich immer mehr Fragen gehabt.« In den 1970er-Jahren ist die Firma als Subunternehmen für große Konzerne wie Siemens, Mannesmann oder Demag auf Baustellen in Entwicklungsländern tätig. Unter anderem ist sie an dem Bau eines Stahlwerks in Südamerika beteiligt. »Die Bewohner wurden alle vertrieben und landeten in Slums«, erzählt Fink, der kurz danach zu den Bankeinrichtungen wechselt.

Über die Folgen einer Technisierung der Landwirtschaft und des Einsatzes von mineralischem Dünger in der Landwirtschaft wird schon in der Weimarer Republik leidenschaftlich gestritten. Die Basis für eine anthroposophische Landwirtschaft legt Steiner in acht Vorträgen, die er 1924 vor Großagrariern auf dem Besitz des Grafen von Keyserlingk im schlesischen Koberwitz hält. Die anthroposophischen Agraringenieure sehen für eine Industrialisierung aller Wirtschaft und Landwirtschaft in der Endphase die Degeneration des Saatguts und das Zusammenbrechen der Ökosysteme. Für Steiner muss eine anthroposophische Landwirtschaft ein geschlossenes Ökosystem darstellen, frei von anorganischen chemischen Hilfsmitteln und monokultureller Einseitigkeit. Die Bauern sollen nebeneinander Feld- und Viehwirtschaft betreiben, so wie es in Mitteleuropa seit der Zeit der Kelten üblich war. Sie sollen an ihr Vieh selbst geerntetes Getreide verfüttern und mit dem Kuhmist ihre Felder düngen. Jeder Bauernhof soll ein in sich geschlossenes autarkes System sein. »Die Menschheit hat keine andere Wahl als entweder auf den verschiedensten Gebieten aus dem ganzen Naturzusammenhang, aus dem Weltenzusammenhang heraus, wieder etwas zu lernen oder die Natur ebenso wie das Menschenleben absterben, degenerieren zu lassen.«[7] Daneben gibt es eine Vielzahl von Empfehlungen, die auf Außenstehende teils skurril wirken: von der Aussaat zu bestimmten Mondphasen, da dies einen Einfluss auf das Pflanzenwachstum habe, bis zum Vergraben von in Kuhhörner gefüllten Mineralien, um den Boden fruchtbarer zu machen.

Steiners Rezepte für eine biologisch-dynamische Landwirtschaft setzen heute 1.400 Landwirte auf 50.000 Hektar Fläche in Deutschland um; weltweit sind es 3.500 Betriebe in 38 Ländern auf rund 100.000 Hektar Fläche. Einige Winzer benutzen Tinkturen im Weinbau, weil sie sich davon einen feineren Geschmack des Weines erhoffen. An der vom Land Hessen finanzierten Forschungsanstalt für Garten und Weinbau in Geisenheim wird die Wirkungsweise untersucht, die Proben für die Wissenschaftler liefert der Dottenfelderhof.

Mittlerweile ist die ökologische Landwirtschaft etabliert. Neben anthroposophisch ausgerichteten Demeter-Bauern gibt es Anbau-verbände wie Bioland, Naturland, Gäa, Biopark oder Biokreis. Seit 1991 fungiert die EG-Öko-Verordnung als Basis für alle Bio-Betriebe in Europa.

Vieles, was in Deutschland unter dem Namen »Bio« verkauft wird, wächst nicht mehr auf den heimischen Feldern. Das gilt nicht nur für die offensichtlichen Produkte wie Bananen, Reis und Kaffee, die hier ohnehin nicht angebaut werden können, sondern ebenfalls für heimische Erzeugnisse wie Karotten, Kartoffeln, Äpfel oder Getreide. Obwohl die Konsumenten immer mehr Biowaren kaufen, stagniert der Zuwachs von ökologischen Betrieben. Seit 2007 haben gerade einmal 2.300 Bauern umgestellt, womit es jetzt bundesweit 16.200 ökologische Betriebe gibt. Dies entspricht einem Anteil von 5,4 Prozent aller Bauernhöfe in Deutschland.[8] Ein wesentlicher Grund dafür liegt in der drastischen Reduzierung der Fördergelder und For-schungsprogramme durch die Regierungen in den vergangenen Jahren. Die Bedingungen für die ökologischen Landbauern haben sich dadurch verschlechtert, das bekommt man auch auf dem Dot-tenfelderhof zu spüren. »Aus den Erlösen der Landwirtschaft kann eigentlich kein Landwirt leben, da reicht das bisschen mehr, was man für biologisch-dynamisch oder ökologisch bekommt, nicht aus. Es geht wirklich fast allen schlecht«, sagt Dietrich Bauer, einer der Landwirte. Dabei gehört der Dottenfelderhof mit seinen 180 Hektar zu den großen Bauernhöfen in Deutschland, denen es im Vergleich noch besser geht. »Die Landwirtschaft ist ein Zuschussbetrieb«, so Martin Hollerbach, der einer der ersten Lehrlinge auf dem Hof war, später in die Gemeinschaft einstieg und heute für die Vermarktung zuständig ist. Wenn der Hof trotzdem gut läuft, dann einzig und allein deshalb, weil die Produkte auf dem Hof selbst weiterverarbeitet werden. Es gibt eine große Holzofenbäckerei, eine Konditorei und eine Käserei – zwanzig verschiedene Sorten reifen in dem alten Klosterkeller. Die Produkte werden im Hofladen und auf sieben Wochenmärkten in der Region verkauft. Insgesamt kommt der Hof so auf einen Umsatz von fünf Millionen Euro und schafft Arbeitsplätze für 120 Menschen. Aber um wirklich von den Erträgen leben zu können, müsste man doppelt so viel einnehmen, meint Hollerbach. Das würde die Preise für Bio-Produkte nochmals nach oben treiben, obwohl bereits heute viele Verbraucher die Preise als hoch empfinden. Und die meisten Deutschen sind ohnehin recht geizig, was Lebensmittel angeht: Seit 1950 ist der Anteil, den Bundesbürger von ihrem Einkommen für Nahrungsmittel ausgeben, von 44 Prozent auf 9,7 Prozent gesunken. Sicher verdienen sie heute mehr, aber vor allem profitieren sie von drastisch gesunkenen Lebensmittelpreisen. Seit gut hundert Jahren sind die Nahrungsmittelpreise gesunken. Allein zwischen 1970 und 2000 sanken die Preise für Zucker, Kaffee, Kakao und andere wichtige Nahrungsmittel um 30 bis 60 Prozent.[9] Kommt es hart auf hart, dann sparen viele Bundesbürger lieber am Essen als an der Kleidung. Aber eine gute und nachhaltige Nahrungsmittelproduktion hat eben ihren Preis, und Hollerbach sieht bisher wenig Bewusstseinsänderung bei den Ernährungsgewohnheiten der Menschen. Anders ernähren würden sich Menschen häufig erst, wenn sie krank geworden sind.

Die Sicherung landwirtschaftlicher Flächen für eine ökologische Landwirtschaft ist bis heute ein wichtiges Arbeitsfeld der GLS Bank geblieben. 2009 gründete man den Bio-Bodenfonds, um eines der größten biologischen Landbauprojekte Europas zu bewahren. Das Biosphärenreservat Schorfheide-Chorin ist nur etwa eine Autostunde vom Zentrum Berlins entfernt. 900 Gewässer gibt es hier, darunter seltene Kesselmoore. Schwarz- und Weißstörche sowie Kraniche brüten hier, Biber und einige der letzten frei lebenden Sumpfschildkröten Deutschlands finden sich in der dünn besiedelten Landschaft.

Nach der Wiedervereinigung pachten dort einige Biobauern in den 1990er-Jahren Land von der Bodenverwaltungs- und Verwertungsgesellschaft: die Naturrind GmbH, die AEVG Flieht Steglitz oder die Lehrschäferei Friedrichsfeld, zusammen elf Betriebe. Die Zukunft dieser Unternehmen steht jedoch auf dem Spiel, als die Pachtverträge auslaufen. Der Staat strebt einen Verkauf der Flächen an und beabsichtigt eine europaweite Ausschreibung. Der Zeitpunkt erscheint günstig, nicht zuletzt durch die finanziellen Belastungen der Finanzmarktkrise sind die Kassen leer, und die Nachfrage nach Grundbesitz ist weltweit hoch. Die Biobetriebe gehen davon aus, bei einem möglichen Bieterverfahren gegenüber großen, finanzstarken Agrarkonzernen das Nachsehen zu haben. Nachdem sich 13 Betriebe zur Öko-Landbauregion »Südliche Uckermark« zusammenschließen, signalisiert das Land Brandburg Unterstützung. Man hält zwar an einem Verkauf der Flächen fest, aber die ökologische Bewirtschaftung der Flächen soll auch in Zukunft gesichert sein. Zuvor haben sich die Bochumer Bankiers eingeschaltet: mit einem Fonds, der dem Land Brandenburg 2.500 Hektar Land abkauft. Gesellschafter der Bio-Bodenfonds GmbH & Co KG sind die GLS Bank und die Treuhand. Sie haben allerdings eine ganz spezielle Konstruktion gewählt und die Flächen aus dem »spekulativen Kreislauf« herausgelöst – der Fonds muss den Boden auf Dauer halten. Die Bauern zahlen einen Pachtzins an den Fonds, der wiederum eine Rendite an die Zeichner des Fonds ausschüttet.

Heute gilt Grundbesitz ganz selbstverständlich als besonders begehrtes Spekulationsobjekt und wird zwischen diversen Besitzern hin- und hergeschoben. Auch sinnlose Projekte werden verwirklicht, wenn sie für die Investoren eine höhere Rendite abwerfen. Und ein Golfplatz bringt eben meist mehr Geld ein, als wenn auf dem gleichen Gelände Tomaten gezüchtet werden. Die Landfrage stellt sich weltweit. Eine gigantische Umverteilung von Land ist im Gange – Privatleute, Versicherungen, Pensionsfonds, Banken, selbst Staaten sichern sich im großen Stil den Zugriff auf landwirtschaftlich nutzbare Flächen. Seit 2006 sollen Pacht- und Kaufverträge für mehr als 20 Millionen Hektar abgeschlossen worden sein. Viele dieser Transaktionen laufen jedoch verborgen ab. Niemand weiß genau, wie viele Flächen tatsächlich verkauft worden sind.

Der Golfstaat Katar hat im ostafrikanischen Kenia eine Fläche von 40.000 Hektar gepachtet, um dort Früchte und Gemüse anzubauen. Kuweit hat Kambodscha angeboten, Flächen zum Getreideanbau gegen den Bau von Straßen und Dämmen zu tauschen. Indien hat vor kurzem heimischen Firmen Geld geliehen, damit diese im Ausland Landflächen aufkaufen, womit sie in Äthiopien erfolgreich waren.[10] Das geopolitische Rennen um Land und Boden ist in vollem Gange.

Aus der Sicht von Ländern wie Katar, Ägypten oder Saudi Arabien ist der Landkauf durchaus von existenzieller Wichtigkeit. Jahrelang haben diese Länder versucht, die Wüste mit großem Aufwand für die Landwirtschaft nutzbar zu machen. Weil das Wasser immer knapper wird, setzt man nun auf den Anbau von Nahrungsmitteln in fruchtbaren Regionen. Auch China schickt immer wieder seine Emissäre auf Einkaufstour. Der Importbedarf an Nahrungsmitteln wächst angesichts von Verstädterung, Bodenerosion und Wassermangel auch dort stetig. Schon bald werde »eine Nahrungsmittelselbstversorgung nicht mehr möglich sein«, heißt es in einer Studie der Deutschen Bank. Jetzt schon ist China der größte Importeur von Soja.[11] Vor allem in Afrika und Lateinamerika liefern sich Regierungen einen Wettlauf, und Banken und Fonds sind hinter landwirtschaftliche Flächen her, die noch zu haben sind, um die Nahrungsversorgung ihrer Bevölkerung langfristig sicherzustellen.[12] Die Regierungen empfangen die Landkäufer oft mit offenen Armen: Äthiopiens Regierung sprach davon, sie »brenne darauf«, Flächen zur Verfügung zu stellen.[13] Pakistan wirbt offen mit Steuererleichterungen und Sonderregelungen im Arbeitsrecht. Die Regierungen scheinen zu hoffen, dass die neuen Landnutzer die marode Landwirtschaft sanieren und modernisieren und auf diese Weise nebenbei auch Nahrungsmittel für die Bevölkerung vor Ort produzieren. Hieran kann man allerdings gehörige Zweifel haben. Von dem Landkauf profitieren, wie so häufig, vor allem die lokalen Eliten und nicht die breite Bevölkerung. Denn beim Verkauf von großen Landflächen fließen hohe Geldsummen, und damit wächst die Gefahr von Korruption. Viel hängt also von der konkreten Ausgestaltung vor Ort ab, was ein Blick in die verschiedenen Länder zeigt: Im westafrikanischen Sierra Leone hat sich die Schweizer Firma Addax Bioenergy eingehaust. Sie hat sich an die Preisempfehlung der Regierung für das Pachten von 10.000 Hektar Land gehalten und investiert dort nun 200 Millionen Dollar in den Bau einer Biospritanlage. Trotzdem hagelt es Kritik von Menschenrechtsaktivisten: Dorfälteste hätten die Verträge mit der Firma unterschrieben, obwohl das Land ihnen gar nicht gehöre. Das Nachsehen haben die Bauern.

Auch in Äthiopien werden massenhaft Landkäufe getätigt. Die Weltbank hat in dem ostafrikanischen Land schon mehr als 400 Landverkäufe gezählt, die knapp 1,2 Millionen Hektar umfassen. Die meisten dieser Geschäfte fänden in fernen Provinzen statt, sagte der äthiopische Oppositionspolitiker Berhanu Nega. Er findet solche Geschäfte obszön in einem Land, in dem Familien im Durchschnitt gerade einmal eine Fläche von 0,98 Hektar bewirtschaften und viele Menschen vom Hunger bedroht sind.

Die größten Landverkäufe haben jedoch zuletzt in Sudan stattgefunden. Vier Millionen Hektar, verteilt auf 132 Projekte, hat die Regierung verkauft, die im Westen des Landes seit Jahren einen blutigen Bürgerkrieg führt. Besonders das benachbarte Ägypten hat sich hier Flächen gesichert. Das Land steckt selbst in einer schwierigen Situation: Die landwirtschaftlich nutzbare Fläche ist gering, und die Bevölkerung wächst rasant. Wegen drastisch gestiegener Nahrungsmittelpreise war es 2008 in Ägypten zu Protesten gekommen, ebenso wie in vielen anderen Ländern in Afrika, aber auch in Asien und der Karibik.[14]

Ein Problem bei Landverkäufen sind oft unklare Besitzverhältnisse. Anders als in Europa üblich, existieren in vielen Gegenden der Welt gar keine oder keine belastbaren Grundbücher. Somit müssen Kleinbauern, deren Familien seit Generationen das Land beackert haben, häufig weichen, denn ihnen fehlt ein rechtlicher Beweis für das Gewohnheitsrecht, das sie die ganze Zeit legitimierte, das Land zu bewirtschaften. Kaum können die um ihre Existenzgrundlage gebrachten Bauern bei den neuen Eigentümern Arbeit finden. Die großen Agrarbetriebe benötigen nur wenige Bauern, die vorher auf den Flächen ihre Subsistenzwirtschaft betrieben haben. Deren Arbeit erledigen nun großteils Maschinen.

Beispiellos war das Vorgehen der Regierung des afrikanischen Inselstaats Madagaskar. Gleich ein Viertel der ganzen Insel will die Regierung im Jahr 2008 für 99 Jahre an den südkoreanischen Konzern Daewoo verpachten, dieser will darauf Nahrungsmittel und Palmöl produzieren. Es kommt zu Aufständen. Wenig später stürzt Andry Rajoelina den bisherigen Präsidenten und Großunternehmer Marc Ravalomanana und macht das Geschäft rückgängig. Angesichts der steigenden Sensibilität für das Thema seitens der Bevölkerungen vor Ort, aber auch der Weltöffentlichkeit, haben einige Staaten die Strategie gewechselt. Statt auf große Grundbesitz-Deals setzt China nun öfter auf kleine Käufe unterhalb der Wahrnehmungsschwelle. So haben sich die chinesischen Landkäufer beispielsweise im ostafrikanischen Mosambik bei einzelnen Farmen eingekauft, die nun von chinesischen Bauern bewirtschaftet werden. Von »Neo-Kolonialismus« spricht bereits die Welternährungsorganisation FAO. Und welche Landwirtschaft werden die Neubesitzer etablieren? Wenn sie das gängige, auf Öl basierende Landwirtschaftsmodell übertragen, mag dies kurzfristig die Erträge steigern – langfristig wird es dann jedoch genauso kollabieren wie überall. Und wie werden die Landbesitzer reagieren, wenn es in diesen Ländern zu Hungersnöten kommt? Eine Vorahnung von dem, was passieren könnte, liefert bereits Pakistan: Die Regierung kündigte an, sie wolle 100.000 Sicherheitskräfte zum Schutz der fremden Felder abstellen.[15]

Boden ist einmalig und begrenzt. Deswegen haben verschiedene Philosophen und Bodenreformer ihn als ein soziales Gut gesehen, welches wie Wasser, Luft und Licht allen Menschen zur Verfügung stehen müsste, weil sie darauf ebenso angewiesen seien. Die meisten Investoren betrachten den Boden jedoch als gewöhnliches Anlageobjekt. Zumeist wird auf den steigenden Wert des Bodenpreises spekuliert, um ihn gewinnbringend zu verkaufen. Die Landwirtschaft ist in doppelter Weise von der Spekulation der Anleger betroffen: Zum Geschäft ist nicht nur der Handel mit dem Boden selbst geworden, sondern auch die Spekulation mit den landwirtschaftlichen Erzeugnissen. Gleich nachdem die weltweite Immobilienblase 2007 platzte, verlagerten die Anleger ihr Geld in Nahrungsmittel, was zu einem deutlichen Preisanstieg führte. Als Konsequenz können viele Menschen in Entwicklungsländern ihren Grundbedarf an Reis, Brot oder Tortilla nicht mehr bezahlen. Es kommt zu Revolten. Was Anleger im reichen Norden mit dem Hunger in Afrika zu tun haben, ist leicht zu folgern – hier geben Geldinstitute unverschlüsselt Interpretationshilfe: »Begrenzt und begehrt« stand in einem Werbefoto der Fondstochter der Deutschen Bank, auf dem in einem Schubkasten Kaffee, Soja, Baumwolle, Kakao, Weizen, Zucker und Mais zu sehen waren.

Das Projekt »Sekem«

An seine erste Reise zum Weltwirtschaftsforum nach Davos zum alljährlichen Gedankenaustausch zwischen Top-Managern und Politikern erinnert sich Ibrahim Abouleish noch genau. »Ich war ein Exot«, erzählt der heute 74-jährige Ägypter. Nur ein Jahr zuvor, 2003, war er mit dem alternativen Nobelpreis ausgezeichnet worden. Doch in Davos schüttelten die meisten Wirtschaftslenker den Kopf über seine Form des Wirtschaftens, die nicht allein die Gewinnmaximierung in den Vordergrund stellt. Sie bezweifelten die prinzipielle Wettbewerbsfähigkeit eines Unternehmens, das sich die Förderung von Bildung, Forschung, Kunst, Gesundheit und Menschenrechten zum Ziel gesetzt hat. Dass es dennoch funktionieren kann, hat Abouleish zu diesem Zeitpunkt längst bewiesen. Seit mehr als 32 Jahren bauen er und seine Mitstreiter das Projekt Sekem, was im Altägyptischen so viel wie »sonnenhafte Lebenskraft« bedeutet, auf. Es handelt sich dabei um eine ungewöhnliche Kombination aus Arbeit, Schule, Studium, Forschung und Lebenshilfe. Heute gehören zu der Holding sechs Unternehmen. Sie produzieren Lebensmittel, Gesundheitsprodukte und Textilien und garantieren neben strengen ökologischen Kriterien eine faire Bezahlung der Bauern, denen Sekem ihre Ernte abkauft.

Mit dem Gewinn, zuletzt waren es umgerechnet 1,43 Millionen Euro, werden soziale und kulturelle Einrichtungen finanziert, die mithilfe von Nichtregierungsorganisationen errichtet wurden. Seit 1988 gibt es einen Kindergarten und eine Waldorfschule. Wer eine Lehre machen will, kann sich nach dem Hauptschulabschluss zum Zimmermann, Installateur, Elektriker, Computertechniker oder Näher fortbilden. Wer studieren will, kann das Abitur machen und die angeschlossene Akademie für Wissenschaft und angewandte Künste in Kairo besuchen. Architektur, biologisch-dynamische Landwirtschaft, Betriebswirtschaft, Grafik und Design, Medizin und Pharmazie stehen auf dem Lehrplan.

In Deutschland gibt es viele Unterstützer von Sekem. Die GLS Bank und die niederländische Triodos Bank halten heute ein Fünftel der Anteile. Die restlichen Anteile will Firmengründer Abouleish in eine Stiftung einbringen. Auf diese Weise wäre die Unabhängigkeit des Projekts dauerhaft gesichert.

Abouleish stammt aus einer weltoffenen, bürgerlichen ägyptischen Familie. Sein Vater, ein Geschäftsmann, wird später, im Zuge der politischen Veränderungen im Land unter Präsident Gamal Abdel Nasser enteignet; ein Onkel ist Wissenschaftler, ein anderer Künstler.

Abouleish zieht es nach Europa, nach Graz, wo er gegen den Willen des Vaters erst Pharmakologie, später Medizin studiert und dann einen Job in der Arzneimittelforschung bekommt. Es ist die Zeit der ersten grünen Revolution. Zur Ernährung der wachsenden Weltbevölkerung setzt man auf neues Saatgut und wirksame Pestizide. Abouleish aber beginnt irgendwann, an diesen Methoden zu zweifeln und sich für andere Formen der Landwirtschaft zu interessieren.

Bei einem Besuch in der Heimat, 1973, kurz nach dem Oktoberkrieg gegen Israel, findet er das Land in einem »jämmerlichen Zustand« vor, wie er später erzählt. Und als der neue Präsident Anwar al-Sadat auf mehr Privatinitiativen setzt und um Unterstützung wirbt, macht er sich 1977 mit Frau und Kindern auf den Weg. Sechzig Kilometer nordöstlich von Kairo findet er im Nildelta unkultiviertes Ödland für sein Projekt. Hier hat der Bau des Assuan-Staudamms verheerende Wirkung gezeigt, Meerwasser ist in die Flussarme eingedrungen, die einst fruchtbaren Ackerböden sind versalzt. Freunde und Berater raten Abouleish ab, doch er entscheidet sich dafür, das Land zu kaufen. Wenn seine Vorstellungen von Landwirtschaft hier funktionieren, werden sie überall erfolgreich sein.

Am Anfang hat Abouleish siebzig Hektar steinigen Wüstenboden und die Vision einer blühenden Wüste, aber kein Geld. Zufällig erfährt er, dass die Firma Elder aus Ohio auf der Suche nach jemandem ist, der für sie aus der Pflanze *Ammi majus* einen gegen Hautpigmentstörungen wirksamen Stoff gewinnt. Abouleish schließt einen Vertrag mit dem amerikanischen Unternehmen. Abouleish, selbst überzeugter Moslem, findet eine islamische Bank, die bereit ist zu investieren. »Mir sagten diese Ideen des Islam zu, vor allem jene, das Geld nicht wie eine Ware zu betrachten, die man kauft und mit Zinsen wieder verkauft [...]. Doch zeigte sich, dass die Praktiken der dem Namen nach islamischen Bank nicht anders waren als die der gewöhnlichen Geldinstitute.«[16] Der Unternehmer bestellt mit den Finanzzusagen der Bank im Rücken die ersten Geräte für die Extraktion der Pflanzen. Doch dann gibt es Streitigkeiten mit der Bank. Nach einigem Hin und Her hilft ihm schließlich der Direktor der ägyptischen Nationalbank. Das *Ammi-majus*-Projekt kommt zustande, und damit kann Abouleish die finanzielle Basis für alle weiteren Entwicklungen von Sekem legen. Anfang der 1980er-Jahre finanziert die GLS Bank vierzig Allgäuer Milchkühe, die den Kompost produzieren, den man für eine Landwirtschaft nach biologisch-dynamischen Prinzipien benötigt. Den Wüstenboden bewässern die Mitarbeiter mit einem unterirdischen System. Hektar um Hektar verwandeln sie die karge Landschaft in fruchtbaren Boden.

Heute bewirtschaftet Sekem 6.000 Hektar – bald sollen es 20.000 sein. In den sechs Unternehmen der Organisation sind mittlerweile 2.000 Menschen beschäftigt, und 10.000 Bauern in der Region bauen nun biologisch-dynamische Produkte an, die Sekem dann in seinen Werken weiter verarbeitet. 2007 legt die GLS Bank einen Fonds für Anleger auf, mit dem der Ausbau von Sekem finanziert wird.

Als Abouleish 2009 erneut am Weltwirtschaftsforum in Davos teilnimmt, stößt er auf weniger Skepsis. »Viel mehr Menschen haben mir zugehört«, sagt er. Angesichts der Weltwirtschaftskrise finden nun auch alternative Ansätze ein breites Publikum. Ginge es nach Abouleish, dann würden alle Menschen erst einmal das »ökologische und ethische Alphabet« lernen, wie er es nennt. Er spricht viel vom Begriff der Symbiose, einem Zusammenleben von Tieren oder Pflanzen also, das auf gegenseitigem Vorteil beruht. Unter diesen Voraussetzungen sei kein Platz für jemanden, der alles beherrschen und niemanden neben sich dulden wolle, sagt er und ergänzt: »Da gibt es auch keinen Platz für stetiges Wachstum.«

Die Akzeptanz für seine Ideen hat sich Abouleish hart erarbeiten müssen. Auf erste Widerstände stößt er gleich nach dem Landkauf, als sich Beduinen weigern, ihre Zelte ein paar Hundert Meter weiter aufzuschlagen, um Platz für seinen neuen Brunnen zu machen. Widerstand kommt von islamischen Geistlichen ebenso wie vom Behördenchef, der pflanzliche Heilmittel für gesundheitsschädlich hält. Überzeugen muss er auch seine neuen Mitarbeiter von der zuweilen sehr aufwendigen biologisch-dynamischen Landwirtschaft. Aber sein Erfolg gibt ihm Recht.

Heute gibt es neben der Landwirtschaft eine Käserei, eine Bäckerei, Öl- und Getreidemühlen, eine Teeabfüllung sowie einen Betrieb für die Herstellung von pflanzlichen Arzneimitteln und Kosmetika, außerdem Textilfabriken. Ungefähr die Hälfte der Produkte werden in Ägypten verkauft, der Rest geht nach Deutschland und Europa, vor allem Kräuter, Gewürze und Tees, Naturkosmetik oder anthroposophische Arzneimittel.

Abouleish hat die Wirtschaft Ägyptens noch in anderer Hinsicht beeinflusst: Als seine Mitarbeiter bei Pestiziduntersuchungen der Heilpflanzen Giftspuren finden, die von Flugzeugen stammen, die benachbarte Baumwollfelder während der Wachstumszeit mit Gift besprühen, beschwert er sich vergeblich bei der Regierung. Dann experimentiert er mit alternativen Schädlingsbekämpfungsmethoden, die anschließend von den Baumwollbauern um ihn herum eingesetzt werden. Schon bald liegt der Ertrag zehn Prozent über dem durchschnittlichen Rohbaumwollertrag in dem Gebiet. Auf einem internationalen Kongress in Kairo stellt Abouleish das Ergebnis vor.

Das beeindruckt auch die ägyptischen Behörden. Inzwischen darf auf der gesamten Anbaufläche für Baumwolle in Ägypten kein Gift mehr aus Flugzeugen gesprüht werden. Das bedeutet 35.000 Tonnen für Natur und Menschen schädlicher Pestizide weniger.

Heute geht es nicht mehr um Pestizide, sondern um die Gentechnik, die Abouleish ablehnt. »Man sollte immer schauen, ob etwas für den Menschen gemacht ist oder für die Börse«, sagt er. Auch mit diesem Argument wirkt er heute nicht mehr exotisch. Dagegen klingt sein Selbstverständnis als Unternehmer in den Ohren vieler Manager vermutlich immer noch sehr ungewöhnlich: »Ich betrachte Sekem nicht als Firma, sondern als Gemeinschaft, als ein Ideal des Wirtschaftslebens, das auf Brüderlichkeit und nicht auf Konkurrenz und Egoismus gegründet ist.«

DIE UNFÄLLE MÜSSEN SICH HÄUFEN, DAMIT MAN DAS GLEIS WECHSELT
IM GESPRÄCH MIT HANS CHRISTOPH BINSWANGER

Er gehört zu den Querdenkern unter den Ökonomen. Hans Christoph Binswanger hat schon lange vor der jüngsten Finanzmarktkrise die herrschende ökonomische Lehre kritisiert. Zudem hat er sich intensiv mit der Möglichkeit eines nachhaltigen Wirtschaftssystems, Geldpolitik sowie Goethes Begriff der »Geldmagie« beschäftigt. Er hat einige wegweisende Bücher verfasst, darunter Die Wachstumsspirale *und* Vorwärts zur Mäßigung – Perspektiven einer nachhaltigen Wirtschaft, *und ist der Doktorvater von Josef Ackermann. Es gibt also viele gute Gründe, den 82-Jährigen zu besuchen. In St. Gallen hat Binswanger das Institut für Wirtschaft und Ökologie gegründet, in dem er heute noch arbeitet. Er wartet bereits in der Bibliothek.*

Was haben Sie von Goethe über Geld gelernt?
Goethe ist ein großer Pessimist im *Faust*. Ob er es grundsätzlich ist, weiß ich nicht, aber im *Faust* ist er der radikale Pessimist. Der Mensch wird blind für die Entwicklung, die er selbst produziert, indem er Papiergeld –

Banknoten – schafft und so Geld schöpft, sozusagen aus dem Nichts; analog zur biblischen Schöpfung, von der es heißt, dass Gott sie aus dem Nichts geschaffen habe.»Und Gott sprach, es werde Licht. Und es ward Licht«, heißt es in der Bibel. So meint Faust – Faust ist der moderne Mensch – er könne sich auf das Licht verlassen, das in seinem Innern leuchtet – das Licht des Fortschritts –, um mithilfe des Geldes eine neue Realität zu schaffen, in der er auf die Grenzen der bestehenden Welt keine Rücksicht nehmen muss. Verblendet von diesem Licht, glaubt er, er habe den »höchsten Augenblick« erreicht, den er für immer festhalten kann. Er kann aber gerade durch diese Verblendung die Realität der bestehenden Welt nicht mehr klar sehen. So übersieht er die Kollateralschäden, die mit dem technischen Fortschritt verbunden sind, und stirbt ohne diesen »höchsten Augenblick« je erreicht zu haben.

Aktueller könnte ein Drama kaum sein – gibt es weniger oder mehr Geld in unserer Welt?

Ursprünglich haben die Menschen das Geld nur für den Zahlungsverkehr benötigt. Anfangs reichte ihnen wenig Geld, weil sie in Selbstversorgungseinheiten lebten und nur gelegentlich tauschten. Je mehr Platz die Geldwirtschaft in der Welt jedoch einnahm, umso mehr Geld brauchte man, um die Waren umzusetzen und Unternehmen zu gründen. Ab diesem Zeitpunkt fehlte immer Geld. Die Menschen haben daher ständig überlegt, wie sie das Geld vermehren könnten. Zu der Zeit der Metallwährungen war dies nur möglich, wenn man die Gold- und Silbervorräte aus dem Boden oder den Flüssen ausbeutete. Einen neuen Schub von Edelmetallen gab es dann mit der Entdeckung der Neuen Welt und der Ausbeutung der dortigen Vorkommen. Trotzdem blieb das Geld knapp.

Das Geld war knapp, weil die Menschen es gehortet haben …

Das lag auch an dem sakralen Wert von Gold und Silber. Gold ordneten die Menschen der Sonne zu und Silber dem Mond. Sonne und Mond waren Gottheiten. Somit hatten die Gold- und Silbermünzen eine sakrale Bedeutung. Man galt als reich, reich im sakralen Sinne, wenn man möglichst viel von diesen göttlichen Substanzen hatte. Deswegen haben viele Menschen diese Edelmetalle gehortet. Dadurch wurde das umlaufende Geld zusätzlich knapp. Dann haben die Menschen das Papiergeld erfunden, und damit gab es definitiv kein Knappheitsproblem mehr. Das Buchgeld der Banken kann zwar in Papiergeld der Zentralbank eingelöst werden, aber das Papiergeld nicht mehr in Gold und Silber. Seitdem kann man sozusagen »aus dem Nichts« unendlich viel Geld schöpfen.

Davon machen die Banken regen Gebrauch und vergeben in einem immensen Umfang Kredite, mit denen häufig nur noch Geldgeschäfte getätigt werden. Man verdient heute Geld mit Geld. Wann hat diese Entwicklung eingesetzt?

Es wurde prinzipiell möglich, als die USA 1972 die Goldbindung des Dollar aufgaben. Zunächst gab es in den Industrieländern jedoch noch eine Zurückhaltung bei der Geldausweitung. Vor zwei Jahrzehnten gab man diese Zurückhaltung auf. Bester Beleg dafür ist die Preisexplosion bei Vermögenswerten wie Aktien oder Immobilien ab dieser Zeit. Dass die Vermögenswerte sich so extrem aufgewertet haben – verglichen mit den Güterpreisen –, ist eine klare Fehlentwicklung. Jetzt wurden und werden Kredite aufgenommen, nicht um irgendwelche Güter zu produzieren, sondern um Vermögensobjekte zu kaufen. Das lohnt sich, solange man erwartet, dass der Wert der Vermögensobjekte stärker steigt als der Zins, den man für die Kredite zahlt. Durch die steigende Nachfrage wird die Vermögenspreisentwicklung zusätzlich angeheizt.

Könnte man diese inflationäre Entwicklung bei Vermögensgegenständen wie Immobilien, Aktien oder Fonds genauso bekämpfen wie Preissteigerungen von Gütern oder Löhnen?

Sicher. Allerdings tun sich die meisten Ökonomen unglaublich schwer mit dieser Vorstellung. Sie wehren sich innerlich, die Vermögenswertinflation mit in den Blick zu nehmen. Das ist auch leicht erklärbar. Schließlich müssten sie sich dann – zumindest die Anhänger der herrschenden neoklassischen Theorie – eingestehen, dass ihre Theorie falsch ist. Sie ist falsch, weil sie ganz ohne Gewinn und Geld auszukommen meint.

Die Wirtschaft ohne Gewinn und Geld zu erklären – das ist ja so, als ob man in der Biologie die Tierwelt außen vor lässt.

Ja, genau. Das ist ein Konstruktionsfehler der neoklassischen Theorie, und deswegen steckt sie in einer wissenschaftlichen Sackgasse. Man müsste wieder ein ganzes Stück zurück in der Theoriegeschichte der Ökonomen gehen: bis zu den Klassikern des 18. Jahrhunderts, vor allem Adam Smith. Dort muss man neu ansetzen.

Wie müsste das Geld in der Wirtschaftstheorie richtigerweise berücksichtigt werden?

Man muss feststellen, dass man mit Geld zahlt und nicht natural tauscht. Sicher kann man sich die Welt so vorstellen, wie es die Neoklassiker machen – zeitlos und als Tausch, der in jedem Augenblick ins Gleichgewicht kommt. Tatsächlich sieht die Welt aber anders aus. Der Güter-Geld-Umsatz der modernen Wirtschaft ist ein Prozess, der sich in der Zeit abspielt. Schauen Sie, für die Gründung von Unternehmen braucht es einen Geldvorschuss. Sie müssen die Produktionsleistungen, insbesondere die Arbeitsleistungen, bezahlen können, bevor sie die Güter verkaufen, die sie mit deren Hilfe produzieren. Die Produktion braucht ja Zeit. Der spätere Erlös ist zum Zeitpunkt des Vorschusses im Ungewissen. Es entsteht also ein Risiko. Es muss daher ein Gewinn erwartet werden können, der mindestens so hoch ist, dass die Zinsen für die Kredite bezahlt werden können und zusätzlich ein Reingewinn für das Eigenkapital übrig bleibt, der genügt, um das Risiko auszugleichen, das mit den Investitionen verbunden ist. Unternehmensgewinne können aber nur entstehen, wenn eine Geldausweitung stattfindet.

Warum, und was bedeutet das?

Gewinne sind die Differenz zwischen Einnahmen und Ausgaben. Damit in der Gesamtwirtschaft, d.h. im Saldo von Gewinnen und Verlusten, Gewinne entstehen können, die Einnahmen insgesamt stets größer sein können als die Ausgaben, muss Geld zufließen. Geld fließt zu, indem die Banken den Unternehmen Kredite in Buchgeld gewähren, das in Papiergeld, aber nicht mehr in Gold oder Silber eingelöst werden kann. Dabei wird das Geld von den Unternehmen vor allem ausgegeben für den Kauf von Arbeitsleistungen und andere Produktionsleistungen, um mehr reale Güter zu produzieren. In letzter Zeit aber wurden Kredite vielfach aufgenommen für spekulative Zwecke, ich habe es schon erwähnt, also zum Kauf von Vermögenswerten. Diese Geldzusammenhänge muss eine ökonomische Theorie berücksichtigen, welche den ökonomischen Vorgängen, wie sie sich tatsächlich vollziehen, gerecht werden will.

Nachbesserungsbedarf sehen Sie auch bei der Berücksichtigung der Umwelt in der Wirtschaftstheorie.

Wir müssen die Modellvorstellung von unserer Wirtschaft als einem geschlossenen Kreislauf radikal ändern. Man muss der Tatsache Rechnung tragen, dass die wirtschaftliche Produktion die Ökosphäre in mehrfacher Hinsicht belastet, ihr die natürlichen Ressourcen nimmt, die Abfälle an sie abliefert und sie auch durch Ausbreitung der Wirtschaftssphäre verdrängt. Der wirtschaftliche Kreislauf weitet sich im Wachstumsprozess also sowohl monetär wie real zu einer nach oben offenen Spirale aus.

Sie kritisieren unser heutiges Wirtschaftswachstum als viel zu hoch, um nachhaltig sein zu können. Bändigen könnte man das Wirtschaftswachstum mit einem drastischen Schwenk bei der Geldpolitik, sagen Sie. Können Sie das bitte einmal genauer erklären?

Wenn man das Wachstum zähmen will, muss man beim Geld und bei der Geldschöpfung ansetzen. Dabei muss man beachten: Geld ist heute eine Institution des Staates; dieser gibt vor, was die gesetzlichen Zahlungsmittel sind. Das sind die Banknoten der Zentralbank. Ihnen fast gleichwertig sind aber auch die Guthaben bei Geschäftsbanken – also das Buchgeld – weil sie stets in Banknoten eingelöst werden können. Die Geschäftsbanken sind also eigentlich viele kleine Gelddruckereien. Voraussetzung für eine stete Fortsetzung dieser Geldschöpfung ist nur, dass die Zentralbank Zentralbankgeld nachliefert. Dazu ist sie aber gewöhnlich bereit, weil die Geschäftsbanken Sicherheiten in Form von Wertpapieren oder verbrieften Kredite vorlegen, die diese selber schaffen können. Somit überlassen Zentralbanken heute die Initiative zur Geldschöpfung weitgehend den Geschäftsbanken. Sie reagieren statt zu agieren. Dieses Verhalten ist eine zentrale Ursache für spekulative Entwicklungen und für regelmäßige Schocks wie dem Platzen der Immobilienblase in den USA, wenn die Zentralbanken plötzlich die Entstehung einer Inflationstendenz fürchten und dann die Zinsen erhöhen.

Geht es auch anders?

Die Zentralbanken sollten die Schlüsselposition bei der Gewährung der Kredite erhalten. Wenn sie die Geldschöpfung kontrollieren, kann man den Wirtschaftsprozess nachhaltig stabilisieren. Ausgangspunkt für eine wirksame Kontrolle des Geldsystems durch die Zentralbank wäre das 100-Prozent-Geld, das Irving Fisher, der bekannteste amerikanische Ökonom des 20. Jahrhunderts, vorgeschlagen hat. Demnach dürfte nur noch die Zentralbank Geld schöpfen. Die Geschäftsbanken würden verpflichtet, die

Sichtguthaben vollständig durch Zentralbankgeld zu decken. Die Sichtguthaben wären wirkliche Guthaben, die aus Bargeld bestehen, das die Bank im Auftrag der Kontoinhaber verwaltet. In einem solchen System könnte die Zentralbank Inflation und Deflation verhindern, ebenso wie die spekulative Aufblähung der Geldmenge. Das Wachstum der Wirtschaft würde gezügelt, sodass auch eine nachhaltige Nutzung der natürlichen Ressourcen möglich würde.

Sie fordern eine Mäßigung des Wachstums, sagen aber gleichzeitig, ohne Wachstum geht es nicht in der Wirtschaft.

In der modernen Wirtschaft gibt es einen Wachstumszwang. Er ergibt sich aus dem Zins, den ein Unternehmen für den Kredit der Bank zahlen muss, sowie aus dem Reingewinn, den die Eigenkapitalgeber als Risikoausgleich erwarten können müssen. Ich gehe davon aus, dass der Zins weltweit bei etwa fünf Prozent liegt. Bei einer Reingewinnerwartung eines gewöhnlichen Anlegers von zehn Prozent auf das eingesetzte Eigenkapital, komme ich unter diesen Annahmen auf eine notwendige Wachstumsrate von 1,8 Prozent. Aber global – das ist ganz wichtig! Wenn man das exponentiell rechnet, sind 1,8 Prozent Wirtschaftswachstum natürlich immer noch mit einem hohen Ressourcenverbrauch verbunden. Man muss daher versuchen, diesen durch zusätzliche Maßnahmen für eine effizientere Ressourcennutzung möglichst auf einen Wert von Null zu drücken. Das ist bei 1,8 Prozent eher möglich als bei den heutigen globalen Wachstumsraten von vier bis fünf Prozent. Vier bis fünf Prozent ergibt ja eine irrwitzige exponentielle Entwicklung. Bei unseren heutigen Wachstumsraten von vier bis fünf Prozent verdoppelt sich etwa alle 14 Jahre die Weltproduktion. Das ist unmöglich durch effizientere Ressourcennutzung und intensivere Nutzung des Bodens für die landwirtschaftliche Produktion auszugleichen.

Wo sind die Grenzen einer intensiveren Landwirtschaft?

Man muss den Boden in der Landwirtschaft trotz Intensivierung nachhaltig nutzen. Das heißt: man muss die Nutzung dem Jahreszeitrhythmus von Aussaat und Ernte anpassen und geduldig auf das Wachstum der Pflanzen warten. Früher hat man den Boden nachhaltig bewirtschaftet, weil man ihn an seine Kinder vererben wollte. Man nutzte ihn, aber verbrauchte ihn nicht. Das ist heute anders. Heute werden die Böden durch die industrielle Land- und Forstwirtschaft vielfach vernutzt. Allgemein gilt: Es genügt nicht, dass Ressourcen erneuerbar sind, sie müssen auch zurückhaltend genutzt werden, damit sie erneuerbar bleiben. Das ist etwas, was viele überhaupt nicht im Blick haben. Sie denken, die Nutzung erneuerbarer Ressourcen wäre per se gut. Dann kommt es beispielsweise zu einem wahnsinnigen Ausbau von Palmölplantagen für die Nutzung von Biosprit.

Sollte der Staat dafür sorgen, dass die Unternehmen die Umweltschäden, die sie verursachen, bezahlen?

Das wäre eine öffentlich-rechtliche Maßnahme, keine privatrechtliche. Eine öffentlich-rechtliche Maßnahme muss sich jedoch immer gegenüber dem Eigentumsanspruch der Privaten rechtfertigen. Das funktioniert nur, wenn schon irgendwelche Schäden entstanden sind. Man braucht außerdem viel Zeit für den Nachweis. Viel besser wäre es, die notwendige Zurückhaltung für die Nutzung der Natur in eine privatrechtliche Form zu gießen. Dann wäre von vorneherein eine gewisse Rücksicht auf Nachhaltigkeitskriterien gewährleistet. Man könnte dort beginnen, wo der Staat schon heute bestimmte Auflagen macht, beispielsweise bei der Vergabe von Schürf-Konzessionen. Es geht um die Verpflichtung zum Recycling, zur Aufrechterhaltung der Bodenfruchtbarkeit, zur Begrenzung der Emissionen usw.

Eine ganz andere Frage: Können Banken für eine Volkswirtschaft zu groß sein?

Sicher sind in der Schweiz eine UBS oder Credit Suisse im Verhältnis zur Leistungsfähigkeit der Volkswirtschaft überdimensioniert. Wenn solche Banken in die Krise kommen, kann die Schweiz ihnen nicht endlos helfen, dafür ist sie zu klein.

Gibt es Vorteile großer gegenüber kleinen Banken?

Eine große Bank hat zweifellos einen Wettbewerbsvorteil aufgrund ihrer Größe. Wenn sie gleichzeitig den Kunden hat, der zahlt, und denjenigen, der bezahlt wird, dann braucht sie als Bank weniger Liquidität vorzuhalten, weil sie praktisch nur eine Umbuchung innerhalb des Hauses vornehmen muss. Deswegen sind große Banken theoretisch effizienter als kleine. In der Praxis übernehmen sich Großbanken jedoch oft. Sie finanzieren wesentlich öfter spekulative Geschäfte als kleine Banken. Vor allem die großen Investmentbanken finanzieren ja viele Dinge, hinter denen keine realwirtschaftlichen Werte stehen. Wenn man dann noch die Rettungskosten der Staaten in Betracht zieht, die entstehen, wenn etwas schief geht, dann rechnen sich große Banken häufig für eine Volkswirtschaft überhaupt nicht mehr – das haben wir in der jüngsten Finanzkrise einmal mehr gesehen.

Nun gibt es einige Banken mit alternativen Ansätzen. Sie wollen nicht den Gewinn für ihre Anteilseigner maximieren, sondern verfolgen soziale oder ökologische Ziele. Hat diese Arbeit der Alternativbanken einen Einfluss auf die volkswirtschaftliche Entwicklung?

Wenn man als Geldanleger will, dass man zusätzliche Rücksicht auf soziale oder ökologische Ziele nimmt, dann ist eine Bank günstig, bei der ich sagen kann, ich verzichte auf einen Teil des Zinses, aber möchte das Geld ganz bestimmten Zwecken zuteilen. Das Konzept ist stimmig. Aber es hat nur beschränkte Ausmaße.

Die Art der Unternehmensorganisation beschäftigt Sie generell. Warum halten Sie Aktiengesellschaften in ihrer heutigen Rechtsform für überholt?

Das Problem ist, dass die Aktie sich im Wesentlichen daran orientiert, welche künftigen Gewinne die Anleger erwarten. Der Aktienkurs steigt, je mehr künftige Gewinne erwartet werden. Man erwartet mehr künftige Gewinne, wenn man jetzt mehr investiert. Investition heißt Wachstum. So sind Aktiengesellschaften systematisch auf Wachstum angewiesen. Der Aktionär lässt gerne einen Teil des Reingewinns stehen für weitere Investitionen, weil er von einem höheren Kurs der Aktie mehr profitiert als von der Dividende. Das ist allerdings nur ein Gewinn auf dem Kurszettel. Der Aktionär kann diesen Gewinn auf dem Kurzettel nur dann realisieren, wenn der Verkäufer für den höheren Kurs einen Käufer findet. Wenn aber alle gleichzeitig verkaufen wollen, bricht das System auf einen Schlag zusammen. Ich halte es daher für notwendig, die Spekulationsanfälligkeit der Aktie zu reduzieren.

Wie wollen Sie das erreichen?

Man sollte bei jedem Unternehmen zwei Arten von Aktien einführen. Die Namens- oder Eigentümeraktien wären nicht an der Börse handelbare Vollaktien. Erst nach einer bestimmten Frist, sinnvoll wären mindestens drei Jahre, dürften die Aktionäre diese Papiere außerbörslich veräußern. Daneben gäbe es noch Inhaberaktien, die an der Börse gehandelt werden könnten. Sie hätten allerdings eine Laufzeitbegrenzung, vielleicht auf zwanzig oder dreißig Jahre. Danach würden sie zum ursprünglichen Kurs zurückgezahlt. Das würde schon rein mathematisch die Kursentwicklung der Aktien bremsen. Zusätzlich stellt sich die Frage, ob es sinnvoll wäre, die Aktiengesellschaft generell durch Genossenschaften und Stiftungen zu ersetzen.

In welcher Rechtsform agieren die Unternehmer am nachhaltigsten?
Sicher in einer vollhaftenden Einzelgesellschaft. Der Unternehmer ist von Anfang an vorsichtiger, und das muss er auch sein, weil ihm ständig der Bankrott droht. Deswegen kann er gar nicht im hohen Maße expandieren. Bei langfristigen Wirtschaftsfragen halte ich die Genossenschaften und Stiftungen für die nachhaltigsten Unternehmensformen.

Welche Vor- und Nachteile haben Genossenschaften und Stiftungen?
Eine Genossenschaft kann nicht im gleichen Ausmaß Großfinanzierungen übernehmen, da sie den Kapitalmarkt nicht im gleichen Maß anzapfen kann. Der Vorteil von Genossenschaften ist aber, dass die Anteile nicht wie Aktien verkauft werden können. Das Eigenkapital ist daher sicherer. Stiftungen sind bei ihren Strategien langfristiger orientiert als Aktiengesellschaften. Schließlich gibt es keine Aktionäre, die sich an der Stiftung bereichern wollen. Natürlich gibt es auch Missbrauch bei Stiftungen, aber im Wesentlichen orientieren sie sich am Stiftungsziel und nicht an der Höhe der Beteiligung.

Die Zukunftsfähigkeit der Wirtschaft hängt für Sie also auch von der Ausrichtung auf das Unternehmungsziel ab?
Waren Sie mal auf der Generalversammlung einer Aktiengesellschaft? Das einzige Thema ist ja nur der Aktiengewinn, sonst nichts. Andere Zielsetzungen spielen da überhaupt keine Rolle, wie die Naturschonung oder soziale Aspekte. Das ist bei Genossenschaften und Stiftungen anders.

Viele Kritiker der heutigen Wirtschaftsordnung sehen im Zinseszins eine Problemursache.
Meiner Meinung nach ist es wichtig, bei der Begrenzung der Geldvermehrung anzusetzen. Der Zinseszinseffekt ist nicht mehr so gravierend, wenn man die Geldschöpfung grundsätzlich anders gestaltet.

Rudolf Steiner brachte es so auf den Punkt: Ohne Zinsen hat es früher eine gegenseitige Hilfsverpflichtung gegeben – wer einem anderen aushalf, ging davon aus, dass ihm diese Person in ähnlicher

Situation dann ebenfalls zu helfen hätte. Durch die Zahlung des Zinses befreite sich der Kreditnehmer aber von einer möglichen künftigen Hilfspflicht. Was halten Sie davon?

Damit liegt Steiner völlig abseits von allen anderen Zinstheorien, ich bin seinen Gedanken sonst nirgendwo begegnet. Im Rahmen seiner Überlegungen zur assoziativen Wirtschaft,[17] die er vorschlägt, ist seine Überlegung jedoch wohl richtig. In der modernen Wirtschaft jedoch sind Zinsen ein monetäres Phänomen. Der Zins ist heute im Wesentlichen ein Entgelt für die Kreditgewährung und damit die Geldproduktion der Banken.

Was halten Sie von Steiners Idee der Alterung des Geldes?

Dies ist ein interessanter Gedanke. Aber wie das eigentlich funktionieren soll, erklärt er nicht. Ich möchte darauf hinweisen, dass Steiner bei dieser Idee noch eindrücklicher als bei seinen anderen Vorschlägen darauf hingewiesen hat, seine Vorschläge für die wirtschaftlichen Reformen seien nur ein Ansatz. Er hat es damit seinen Nachfolgern überlassen, diese Ideen weiterzuentwickeln.

Ist Geld heute etwas Heiliges?

Der sakrale Charakter des Münzgeldes wurde abgelöst durch den Glauben an die Finanzwerte, die man mit dem Geld schaffen kann, vor allem den Glauben an die Aktien. Sie haben einen absoluten Wert, weil der Aktionär immer das Gefühl hat, wenn die Aktien an der Börse im Wert steigen, dann sei dies für sich schon ein Wertgewinn. Deswegen werden Aktien gehortet. Man fühlt sich reicher, wenn die Aktienwerte steigen, so wie man sich früher reich fühlte, wenn man Gold und Silber hatte, auch wenn es sich bei Aktien – gesamthaft gesehen – nur um Buchwerte handelt.

Brauchen wir neue institutionelle Regeln?

Ja. Sicher braucht man aber auch ein gewisses Umdenken, damit die institutionellen Reformen politisch realisierbar sind. Dass zudem jeder Einzelne etwas anders macht, also sein eigenes Verhalten »reformiert«. Man kann zwar nicht davon ausgehen, dass alle notwendigen Veränderungen auf freiwilliger Basis geschehen – aber Menschen, die mit gutem Beispiel vorangehen, haben als Vorbilder eine große Bedeutung. Es ist trotz der Wichtigkeit institutioneller Rahmenbedingungen nicht belanglos, wie sich der Einzelne innerhalb der Institutionen verhält.

Wann werden die notwendigen institutionellen Regeln geschaffen werden?

Ich gehe davon aus, dass es noch zusätzliche Krisen braucht. Das schließt nicht aus, dass man schon vorher zu einer gewissen Einsicht kommt. Es gibt ja auch heute schon ökonomische Krisen, die sich ankündigen, vor allem Inflationskrisen, die von einer Verknappung der Ressourcen ausgehen. Akut sehen wir dies bei Nahrungsmitteln. Die Gefahr steigender Preise für die Nahrungsmittel wie für Ressourcen wie Öl war ja schon der Anlass für die Zinserhöhung in den USA von einem auf fünf Prozent in den Jahren 2007 und 2008. Aufgrund dieser Zinserhöhung ist die Spekulationsblase damals geplatzt. Die ökologischen Krisen, die mit dem unkontrollierten Wachstum verbunden sind, werden zudem immer akuter. In der *NZZ* am Sonntag vom 27. März 2011 stand zu lesen: »Die durchschnittlichen jährlichen Kosten von Versicherungsschäden durch Naturkatastrophen haben sich seit 1970 verzehnfacht. Mit ein Grund dafür ist das Wirtschaftswachstum: Immobilien- und Sachwerte steigen, immer mehr Menschen leben in gefährdeten Gebieten, und immer mehr Menschen sind besser versichert.« Und: Immer mehr Menschen werden in Asien leben. Dabei ist Asien »im Vergleich zu den USA 590-mal erdbebengefährdeter. Überschwemmungen finden 62-mal so oft statt, das Risiko von Tropenstürmen ist 40-mal so groß«.

Fehlt uns die Phantasie für eine bessere Welt?

Man fährt gerne in gleichen Gleisen. Aus einem Gleis in ein anderes zu springen, ist eine große Mühe. Wenn der Zug nur einmal entgleist, aber wieder auf das gleiche Gleis gestellt werden kann, fahren wir gerne einfach weiter. Die Unfälle müssen sich häufen, damit man das Gleis wechselt. Es ist zu befürchten, dass dies der Fall sein wird.

---

1 Claire Schaffnit-Chatterjee, »Steigende Lebensmittelpreise – strukturell oder temporär? Kurzfristige Einflussfaktoren, Trends und Implikationen«, *Deutsche Bank Research*, 28. März 2011

2 zitiert nach Tanja Busse, »Landwirtschaft am Scheideweg« in: *Aus Politik und Zeitgeschichte*, 5-6/2010

3 *Wege aus der Hungerkrise. Die Erkenntnisse des Weltagrarberichtes und seine Vorschläge für eine Landwirtschaft von morgen*, Weltagrarbericht, Stand: Oktober 2009

4 Stephan Albrecht und Albert Engel, *Weltagrarbericht – Syntheseberich*t, International Assessment of Agricultural Knowledge, Science and Technology for Development (IAASTD), Hamburg 2009, S. 54

5 Oliver De Schutter, »Agroecology and the Right to Food«, Bericht vorgelegt bei der 16. Sitzung des Menschenrechtsrats der Vereinten Nationen am 8. März 2011, Genf 2011

6 Die Bildung von einem Zentimeter Boden dauert unter optimalen Bedingungen etwa hundert Jahre.

7 zitiert nach Peter Brügge, *Die Anthroposophen*, Hamburg 1984, S. 128ff

8 Statistisches Bundesamt, Landwirtschaftszählung 2010

9 Statistisches Bundesamt. Dieser Posten beinhaltet neben Nahrungsmitteln auch Getränke und Tabak.

10 *Handelsblatt*, 18. August 2009

11 Tamara Trinh, Silja Voss und Steffen Dyck, »Chinas Rohstoffhunger. Auswirkungen auf Afrika und Lateinamerika«, *Deutsche Bank Research*, 30. Juni 2006

12 *Der Spiegel*, 27.7.2009, S. 86-90

13 Ebd.

14 *Tagesspiegel*, 2.10.2010

15 *Der Spiegel*, a.a.O.

16 Ibrahim Abouleish, *Die Sekem-Vision. Eine Begegnung von Orient und Okzident verändert Ägypten*, Stuttgart 2004, S. 93f

17 Zusammenschlüsse von Unternehmen zu Assoziationen spielen bei Rudolf Steiners Vorstellung einer Wirtschaftsorganisation eine zentrale Rolle.

Realwirtschaft

Eine gute Idee allein reicht nicht für die Gründung eines Unternehmens. Man benötigt auch viel Geld, und selten hat ein Unternehmer ausreichend Kapital angespart, um eine Firma zu gründen. Er ist auf Kapitalgeber angewiesen.

»Er hat Kredit«, sagen wir in der Umgangssprache und drücken damit aus, dass wir jemandem vertrauen – selbst beim Geld, bei dem ja, so der Volksmund, die Freundschaft aufhört.

In der Geldwirtschaft vermitteln die Banken zwischen Sparern und Kreditsuchenden. Von den einen nehmen sie das Geld als Einlage und reichen es als Kredit an diejenigen weiter, die Geld aufnehmen möchten. Sie zahlen einem Sparer auf seine Einlagen einen (Haben-)Zins und verlangen von den Schuldnern einen etwas höheren (Soll-)Zins für den Kredit. Mit der Differenz bestreiten sie ihre Kosten und erwirtschaften ihr Eigenkapital und den Gewinn. In welchem Umfang eine Bank Kredite ausgeben darf, ist gesetzlich geregelt: Das Eigenkapital einer Bank muss in einem bestimmten Verhältnis zum gesamten Kreditvolumen stehen, und der größte Einzelkredit, den sie vergibt, darf einen bestimmten Prozentsatz ihres Eigenkapitals nicht überschreiten. Außerdem ist vorgeschrieben, welchen Prozentsatz der Einlagen sie als Mindestreserve bei der Zentralbank aufbewahren muss und nicht an ihre Kunden verleihen darf.

Ursprünglich sollten diese Mindestreserven dafür sorgen, dass die Banken immer ausreichend liquide sind. Heute beeinflussen die Notenbanken mit diesem Instrument aber vor allem den Kreditumfang von Banken. Praktisch muss man sich das folgendermaßen vorstellen: Ein Kunde zahlt bei einer Bank 10.000 Euro ein. Um die Mindestreservepflichten der Zentralbank zu erfüllen, legt die Bank 1.000 Euro auf die Seite. Mit den verbleibenden 9.000 Euro gewährt sie einem anderen Kunden einen Kredit, mit dem dieser seine Schulden bei einem Lieferanten per Überweisung auf dessen Konto begleicht. Dessen Bank muss wiederum zehn Prozent behalten, die restlichen 8.100 Euro kann sie als Kredit herausgeben. Die Banken können also aus einer einmaligen Zahlung – in unserem Beispiel: 10.000

Euro – ein Vielfaches an neuem Geld schaffen. Nur die Notenbank darf Geldnoten drucken oder Münzen prägen. Je geringer das Eigenkapital einer Bank ist, desto anfälliger ist sie, wenn ihre Gläubiger Kredite nicht mehr bedienen können. Ein Beispiel: Angenommen das Eigenkapital einer Bank beträgt 20 Euro, und die Bank gibt ihre Spareinlagen von insgesamt 100 Euro als Kredite weiter. Wenn der Schuldner ihr nur 80 Euro zurückzahlt, dann sinkt der Wert der Bank auf null, da die 20 Euro Kreditausfall mit den 20 Euro Eigenkapital verrechnet werden.[1] Wenn die Verluste aus Kreditgeschäften höher sind als ihr Eigenkapital, ist eine Bank pleite. Die Bankenaufsicht muss allerdings bereits eingreifen, wenn die Eigenmittel einer Bank unter die gesetzlichen Vorgaben sinken.

In Deutschland haben lange die Vorgaben des Basler Abkommens (Basel I) gegolten. Es schrieb Kreditinstituten Eigenkapital in Höhe von acht Prozent ihrer Außenstände vor, was faktisch die Menge der Kredite begrenzt, die eine Bank ausgeben darf. Diese Regel galt für alle Banken, egal ob es sich um eine Großbank oder eine kleine Genossenschaftsbank handelt. Seit dem Folgeabkommen Basel II im Jahr 2006 hängt die Menge des vorzuhaltenden Eigenkapitals davon ab, wie hoch die Ausfallrisiken bei einem Schuldner sind. Aber diese Regeln haben die schwere Finanzkrise ab 2007 nicht verhindern können, weil die Banken Geschäfte außerhalb der Bilanz machen und damit die Regeln umgehen konnten: Sie gründeten Zweckgesellschaften, für die andere Regeln galten. Diese Gesellschaften finanzierten sich häufig durch die Ausgabe von Schuldscheinen kurzfristig und kauften langfristige Papiere ein. Mit der Zinsdifferenz verdienten die Banken Geld. Hier handelte es sich um Eigenhandel auf eigene Rechnung und keineswegs um das klassische Bankgeschäft. Zudem haben die Banken einen Weg gefunden, um Kredite weiterzuverkaufen. Noch in den 1970er-Jahren hielt eine Bank alle vergebenen Kredite in den eigenen Büchern. Heutzutage verkaufen viele Banken die Kredite teilweise weiter, häufig, ohne dies den betroffenen Kreditnehmern mitzuteilen. Diese Praxis hat den positiven Effekt, die Kreditrisiken breiter zu streuen. Eine Bank kann auf diese Weise beispielsweise die Bildung von Klumpenrisiken im Kreditgeschäft verhindern. Außerdem kann sie dadurch mit dem gleichen Eigenkapital eine größere Anzahl von Kreditgeschäften abwickeln und so höhere Gewinne erzielen. Anfang des 20. Jahrhunderts waren die Banken noch vorsichtig: Damals lag der Eigenkapitalanteil der Banken bei etwa einem Drittel der Bilanzsumme, Anfang der 1990er-Jahre waren es noch zehn Prozent. Vor dem Ausbruch der Finanzkrise 2007 lag der Anteil bei einigen Großbanken real nur noch bei zwei bis drei Prozent. Möglich war das, weil die Regeln von Basel in der Hauptsache nur das Kreditgeschäft betreffen, die Großbanken aber auch andere Geschäfte tätigen, beispielsweise das Investmentbanking, also einen Handel auf eigene Rechnung. Damit verfügten sie nur noch über einen geringen Risikopuffer, als die Krise ausbrach.

Zunächst haben die Banken die Methode der Kreditverbriefung, also das Weiterverkaufen von Krediten, nur im Hypothekendarlehen ausprobiert, ab den 1980er-Jahren aber auch für das Kreditkartengeschäft, für Autofinanzierungen, Studentenkredite oder Leasingverträge. Die Banken gehen nun noch einen Schritt weiter und zerlegen die Kreditpakete in Teile (Tranchen) von unterschiedlichem Risiko, um minderwertige Kredite von Kreditnehmern mit schlechter Bonität und folglich hohem Ausfallrisiko mit hochwertigen Krediten zu mischen. Mochte ein Kreditpaket insgesamt von nur mittelmäßiger Qualität sein, so konnten sie daraus jetzt Tranchen mit einem hohen Anteil Wertpapiere bester Qualität schneiden. Solche Tranchen konnten dann sogar die besonders hohen gesetzlichen Anforderungen erfüllen, denen institutionelle Anleger wie Versicherungen oder Pensionskassen in der Regel unterliegen.

Wer als kreditwürdig gilt, bestimmen im Grunde, wie selbstberufene Schiedsrichter, die Ratingagenturen Moody's, Fitch oder Standard & Poor's. Sie überprüfen die Bonität von Firmen oder Finanzprodukten und gelten als Autoritäten, deren Urteil man vertrauen kann. Dabei geben sie nach offiziellem Selbstverständnis nur Meinungen wieder. Weltweit schauen dennoch viele Käufer auf das Gütezeichen dieser Ratingagenturen und kümmern sich nicht darum, welches Risiko tatsächlich auf den eingekauften Verbriefungen lastet.

Vor der Finanzkrise haben die Banken ihr Kreditgeschäft vor allem im Immobilienbereich massiv ausgeweitet. Weltweit war durch den Weiterverkauf solcher Kreditverbindungen ein riesiger globaler Finanzhandel entstanden. Die Bank für Internationalen Zahlungsausgleich bezifferte den Wert der gehandelten Kontrakte Ende 2007 auf den unvorstellbar hohen Wert von 600 Billionen Dollar. Lange Zeit ging alles gut, aber der Crash vom Herbst 2008 hat vieles verändert. Seitdem weiß man, dass die komplizierten Kreditverbriefungen keine Bank vor dem Zusammenbruch retten können. Tatsächlich haben die Banken durch diese Methode des Kreditumgangs ihre eigenen Risiken nicht gesenkt, sondern erhöht. »Statt den Bankenzusammenbruch (ein für alle Mal!) zu verhindern, brachen die Banken (und zwar einige der größten und einstmals stabilsten) reihenweise zusammen. Ein großes Versprechen erwies sich als haltlos, gerade dann, als es darauf angekommen wäre, dass es sich bewährt hätte. Systemische Krisen waren plötzlich wieder da.«[2] Seitdem arbeiten die Regierungen an neuen Spielregeln: Sie wollen einen höheren Eigenkapitalanteil bei den Banken durchsetzen und neu festlegen, was als Eigenkapital zählt (festgehalten in den Abkommen Basel III und Basel IV). Was bedeutet dies für Unternehmer? Wenn Banken künftig Kredite mit mehr Eigenkapital unterlegen müssen, dann werden die Kredite für Unternehmen tendenziell teurer.

Für Unternehmen gibt es jedoch auch Alternativen zum Bankkredit, wie den Verkauf von Aktien oder Anleihen an private Kapitalgeber. Gerade für Unternehmensgründer bieten sich sogenannte Wagniskapitalfinanzierer an, die als Gegenzug zur Gründungsfinanzierung eines Unternehmens an den Firmen beteiligt werden und damit auch einen Teil der Risiken für den Geschäftsverlauf tragen.

Bereits im Mittelalter gab es Instrumente, um das Risiko der Financiers zu minimieren. Bei einer sogenannten »Commenda«, einer Art Gesellschaft mit beschränkter Haftung, haftete der Geldgeber gegenüber der Außenwelt nur mit seinen Einlagen. Schlug das Geschäft fehl, durfte er sein Privateigentum behalten. Weil die Kaufleute die Risiken aufteilten, konnten sie auf diese Weise die gefährlichen Seereisen bis nach Asien finanzieren, die Venedig großen Wohlstand bescherten.[3] In den Niederlanden erfanden die Kaufleute eine andere Gesellschaftsform, um das Risiko aufzuteilen: Sie gründeten 1602 mit der Vereinigten Ostindischen Gesellschaft die erste Aktiengesellschaft. Anders als bei den italienischen Konkurrenten hafteten selbst die geschäftsführenden Teilhaber im Außenverhältnis nur mit ihren Einlagen. Die Gesellschaft beherrschte den gesamten Seehandel und machte die Niederlande im 16. Jahrhundert zu einem mächtigen und reichen Staat. Diese Gesellschaft war Vorbild für das Aufkommen der Aktiengesellschaften zur Zeit der Industrialisierung im 19. Jahrhundert. Die Unternehmer benötigten für ihre Vorhaben Kapital in einer bislang nie dagewesenen Größenordnung, beispielsweise um in Nordamerika die Schienenwege von der Ost- zur Westküste zu bauen. Ein reicher Investor konnte die dafür benötigten Summen alleine nicht mehr aufbringen, auch die Privatbanken kamen bei solchen Projekten an ihre finanziellen Grenzen. So entstanden sowohl Fabriken als auch Banken in der Rechtsform von Aktiengesellschaften, um das Kapital vieler Geldgeber zu bündeln. Vorreiter dieser Entwicklung war natürlich England, Ursprung der industriellen Revolution und des Frühkapitalismus.

Anfangs scheute manch ein Unternehmer den Gang zur Bank. Friedrich Krupp, der Begründer des gleichnamigen Stahlwerks, hat sich nie an eine Bank gewandt, lieber lieh er sich – damals nicht unüblich – Geld bei Verwandten. Allerdings borgte sich Krupp so viel Geld, dass seine Verwandten ihn gesetzlich zur Rückzahlung verpflichten ließen. Krupp musste sein Wohnhaus und seinen restlichen Besitz verkaufen und verlor alle städtischen Ämter in Essen. Bei seinem Tod war die kleine Gussstahlfabrik im Grunde bankrott. Therese Krupp konnte den Totalverlust abwenden, indem sie Verwandte überzeugte, ihr weiteres Geld zu leihen. Erst als der ältestes Sohn Alfred Krupp die Firma übernahm, wandte er sich an eine Bank. 1834 erhielt er 8.000 Taler von der Kölner Herstatt Bank. Mit diesem Kapital begann die Expansion des Stahlunternehmens.

Mit dem A. Schaffhausen'schen Bankverein entstand 1848 in Köln in Deutschland erstmals ein Bankhaus, »das bereit war, in größerem

Umfang Industriekredite zu vergeben«.[4] Bis zur Gründung der Deutschen Bank im Jahre 1870 blieb der A. Schaffhausen'sche Bankverein die einzige Aktienbank Preußens. Aber weitere folgten bald: die Dresdner Bank, die Bayerische Vereinsbank und die Commerzbank. In England entwickelten sich mit den Einlagenbanken für Sparer und den Finanzierungsbanken, die Vorläufer der heutigen Investmentbanken, zwei unterschiedliche Typen von Banken. Diese Trennung gibt es in Deutschland nicht, man spricht hier daher von Universalbanken: Eine Deutsche Bank, LBBW oder Commerzbank betreibt das Einlagen- und das Investmentgeschäft. Zum Investmentgeschäft gehören die Begleitung von Firmen an die Börse, die Verwaltung von privaten und institutionellen Vermögen und der Handel der Banken auf eigene Rechnung. Im Zuge der Finanzkrise haben die großen US-Investmentbanken ihren rechtlichen Sonderstatus aufgegeben.

Bankkredite bezeichnet man in Unternehmen als Fremdkapital im Gegensatz zu Eigenkapital, das sich Firmen über den Verkauf von Aktien an der Börse oder Schuldverschreibungen an Anleger besorgen. Auf diesem Weg können sich allerdings gewöhnlich nur große Aktiengesellschaften wie Siemens, Telekom oder Daimler das nötige Kapital beschaffen. Die Masse der Unternehmen, Vereine, gemeinnützigen Einrichtungen, sonstigen Institutionen und Privatpersonen sind auf Bankkredite angewiesen. Allerdings gibt es von der Bank Kredite nur bei entsprechenden Sicherheiten. Insbesondere werden da Immobilien bevorzugt. Kann der Kunde seinen Kredit nicht mehr bedienen, fällt die Immobilie an die Bank. Dadurch ist das Kreditinstitut weitgehend gegen Verluste abgesichert.

Schwer tun sich Banken heute immer dann, wenn Menschen oder Firmen neue Ideen umsetzen wollen und über kein oder nur geringes Eigenkapital verfügen. Dabei käme ihnen gerade hier eine wichtige gesellschaftliche Funktion zu. Denn erst durch die Erfindung des Kredits können weniger Begüterte mit den Reichen auf dem Markt konkurrieren. Wie das funktioniert, hat der britische Essayist und Gründer des Magazins *The Economist*, Walter Bagehot, bereits vor mehr als hundert Jahren eindrucksvoll beschrieben: Angenommen ein Unternehmer hat ein Eigenkapital von 50.000 Pfund Sterling. Er will eine jährliche Rendite von zehn Prozent, also 5.000 Pfund. Entsprechend legt er den Preis für die Waren fest. Ein anderer Unternehmer verfügt mit 10.000 Pfund Sterling nur über ein Fünftel des Eigenkapitals. Die restlichen 40.000 Pfund leiht er sich bei einer Bank, die dafür einen jährlichen Zinssatz von fünf Prozent verlangt. Um seine Schulden zu tilgen, muss der Unternehmer jährlich 2.000 Pfund zahlen. Er erzielt wie sein Konkurrent eine Rendite von 5.000 Pfund, dann bleiben ihm nach Abzug der Zinsen 3.000 Pfund Sterling Gewinn. Bezogen auf sein Eigenkapital von 10.000 Pfund Sterling erzielt er eine Eigenkapitalrendite von dreißig Prozent.

	Unternehmer A	Unternehmer B
Kapitalbedarf (Pfund Sterling)	50.000	50.000
Eigenkapital (Pfund Sterling)	50.000	10.000
Bankdarlehen (Pfund Sterling)	0	40.000
Bankzinsen	0%	5%
Bankzinsen pro Jahr (Pfund Sterling)	0	2.000
Erwartete Rendite auf Kapitalbedarf	10%	10%
Rendite (Pfund Sterling)	5.000	3.000
Rendite bezogen auf Eigenkapital	10,00%	30,00%

Verschuldung erhöht in aller Regel die Rendite des Eigenkapitalgebers.

Wenn der Unternehmer mit einer geringeren Rendite zufrieden wäre, könnte er seine Waren zu einem geringeren Preis anbieten als sein Konkurrent. »Der Kredit verschafft ihm die Chance, über den Preis die Reichen, diejenigen mit viel Eigenkapital, vom Markt zu drängen. Kein Wunder, dass dem modernen Kapitalismus eine stetige Tendenz innewohnt, mit geborgtem Kapital zu wirtschaften.«[5] Durch eine ausreichende Kreditversorgung kann die Wirtschaft prosperieren. Das konnten Wissenschaftler in den Vereinigten Staaten beobachten. In der Zeit zwischen 1970 und 1994 erlaubten immer mehr Staaten den Banken, über die Bundesgrenzen hinweg aktiv zu werden. Es gab nun mehr Bankfilialen und Kredite zu günstigeren Konditionen, weil der Wettbewerb stieg. Am meisten profitierten davon die weniger Wohlhabenden: »Die Einkommensungleichheit ging in den jeweiligen Bundesstaaten zurück, sowohl im Vergleich zu anderen Bundesstaaten als auch im zeitlichen Verlauf«.[6] Wenn die Menschen keinen oder einen schlechten Zugang zu Krediten haben, dann haben sie einen massiven Wettbewerbsnachteil gegenüber den Vermögenderen, und die Ungleichheit steigt. Begabte, aber finanziell nur unzureichend ausgestattete Unternehmer können Investitionsprojekte, für die sie besonders geeignet wären, nicht verwirklichen. Ohne ausreichende Kreditversorgung entscheiden nicht innovative Ideen über den Markterfolg, sondern die finanzielle Überlegenheit des Unternehmers. Das ist ineffizient und bremst das Wachstum der Volkswirtschaft. Genauso ineffizient ist es allerdings, wenn Banken wahllos Kredite vergeben. Für die einzelne Bank kann es sich sogar lohnen, Kredite an Menschen zu vergeben, die diese nicht zurückzahlen können: »Um schnell wachsen zu können, ist es sinnvoll, Kredite an nicht kreditwürdige Kunden zu geben, die bisher noch nicht bedient wurden. Das erlaubt höhere Zinsen und damit kurzfristig höhere Gewinne. Sorge dafür, dass du nach einem erfolgsorientierten Gehaltsplan vergütet wirst, der sehr hohe Boni für kurzfristigen Erfolg vorsieht. Damit deine Kreditmanager und interne Revisoren wie gewünscht die viel zu riskanten Kredite vergeben und genehmigen, schaffe ein finanzielles Anreizsystem, das Umsatz prämiert und Umsicht bestraft. Wenn die ersten Kontrollbetrüger diese Strategie anwenden, werden andere das, was so erfolgreich und reich macht, bald nachahmen. Im Falle der Immobilienkredite bewirkt das ein kontinuierliches Ansteigen der Immobilienpreise. Die betrügerischen Kredite sind dadurch für eine längere Weile sogar ganz einträglich. Bis zu der Zeit, wenn das Kartenhaus unweigerlich zusammenbricht und die von den Managern benutzten Unternehmen scheitern, haben diese schon viele Millionen herausgezogen. Wenn sie vorsichtig waren, haben sie dabei nichts getan, wofür sie ins Gefängnis wandern.«[7] Das klingt wie eine speziell auf die jüngste Subprimekrise zugeschnittene Analyse. Doch William Black, früher Finanzinspektor und dann Professor für Recht und Ökonomie, hat seine Theorie des Kontrollbetrugs bereits mit dem Anschauungsmaterial der amerikanischen Saving & Loan-Krise Anfang der 1990er-Jahre entwickelt, die nach einem ähnlichen Muster abgelaufen war.

Weil private Banken und Geldgeber häufig zögern, einem innovativen Unternehmensgründer Kapital anzuvertrauen, spielen der Staat und Stiftungen in Deutschland eine wichtige Rolle bei der Unternehmensförderung. Wichtigste Instrumente sind die Bereitstellung von Eigenkapital, zum Teil zinsvergünstigte Kredite oder Bürgschaften. Neben den Förderinstituten KfW und Rentenbank auf Bundesebene gibt es in jedem Bundesland eigene Förderinstitute: die LfA in Bayern, die L-Bank in Baden-Württemberg oder die NRW Bank in Nordrhein-Westfalen sowie diverse Bürgschaftsbanken. Sie alle bieten verschiedene Förderprogramme oder -varianten an.

Als Physiker beschäftigt sich Carsten Bührer mit Supraleitern. Damit bezeichnet man bestimmte Materialien wie Keramik, die unter bestimmten Umständen fast widerstandslos Energie leiten können. Er will diese theoretischen Kenntnisse für eine praktische Anwendung nutzen und entwirft einen Magnetheizer für die Metallindustrie. Damit, so berechnet er, könne man die Hälfte der Energie in der Produktion einsparen. Angesichts steigender Energiepreise ist er sich sicher, dass die Banken sein Vorhaben finanzieren werden. Doch die Bankiers reagieren reserviert. »Die Einführung einer solch neuen Technologie war hierzulande eigentlich unmöglich. Sie müssen immer bis ins letzte Detail erklären, warum die Risiken eigentlich keine Risiken sind. Das macht die Finanzierung in Deutschland extrem schwierig. Aber wer Innovationen vorwärts treiben will, muss auch Risiken eingehen«, sagt Bührer. Mit Erfolg, wie man an seiner Geschichte sehen kann. Schließlich gründet er die Firma Zenergy Power in Kooperation mit Petra Bültmann-Steffen, einer mittelständischen Unternehmerin aus Neuenrade. Gemeinsam stellen sie vor sechs Jahren einen Förderantrag bei der Bundesstiftung Umwelt, einer der größten Stiftungen Deutschlands. Das Auswahlgremium genehmigt einen Zuschuss von mehreren Hunderttausend Euro. Damit kann Bührer die Pilotanlage seines Magnetheizers bauen: Seitdem läuft das Geschäft. Die Förderung durch die Stiftung erleichterte die Gespräche mit den Hausbanken. »Die Förderung wirkt wie eine Art Gütesiegel«, sagt Bührer. Mittlerweile ist die Firma an der Londoner Börse gelistet, die, anders als die Frankfurter Börse, auch an kleineren Börsengängen interessiert sei, die nur einige Millionen Euro erlösen. »Unsere erste Wahl war das nicht«, sagt Bührer mit Blick auf den Gang nach London, der sich eine andere Risikoeinstellung privater Geldgeber für Innovationen in Deutschland wünscht.

Ein Visionär

Wenn der vielfache Unternehmensgründer Gunter Pauli über die Ursachen seines Erfolgs redet, geht es wenig um ihn. »Ein Mensch kann nur einen Beitrag für die Gesellschaft liefern, weil er so viel von der Gesellschaft bekommen hat«, sagt er. Es ist Samstagmorgen, einige Hundert Teilnehmer des Vision Summit, eines Kongresses für neue gesellschaftliche Lösungsansätze, sind in den großen Hörsaal der Universität Potsdam gekommen. Hier begeistert der 55-jährige Belgier seine Zuhörer mit einer Vorstellung seiner Projekte, die allesamt skurril bis fantastisch anmuten: Pilzzucht auf Kaffeeabfällen, Strom aus Klärschlamm und Zellulose aus Zuckerabfällen. Eines haben alle Projekte gemeinsam: Bei den Produktionsabläufen entsteht fast kein Abfall, weil jeder Abfallstoff wieder als Basis für ein neues Produkt dient. Diese Ansätze entwickelt die Zero-Emission-Research-Initiative (ZERI), die Pauli an der Universität der Vereinten Nationen in Tokio bereits Mitte der 1990er-Jahre begründet hat. An dem weltweiten Netzwerk arbeiten rund hundert Wissenschaftler mit, die durch ihre Ideen und Innovationen neue Beschäftigungsperspektiven eröffnen. Allein in Kolumbien haben Landwirte mithilfe der Pilzzuchtidee 10.000 neue Arbeitsplätze geschaffen.

Pauli versteht sich heute als Mittler zwischen den Investoren und Ideengebern. Mitte Juni treffen sich ungefähr hundert Menschen in Bhutan. Geht es nach Pauli, dann werden die 600.000 Einwohner schon bald Zeuge, wie eine komplett nachhaltige Wirtschaft in ihrem Land entsteht. Es soll künftig nur noch Bioplastik geben, das aus Abfällen der Landwirtschaft hergestellt wird. Das Benzin soll aus Kiefern gewonnen werden und in den Strommasten sollen vertikale Windräder eingebaut werden. Selbst aus der Bewegung der Flaggen, die in Bhutan an vielen Orten wehen, will man Energie gewinnen; sie soll zum Betrieb kleiner Geräte wie Radios ausreichen.

Die Verträge mit Investoren für das Bioplastikprojekt sind unterschriftsreif. 100 Millionen Dollar werden chinesische Investoren dafür bereitstellen. Ein lukratives Geschäft, da Pauli nach eigenen Angaben kein Projekt fördert, dessen Rendite im Erfolgsfall unter dreißig Prozent liegt. Anders als viele vergleichbare Projekte im ökologischen Bereich, kommt Pauli ohne Subventionen aus Steuergeldern aus. Notwendig sei nur eine politisch Grundsatzentscheidung, sagt Pauli, so wie in Bhutan, wo das Königshaus die Projekte unterstütze: Sie haben Pauli als Ideengeber geholt. Binnen zehn Jahren sollen 40.000 Arbeitsplätze durch diese Umstellung der Wirtschaft in Bhutan entstehen – das wären Jobs für acht Prozent der Bevölkerung. Die Wertschöpfungskette von den Rohstoffen bis zur Verarbeitung zum fertigen Produkt bleibt im Land, und auf den Import teurer Rohstoffe wie Öl kann Bhutan verzichten. Und das Beste aus Sicht des Staates: Diese Maßnahmen sollen von privaten Investoren getätigt werden – Subventionen sollen keine fließen.

Pauli selbst verdient nach eigener Darstellung an den Projekten übrigens keinen Cent, er beschränkt sich auf die Rolle des Impulsgebers. Als erfolgreicher Autor von Märchenbüchern für Kinder, die sogar ins Chinesische und Arabische übersetzt wurden, sei er ökonomisch unabhängig, sagt er. Einen Teil seines Geldes investiert Pauli in die Stiftung »blue planet«, die es sich zur Aufgabe gemacht hat, regelmäßig nachhaltige unternehmerische Ideen zu veröffentlichen, ausdrücklich zur freien Nutzung für jedermann.

»Es gibt Leute, die träumen, um aus der Realität zu flüchten; es gibt andere, die träumen, um die Realität für immer zu ändern. Sie hier müssen sie für immer ändern«, gibt Pauli den Zuhörern an diesem Tag mit auf den Weg. Dass er selbst zu denjenigen gehört, die etwas verändern wollen, hat viel mit Aurelio Peccari zu tun. Während seines Wirtschaftsstudiums lernt Pauli bei einer Konferenz den Gründer des Club of Rome kennen. Später engagiert Peccari den jungen Wirtschaftsabsolventen als Assistent. Er ermutigt Pauli, sich nicht vereinnahmen zu lassen, sondern seine Vision einer besseren Welt umzusetzen. Manche seiner Visionen entpuppen sich später als falsch, wie die von Europas erstem nachhaltigen Waschmittelkonzern, und dennoch ist Pauli ein Freigeist geblieben. Ende der 1980er-Jahre steigt er gemeinsam mit einem Kompagnon bei der schwer ange-schlagenen belgischen Firma Ecover ein, bei der nachhaltige Wasch- und Reinigungsmittel produziert werden. Ökonomisch ist das Un-ternehmen unter der Regie des Duos ein Erfolg. Die Firma erreicht einen Marktanteil von drei Prozent und das ganz ohne Werbung. Das Budget stecken die beiden Unternehmer lieber in andere grüne Projekte. So bauen sie 1993 im belgischen Malle eine komplett öko-logische Fabrik, die erste in Europa.

Spätestens zu diesem Zeitpunkt gehört Pauli zu den grünen Vorzeige-unternehmern. Beim Wirtschaftstreffen in Davos wählt man ihn zum »Global Leader of Tomorrow«. Spät bemerkt Pauli die gravierenden Nebenwirkungen seines Unternehmens: Die ökologisch abbaubaren Reinigungsmittel werden auf der Basis von Palmöl hergestellt. Für die Plantagen werden schon damals in Indonesien große Flächen Urwald abgeholzt. Und damit schwindet nicht nur der Lebensraum für den Orang-Utan. »Wie ist es möglich, dass ich nicht gesehen habe, dass ›biologisch abbaubar‹ nichts mit Nachhaltigkeit zu tun hat?«, fragt sich Pauli noch heute. Wenig später steigt er aus der Firma aus. Heute rät er bei seinen Vorträgen, zum Beispiel an der Universität Potsdam, keine Produkte von Ecover zu kaufen.

Überhaupt hält Pauli wenig von der sogenannten grünen Wirtschaft, weil davon nur wenige Menschen profitieren. »Was gut für mich und gut für die Umwelt ist, ist zu teuer. Das kann sich nur ein Bruchteil der Menschen leisten«, sagt Pauli. Pauli propagiert eine blaue Ökonomie, in Anlehnung an den Blick auf die Erde aus dem Weltall. Vielfältig kann er seine Art des Wirtschaftens mit Erfolgsgeschichten belegen. Gerne erzählt er von der Orangenplantage im Krüger Nationalpark, die nicht mehr rentabel arbeitete. Unternehmensberater von McKinsey empfahlen der Kooperative mehr Automatisierung und den Abbau der halben Belegschaft. Gewöhnlich werden solche Vorschläge umgesetzt, doch in diesem Fall waren Mitarbeiter und Eigentümer dieselben Personen und wollten ihren eigenen Arbeitsplatz nicht wegrationalisieren. Die ZERI-Experten schlagen einen anderen Weg vor: Die Kooperative soll Saft für die benachbarte Lodge herstellen und deren Wäsche ökologisch mit einem aus den Orangenschalen hergestellten Waschmittel waschen; aus dem Abfall der Zitrusfrüchte soll ein Dünger für die Pilzzucht gewonnen, die Abfälle der Pilzproduktion wiederum an Schweine verfüttert werden. Zudem soll die Plantage Holz verkaufen. Der Plan funktioniert: »Heute arbeiten dort mehr als doppelt so viele Menschen wie damals«, sagt Pauli. Und das ist ihm – auch im Hinblick auf seine europäische Heimat – ein Herzensanliegen. »Wir können doch nicht ständig über Umweltschutz reden, wenn wir 25 Prozent Jugendarbeitslosigkeit in Europa haben.« Pauli will mit seinem Ansatz grüne und soziale Probleme in einem lösen.

Im Laufe der Jahre ist Pauli ein Art Kosmopolit geworden. Er spricht sechs Sprachen und hat einige Jahre mit seiner Familie in Belgien gelebt, später in Kolumbien und in Japan. Momentan wohnt er mit seiner Frau und seinen beiden Kindern in Kapstadt in Südafrika. Hier soll auf einer Müllkippe eine neue Solarstromanlage entstehen, die aufgrund neuer Technologie eine Kilowattstunde Strom für 1,5 Cent produziert. Pauli arbeitet lieber außerhalb von USA und Europa: »Hier lassen sich viel leichter Ideen verwirklichen.« Und so macht er auch nur noch selten Station in Deutschland, was vielleicht auch daran liegt, dass er hier eine seiner größten Pleiten erlebt hat. Für die Expo 2000 in Hannover hatte ZERI einen Pavillon aus Bambus gebaut, um auf die Möglichkeit dieses Baustoffs aufmerksam zu machen, aus dem immerhin weltweit die Unterkünfte von einer Milliarde Menschen bestehen. Eigentlich wollte Pauli den Bungalow nach der Expo weiterverkaufen, um die Unkosten zu decken. Bevor er dazu die Gelegenheit hatte, sprengte die Messegesellschaft Hannover den Pavillon in die Luft. »Der liegt jetzt auf der Müllkippe von Hannover.«

Und Pauli, der selbst viel Geld investiert hatte, war fast pleite. Dort, wo vorher der Pavillon stand, sind jetzt 75 Parkplätze.

WIR BLENDEN DAS WARUM AUS
IM GESPRÄCH MIT FRIEDHELM HENGSBACH

Friedhelm Hengsbach gehört zu den profiliertesten Sozialethikern in Deutschland. Zwanzig Jahre war der Jesuit Professor für Christliche Sozialwissenschaft an der Philosophisch-Theologischen Hochschule Sankt Georgen bei Frankfurt. Viele Jahre leitete er dort das Nell-Breuning-Institut für Wirtschafts- und Gesellschaftsethik. Zwei Themen haben den 74-Jährigen in den vergangenen Jahren besonders intensiv beschäftigt: Hartz IV und die Finanzmärkte. Zu seinen jüngsten Werken gehören: Ein anderer Kapitalismus ist möglich, Werner Sombart: Das Proletariat und Das Reformspektakel, Warum der menschliche Faktor mehr Respekt verdient. Zuletzt war er Mitinitiator der Initiative »Vermögenssteuer jetzt«. Heute lebt er in einer Jesuitenkommunität im Heinrich-Pesch-Haus in Ludwigshafen. Von der Terrasse sieht man die Industrieanlagen der BASF, in der Bibliothek der »Vierer–WG« liegen wissenschaftliche Zeitungen und die neusten Nachrichten aus dem Vatikan. Hengsbach kocht einen Kaffee, dann ist er zum Gespräch bereit.

Herr Hengsbach, hat Sie die Finanzkrise überrascht?
Ich habe die Abkopplung der monetären Welt von der realwirtschaftlichen Sphäre über mehrere Jahre beobachtet. Aber dass das so explodiert, das habe ich nicht kommen gesehen.
Im Rückspiegel sieht man die Ursachen klarer...
Nun kennen wir die Komponenten, die das Ganze zum Krachen gebracht haben: die starke Orientierung der Kapitalmärkte an Zukunftserwartungen oder die starke Expansion des Investmentbankings in Relation zu dem traditionellen Geschäft der Banken, bei denen reale Investitionen von Unternehmen finanziert werden.

Wer ist dafür verantwortlich?

Sicher reicht es nicht, das individuelle Verhalten zum Kern der Krise zu machen. Ich finde grundsätzlich falsch, wenn wir Strukturumbrüche oder Crashs auf individuelles Fehlverhalten zurückführen. Für mich sind Hartz-IV-Empfänger genauso wenig faule Säcke, die selbst für ihre Arbeitslosigkeit verantwortlich sind, wie Banker unmoralische Zeitgenossen sind, die durch ihre Gier die Finanzkrise verursacht haben.

Also kann jeder Einzelne weitermachen wie bisher – die Schuld hat das System?

Es gibt kein richtiges Leben im falschen. Menschen können in einem korrupten System nicht moralisch richtig handeln. Dieses Finanzsystem, das lässt sich zeigen, war korrupt. Deswegen geht es erst einmal nicht um individuelle Verhaltensänderungen, sondern um die Korrektur falscher Regeln im System. Vorrang hat die Korrektur des Regelsystems. Die individuelle Verantwortung hängt dann von den Handlungsmöglichkeiten jedes Einzelnen im System ab.

Der Spielraum des Chefs der US-Investmentbank Goldman Sachs dürfte ziemlich hoch sein ...

Trotzdem würde ich auch ihn nicht aus dem Kollektiv herausgreifen. Ich würde sagen, es gibt ein klares Versagen der politischen, wirtschaftlichen und finanzwirtschaftlichen Eliten. Sie haben die Macht, Geld, sind gebildet und haben ihre Beziehungsnetze. Deswegen haben sie eine hohe gemeinsame Verantwortung.

Und ein Hartz-IV-Empfänger?

Menschen, die ohnmächtig sind, weil sie kaum über Handlungsspielräume oder Macht verfügen, haben nur minimale Verantwortung.

Gibt es nicht eine moralische Verpflichtung des Einzelnen, aktiv zu werden, wenn er die Missstände erkennt?

Als Einzelne verfügen sie über einen geringen Einfluss. Wenn sie sich zusammentun, können sie eine gesellschaftliche Bewegung, eine Gegenöffentlichkeit und Gegenmacht herstellen, dann können sie das System verändern. Der Protest gegen Hartz IV, die Atomkraftproteste und die Bürgerbewegung gegen Pharaonenprojekte der Bahn in Stuttgart haben das Potenzial des Volkes zur Veränderung der Politik bewiesen.

Was ist im System falsch gelaufen?

In der Realwirtschaft sehe ich die enorme Schieflage bei der Einkommens–
und Vermögensverteilung als zentrale Ursache unserer derzeitigen Probleme. Auf der einen Seite fehlt Geld für den realwirtschaftlichen Kreislauf, weil der Staat und die unteren Einkommensgruppen weniger Anteile
aus der Wertschöpfung erhalten. Die Gewerkschaften schaffen es ja heute
nicht einmal, den Arbeitern den Lohn zu sichern, der ihnen aufgrund der
Steigerung der Produktivität eigentlich zustehen würde. Gleichzeitig haben
die Vermögenden immer mehr Geld, welches sie nicht unmittelbar für Investitionen oder Konsum ausgeben. Sie spekulieren damit auf den Finanzmärkten. Geld ist hier nur noch ein Vermögensgegenstand. Verschärft
wird das Problem, weil die Zentralbanken beim Kampf gegen die Inflation
nur auf die Güterpreise starren und die Systemrisiken ignorieren, die mit
der Explosion von Vermögenswerten wie Wertpapieren oder Immobilien
verbunden sind. Auf diesem Auge sind die Zentralbanken blind. Eine weitere
Krisenursache sehe ich in der Polarisierung zwischen öffentlichen und privaten Haushalten. Man redet ständig über die Staatsverschuldung, aber nicht
über die gleichzeitig stattfindenden Vermögenszuwächse bei denjenigen,
die den Staaten das Geld leihen. Neben die Uhr der Staatsverschuldung
sollte man eine stellen, die das Wachstum der privaten Vermögen anzeigt.
Beides wächst ja definitionsgemäß gleich schnell.

Wo kommt die Moral in das System der Marktwirtschaft?

Ich würde das Gebot der christlichen Nächstenliebe so übersetzen, dass
für die Akteure im Wirtschaftsleben der Grundsatz gleicher Gerechtigkeit
gelten muss. Daran misst sich moralisches Handeln. Für alle Marktakteure
müssen die Chancen halbwegs gleich sein. Dann kann man fragen, wie
diese moralische Gleichheit in ein politisches System umgesetzt wird, das
sowohl die unterschiedlichen Talente und Energien, die Leistungsfähigkeit
und den Leistungswillen berücksichtigt und sie auch mit dem entsprechenden Einkommen und Vermögen, den gesellschaftlichen Positionen
oder Zugängen zu Bildungs- und Gesundheitsgütern honoriert. Da bevor-
zuge ich die Sichtweise des Sozialphilosophen John Rawls.

Der zwei Gerechtigkeitsgrundsätze formuliert ...

Nach dem Gleichheitsgrundsatz hat jeder das gleiche Recht auf ein System
von Grundfreiheiten. Freiheit ist für alle gleich, sie wird einzig begrenzt

durch die Freiheit der anderen. Auf der anderen Seite gibt es soziale und ökonomische Unterschiede. Diese sind berechtigt und wahrscheinlich auch sinnvoll. Gemäß dem zweiten Gerechtigkeitsgrundsatz müssen vorhandene Barrieren aber für jeden überwindbar sein. Das nennt man Chancengleichheit. Außerdem müssen die am wenigsten Begünstigten in einer solch differenzierten Gesellschaft die größtmöglichen Vorteile haben, verglichen mit jedem anderen Gesellschaftssystem. Die unteren Einkommensschichten würden also den Grad der Ungleichheit mitbestimmen.

Ein Vetorecht für Arme bei der Einkommensverteilung ...
Anders als heute müsste die Reinigungskraft demnach mitbestimmen, wie stark die Differenz zwischen ihrem Gehalt und dem des Vorstandschefs Herrn Ackermann bei der Deutschen Bank ist. Also anders als heute, wo diese Differenz von oben bestimmt wird.

Wie stellen Sie sich das praktisch vor?
Ich muss die Einstellungen in der Bevölkerung abfragen. Das Empfinden der breiten Masse der Bevölkerung sollte für eine demokratisch gewählte Regierung gewichtiger sein als die Einschätzung der Vorstände und Lobbyisten.

Hat die Finanzkrise das Denken in der Wirtschaft verändert?
Nur kurz. In der Schrecksekunde nach der Pleite der US-Investmentbank Lehman Brothers sagte Ackermann, er glaube nicht mehr an die Selbstheilungskräfte des Marktes. Der Staat müsse jetzt ran. Das war neu. Vorher war es ja so, dass die Marktradikalen predigten: Vertraue stets auf die Selbstheilungskräfte des Marktes, der schlanke Staat ist der beste aller Staaten, und wenn die Zentralbank nur die Inflation rigoros bekämpft, dann braucht es Wirtschaftspolitik an anderer Stelle nicht mehr. Ihr Dogma haben die Wirtschaftsliberalen in der Not über Nacht gekippt, aber nur für eine kurze Zeit. Am Ende des Tages hat man die Banken in Deutschland gerettet, die Bürger zahlten dafür die Zeche, die Gläubiger wurden geschont. Und in Europa wird es ebenfalls keine Insolvenz von Banken geben oder eine Zerschlagung systemrelevanter Banken, sondern sie werden eher noch größer gemacht. Selbst die zahmen Versuche der Regierungen, die Banken und die Gläubiger an den Kosten zu beteiligen, sind versandet. Die Allgemeinheit erträgt das.

War es falsch von der Regierung, alle Banken in Deutschland zu retten?

Also man hätte sicher die eine oder andere Bank pleite gehen lassen können. Bei der IKB wäre das beispielsweise kein Problem gewesen. Es gibt überall in der Wirtschaft eine geordnete Insolvenz, nur bei den Banken nicht. Sicher liegt das auch daran, dass man den Banken traditionell eine Aufgabe zugewiesen hat, die im hohen Maße ein öffentliches Gut berührt: die Preisniveaustabilität, die Stabilität des Geldsystems. Wenn das so ist, dürfen sich daraus aber nicht nur Verpflichtungen für den Staat zur Rettung von Banken ergeben, dann müssen die Banken sich auch anders verhalten. Geld ist das Blut im Kreislauf der Wirtschaft. Geld ist keine Ware wie jede andere, und deswegen haben die Banken meiner Ansicht nach eine besondere Verpflichtung. Doch bei dem Thema stellen sie sich taub. Selbst nach der Krise behaupten sie, dass sie als private Unternehmen dazu da sind, Gewinne zu machen. Sie gehen davon aus, dass sie dann etwas Positives für die Volkswirtschaft und die Gesellschaft leisten. Dass der Zahlungsverkehr, die Kreditvergabe zur Investitionsfinanzierung oder das Einlagengeschäft den Charakter eines öffentliches Gutes haben und deswegen, weil sie unter einem öffentlichen Mandat stehen, auch noch anderen Gesetzmäßigkeiten gehorchen sollten, kann man kaum einem Banker vermitteln.

In Deutschland gab es immer wieder Bemühungen, größere Banken zu bilden. Es hieß, die deutschen Unternehmen bräuchten solche großen Banken. Es dürfe nicht sein, dass die Kreditentscheidungen für große deutsche Konzerne in London oder New York getroffen werden. Brauchen wir also tatsächlich großen Banken?

Je größer eine Bank ist, umso gefährlicher ist sie. Warum brauchen wir Mega-Banken? Wir könnten große Finanzierungen genauso gut über Kooperationsabsprachen von Banken regeln. Wenn es nur noch viele kleine und mittelgroße Banken gäbe, dann gäbe es auch keine systemrelevanten Banken mehr, die im Krisenfall vom Staat mit Steuergeldern gerettet werden müssen, weil sie sonst die ganze Volkswirtschaft mit in einen Abwärtsstrudel reißen könnten. Diese Frage von systemrelevanten Banken wird zwar immer wieder gestellt. Ich meine aber, die Politik hat längst davor kapituliert. Dabei sind kooperative Bankenmodelle viel zukunftsträchtiger. Da würde sich auch nichts Wesentliches für die Wirtschaft ändern. Sicher, heute kann die Deutsche Bank alleine einen Staudamm finanzieren. Wenn man die Größe der Banken begrenzen würde, könnte die Finanzierung von Staudämmen nicht mehr durch die Entscheidung eines einzelnen Vorstands oder Aufsichtsrates getroffen werden, sondern es wären eben künftig mehrere Institute beteiligt. Dadurch würden die Risiken verteilt – das wäre doch sinnvoll.

Wie sehen Sie die Rolle der Sparkassen?

Viele wären leider am liebsten auch eine kleine Deutsche Bank. Ich war beim Sparkassentag in Stuttgart. Wie das inszeniert wird, finde ich schrecklich. Da laufen sie in Viererreihe, der Ministerpräsident mit den Sparkassenpräsidenten, im Gleichschritt auf dem roten Teppich nach vorne. Die Kameras laufen. Solch eine Inszenierung entspricht doch überhaupt nicht der ursprünglichen Sparkassenidee. Sie müssten zurück zum »Small is Beautiful«: Man kennt sich, man vertraut sich, man entscheidet gemeinsam. Stattdessen träumen sie davon in der gleichen Liga wie Ackermann zu spielen. Die Sparkassen sind hier auf einem Irrweg.

Tatsächlich sind die beiden großen Banken in der Krise in Deutschland weiter gewachsen.

Man hat die Dresdner Bank der Allianz abgenommen und zur Commerzbank gepackt und die Postbank ging ja bekanntlich an die Deutsche Bank. Damit hat man in der Finanzkrise nochmals die Systemrelevanz zweier Banken erhöht, statt sie zu zerschlagen. Solche großen Banken treiben dann auch noch neue Megaprojekte voran, mit denen sie dann später die Regierungen in Europa erneut erpressen können, wenn etwas schief geht. Desertec, der geplante Bau der gigantischen Solaranlagen im Norden Afrikas für die Stromversorgung in Europa, ist in meinen Augen ein Projekt der Komplizenschaft von Großbanken und Energiekonzernen, das den Staat erpressbar macht.

Kann ein einzelner Mensch die Wirtschaft ethisch verbessern, beispielsweise indem er biologisch angebaute Lebensmittel kauft?

Entscheidend sind gewöhnlich Gruppen – der Einzelne ist überfordert. Das einzelne Mädchen, das in der Filiale von H&M fragt, ob das T-Shirt durch Kinderarbeit hergestellt wurde, wird keinen Geschäftsführer zu Veränderung bringen. Es muss schon ein Machtpotenzial aufgebaut sein, beispielsweise durch Verbraucherinitiativen oder Initiativen für ethisches Investment. In der Gruppe können Menschen auch etwas gegen Konzerne bewirken.

Welche Rolle sehen Sie für den einzelnen Anleger?

Es ist Zeit, dass er sich mit anderen in Initiativen, Verbrauchergruppen und Anlegerinitiativen zusammenschließt. Die Konsumenten, Erwerbstätigen und Anleger müssen sich die Märkte wieder aneignen. Allerdings reicht es nicht aus, wenn die Menschen nur die Einkommensverwendung beeinflussen. Sie sollten sich die Einkommensentstehung und damit die kapitalistischen Unternehmen aneignen. Eine der Ursachen für die Finanzkrise liegt darin, dass die politischen und wirtschaftlichen Eliten in Deutschland den rheinischen Kapitalismus nach und nach durch den angelsächsischen Finanzkapitalismus ersetzt haben. Hier gibt es einen moralisch bedeutsamen Strukturumbruch: Unternehmen werden jetzt nicht mehr als Personalverbände gesehen, in denen die Manager die Interessen der Belegschaften, Aktionäre und auch der öffentlichen Hand ausgleichen. Diese Sichtweise war noch vor dreißig Jahren Mainstream in den europäischen Industrieländern. Heute kümmern sich Manager von Aktiengesellschaften nur noch um die Interessen der Kapitaleigner. Diese einseitige Ausrichtung der Unternehmen unter dem Dogma des »Shareholder Value« ist ein verhängnisvoller Fehler.

Kann der Kapitalismus nachhaltig verändert werden?

Die politische Geschichte der letzten hundert Jahre belegt: Die Arbeiterbewegung hat den Kapitalismus verändert, genauso wie die Frauenbewegung oder die Umweltbewegung. Jetzt gibt es Anzeichen für neue Bewegungen – zum Beispiel, die Bürgerinitiative gegen den Bahnhof Stuttgart 21 oder die Wiederbelebung der Antiatombewegung. Da hat sich im Bewusstsein der Menschen etwas verändert, da ist ein Fass zum Überlaufen gebracht worden. Vor allem auf der kommunalen Ebene halte ich vieles für möglich. Die Frage ist, wie und wann kommt der Kick in das System? Das merkt man immer erst, wenn der Kick stattgefunden hat. So war es 1989 mit den Revolutionen in Mittel- und Osteuropa oder jetzt bei den Revolutionen in den arabischen Ländern.

Müssen wir die soziale Frage neu stellen?

Das ist notwendig. Der Reichtum, den wir erwirtschaften, steht heute einseitig den Aktionären zur Verfügung. Der Staat muss aus der Wertschöpfung der Unternehmen einen größeren Anteil bekommen. Das bedeutet höhere Steuern. Nur so kann er die Infrastruktur bereitstellen, die die gesamte Gesellschaft einschließlich der Wirtschaft nutzt. Gleichzeitig muss die Nutzung der Natur teurer werden. Heute kann sie ja weitgehend umsonst in Anspruch genommen werden. Die Belegschaften müssten einen größeren Anteil am erwirtschafteten Mehrwert bekommen. Für mich wäre es ein Fortschritt, wenn bei den Unternehmen die Stimmrechte gleichwertig auf öffentliche Hand, Belegschaften und Aktionäre und eventuell noch auf einen Anwalt der Umwelt verteilt würden. Wenn die jeweiligen Anteile an der Wertschöpfung fair entgolten würden, gäbe es die heutige Schieflage nicht. Dann würden die Debatten um Vermögenssteuern oder die radikale Umverteilung der hochkonzentrierten Vermögen nicht so erregt geführt werden und das Unbehagen über den Zinseszins auf Geldeinlagen, die jemand aus Teilen seines Arbeitseinkommen gespart hat, wäre nicht so groß. Alternativ zu einer anderen Verteilung des Einkommens kann man natürlich auch das Vermögen der extrem Reichen abschöpfen. Das wäre möglich. Das Bundesverfassungsgericht hat bloß die unterschiedliche Bewertung der Grundvermögen zum Einheitswert und der Kapitalvermögen zum Verkehrswert bei der Steuerschätzung als verfassungswidrig erklärt. Es hat nicht die Vermögenssteuer als solche für verfassungswidrig erklärt. In das Urteil hat sich aber der Satz eingeschlichen, dass die gesamte Besteuerung eines Bürgers oder einer Bürgerin die Hälfte seines Vermögens nicht übersteigen dürfe.

Halten Sie das für falsch?

Die Vermögensteuer als Ergänzung der Einkommensteuer ist gerechtfertigt, da große Vermögen die Leistungsfähigkeit des Eigentümers gegenüber denen steigern, die bloß ihr Arbeitseinkommen zu versteuern haben. Aber wenn ich große Vermögen betrachte, sollte zuerst gefragt werden, wie sie überhaupt entstanden sind. Die Kirche beruft sich beispielsweise auf die Enteignungen vor mehreren hundert Jahren unter Napoleon. Man müsste ja wohl fragen, wie ihr Vermögen vorher überhaupt entstanden ist. Die Ordensgemeinschaften haben das doch nicht durch einen Kaufvertrag erhalten oder durch Spenden oder Stifter. Damals hat ein Monarch gesagt, dieses Land bekommen die Benediktiner und jenes die Jesuiten. In München wurden beispielsweise ganze Stadtteile leer geräumt und abgerissen, damit der

Jesuitenorden ein Kolleg errichten konnte. Da gab es viele große Proteste in der Bevölkerung, die der König niedergeschlagen ließ, damit das Bauvorhaben durchgezogen werden konnte. So ist es in nicht nur in München gewesen. Die riesigen Vermögen solcher Personen sind in den wenigsten Fällen durch eigene Arbeitsleistungen zustande gekommen.

Gibt es zu viel Geld im System?

Sicher, sonst würde die Finanzkrise nicht so metastasieren und die Spekulation sich immer neue Nischen suchen, zum Beispiel die Rohstoff- und Nahrungsmittelmärkte, die Staatsanleihen europäischer Länder wie Griechenland oder Portugal und die Wechselkurse. Man macht es den Banken und Hedgefonds auch ziemlich einfach, wenn die Zentralbanken quasi zum Nulltarif Geld in das Bankensystem pumpen, und die Banken das nicht an ihre Kunden weiterreichen, sondern mit einem Teil des Geldes spekulieren.

Und wenn man sich unser gewöhnliches Geld einmal wegdenkt?

Dann wäre das Verteilungsproblem nicht aus der Welt geschafft. Ich denke beispielsweise an meinen Neffen, der mit seiner Frau im Vogelsberg in einem umgebauten Bauernhof lebt. Da legen die Menschen Zeitkonten an und tauschen Zeitquanten. Er ist Ingenieur und kann deswegen vielerlei hilfreiche Dinge tun, Elektroleitungen legen oder Computer installieren. Wegen der hohen Nachfrage sammelt er auf seinem Konto einen großen Überschuss an Zeiteinheiten an. Was kriegt er dafür? Zu seinem Geburtstag werden ihm einige Kuchen gebacken. Die Verteilungsfrage stellt sich hier in der Frage der Zeitbilanzüberschüsse und -defizite aufgrund der Nachfrage und unterschiedlicher Talente oder Fertigkeiten. Selbst bei solchen regionalen Tauschringen oder Regionalwährungen gibt es Ungleichgewichte zwischen Personen und Haushalten. Und damit haben sie genau das gleiche Problem wie wir heute in Europa. Sowohl einen stabilen Tauschring als auch eine stabile Währungsunion erreicht man nur, wenn man zu einer Transfergemeinschaft zwischen wirtschaftlich Stärkeren und wirtschaftlich Schwächeren bereit ist.

Welchen Maßstab würden Sie wählen, um Fortschritt zu messen?

Ich würde die Erfüllung vitaler Bedürfnisse, vor allem Zeitsouveränität, als einen vorzugswürdigen Maßstab für Lebensqualität ansetzen. Demnach lebt die Mehrheit der Menschen hier in Deutschland unter ihren Verhältnissen. Die Menschen wünschen sich, ein eigenständiges Leben in gelingenden

Partnerschaften mit Kindern und im Einklang mit der natürlichen Umwelt zu führen.

Wie viel zusätzliche Wertschöpfung könnten fünf Millionen Arbeitslose erwirtschaften – nicht materielle Güter, sondern indem sie mit Menschen im Bereich von Erziehung, Bildung und Gesundheit arbeiten. Sie könnten mit ihrer Arbeit andere Erwerbstätige entlasten, auf die sich derzeit das Arbeitsvolumen konzentriert und von denen erwartet wird, dass sie zehn und mehr Stunden täglich arbeiten und immer erreichbar sind. Wir leben in einer verkehrten Welt: Ich erinnere mich an eine Diskussion mit Verkehrsexperten von Bahn, Fluggesellschaften und der Autoindustrie. Da sagte der Bahnchef voller Überzeugung: »Wir sind dafür da, die wachsenden Mobilitätsbedürfnisse der Bevölkerung zu befriedigen.« Wenn es um freiwillig gewählte Mobilitätsbedürfnisse der Menschen ginge, dann wäre nichts dagegen einzuwenden. Aber wenn man überlegt, wie viele Menschen täglich in der Bahn sitzen oder im Stau stecken, nur um vom Wohnort zum Arbeitsplatz zu kommen – ist das erhöhte Lebensqualität? Mehr Lebensqualität gäbe es, wenn die Menschen wieder mehr über ihre eigene Zeit verfügen könnten. Davon sind wir weit entfernt in unserer Gesellschaft.

Wohin soll die Reise der Gesellschaft gehen?

Ein Motiv aus dem letzten Sozialrundschreiben des Papstes hat mich sehr angesprochen: Die moderne Zivilisation sei Meisterin im Umgang mit technischen, wirtschaftlichen und politischen Instrumenten, etwa der Wachstumsbeschleunigung, der Energieversorgung, Bankenrettung und Arbeitsplatzsicherung. Wie man etwas zustande bringt, darin sind politische Klasse und die Wirtschaftseliten perfekt. Aber die Fragen des »Wozu?« und des »Warum?« werden entweder ausgeblendet, oder es kann keiner darauf eine Antwort geben. Das sei das große Versagen der Moderne. Ich finde, dass der Papst etwas Richtiges gesehen hat. Wir sollten uns öfter über den Tellerrand des Alltagsgeschäfts hinaus fragen, wohin die Reise gehen soll, in welcher Gesellschaft wir leben wollen.

---

1 Rainer Hank, *Der amerikanische Virus*, München 2009, S. 103
2 Ebd., S. 109
3 Hans-Werner Sinn, *Kasinokapitalismus*, Berlin 2009, S. 83
4 Lothar Gall, *Die Deutsche Bank 1870-1995*, München 1995, S. 27

5 Hank, a.a.O., S. 96

6 Norbert Häring, *Markt und Macht*, Stuttgart 2010, S. 79

7 William Black, »Epidemics of Control Fraud. Lead to Recurrent, Intensifying Bubbles and Crisis«, Paper presented at the Murphy Conference on Corporate Law Fordham Law School, 12. März 2010

Selbstbestimmte Bildung

Seit die Pisa-Studie 2001 eine katastrophale Bildungssituation an deutschen Schulen offenbart hat, sind viele Eltern um die Zukunft ihrer Sprösslinge besorgt. Öfter als früher schicken sie nun ihre Kinder auf private Schulen. Zwischen 1992 und 2008 steigt der Anteil von 4,8 Prozent auf 7,7 Prozent. »Auffallend ist die Dynamik seit dem Erscheinen der ersten PISA-Studie 2001«, schreibt Prof. Rolf Wernstedt, der ehemalige Kultusminister des Landes Niedersachsen in einer Studie der Friedrich Ebert Stiftung.[1] Mittlerweile entstehen jede Woche rein rechnerisch ein bis zwei Privatschulen in Deutschland. Mehr als 3.000 mit über 700.000 Schülern gibt es bereits, trotzdem sind die Wartelisten lang.[2] Laut einer Forsa-Umfrage würden sogar 54 Prozent der befragten Eltern ihr Kind gerne auf eine Privatschule schicken, wenn sie es sich leisten könnten.

Alternative Bildungsangebote werden in Deutschland durch das im Grundgesetz enthaltene »Recht zur Errichtung von privaten Schulen« gewährleistet.[3] Damit soll eine Gleichschaltung der Schulen wie in der Zeit des Nationalsozialismus verhindert werden.[4] Voraussetzung für die Gründung einer Privatschule ist jedoch die Gleichwertigkeit hinsichtlich Lernzielen, Einrichtungen und Qualifizierung der Lehrer mit den öffentlichen Schulen, wobei mit Gleichwertigkeit keineswegs Gleichartigkeit gemeint ist.[5]

Anders als der Begriff vielleicht suggeriert, werden Privatschulen nicht ausschließlich von privaten Trägern finanziert. Das ist allein schon deswegen unmöglich, weil die Schulen keine kostendeckenden Schulgelder verlangen dürfen. Auf diese Weise will der Gesetzgeber verhindern, dass nur Kinder gut verdienender Eltern Privatschulen besuchen, und die öffentlichen Schulen immer mehr ein Sammelbecken für Kinder aus ärmeren Elternhäusern werden.

Aus dem grundgesetzlichen Schutz ergibt sich eine Verpflichtung des Staates, Privatschulen zu fördern und zu unterstützen. Jedes Bundesland hat hier seine eigenen Regeln und Bestimmungen. Gemeinsam ist jedoch allen Schulgründern zwischen Flensburg und Rosenheim, dass sie erst einmal eine finanzielle Durststrecke überwinden müssen.

Denn gewöhnlich beteiligen sich die Länder erst ab dem vierten Jahr an den Kosten des Schulbetriebs. Und auf den Anlaufkosten bleiben die Betreiber der Schulen meist allein sitzen. Einzig der Stadtstaat Hamburg zahlt den Schulbetreibern nach Ablauf dieser Frist die Hälfte der Anlaufkosten zurück. Einige Bundesländer beteiligen sich allerdings zusätzlich an den Kosten für den Schulbau. Zudem fördert der Staat mittelbar die privaten Schulen, da die Eltern dreißig Prozent des Schulgeldes als Sonderausgaben bei der Steuererklärung geltend machen können. Dennoch gibt der Staat für einen Schüler auf einer öffentlichen Schule insgesamt mehr Geld aus als für einen Privatschüler. Das Statistische Bundesamt beziffert die Kosten für einen Schüler einer öffentlichen Schule auf etwa 5.100 Euro pro Jahr.[6] Private Schulen erhalten dagegen im Schnitt lediglich einen staatlichen Zuschuss von 3.800 Euro je Schüler, wie Helmut Klein, Schulexperte beim arbeitgebernahen Institut der deutschen Wirtschaft (IW) berechnet hat.

Ohne Schule keine Bank – ohne Bank keine Schulen
Ohne freie Schulen gäbe es die GLS Bank nicht. In den 1950er-Jahren wird Barkhoff in Bochum von einer Schulgründungsinitiative als Rechtsanwalt angeheuert. Anfangs hält er die Runde für ziemliche Fantasten. »Ich konnte weder ausreichende gemeinsame Motivationen noch genügend Kenntnisse oder finanzielle Mittel für eine Schulgründung erkennen.«
Bemerkenswerterweise haben die meisten Mitglieder dieser Schulgründungsinitiative noch nicht einmal selbst Kinder, die diese Schule besuchen könnten: Ernst Neuhöfer, Sprecher der Schulgründer, ist ein kinderloser Junggeselle, die Kinder des Bankdirektors Paul Nieraad sind schon älter, gleiche Situation bei den beiden Managern Franz Schily und Reinhold Börner, Gisela und Heiner Reuther sind kinderlos. Dennoch wollten sie eine alternative Schule aufbauen. »Keiner der Beteiligten wusste, wie man das macht, eine Schule gründen.«[7] Schon bald gibt es Widerstände: Der Bund der Waldorfschulen hält wegen Lehrermangels nichts von einer weiteren Schulgründung. Auch die Anthroposophische Gesellschaft in Bochum unterstützt

das Projekt nicht und versagt der Initiative eine finanzielle und personelle Hilfestellung. Von so viel Ablehnung entmutigt, geben viele der etwa 200 Unterstützer die Idee einer Waldorfschule für Bochum bald auf. Für den verbleibenden harten Kern der Gruppe wird dagegen das Schulkonzept immer konkreter. Barkhoff schreibt: »Wir wollten das Abitur abschaffen an unserer Schule.« Dann – so denken sich die Initiatoren – »würden die Lehrer aus unseren Kindern herausholen können, was in ihnen wäre, und sie bräuchten nicht in die Kinder hineinstopfen, was zum Abitur nötig wäre [...]. Wir bildeten Ideen, und unversehens wurden uns unsere Ideen zu Idealen. Für die meisten von uns war das eine völlig neue Erfahrung [...]. In ihr [der Schule] sollte alles von Grund auf neu, das heißt auf schöpferische Erziehungskunst und Freiheit gestellt sein.«[8] Als sie im Bochumer Stadtteil ein Haus für ihre Waldorfschule kaufen wollen, gibt es weder eine staatliche Unterstützung aus öffentlichen Geldern noch eine Bank, die das Projekt finanzieren will. Die Gruppe sammelt Spenden ein. Wenige Jahre später gründen Wilhelm-Ernst Barkhoff und Gisela Reuther 1961 die GLS Treuhandstelle, die Geld an anthroposophische Projekte, insbesondere Schulen, Kindergärten und Bauernhöfe, verleiht. Dann gründen sie eine Bürgschaftsbank und 1974 die GLS Bank. Ohne die Gründungsinitiative für die Waldorfschule gäbe es die Bank nicht. Und ohne die Bank gäbe es viele alternative Schulen nicht. Heute machen Schulfinanzierungen immerhin ein Sechstel des Geschäfts aus.

Reformschulen

Finanzierung bleibt eine große Hürde für Schulgründer. Instrumente wie die Leih- und Bürgengemeinschaften, die die GLS Bank bis heute anbietet, erlauben es selbst Initiativen mit wenig Eigenkapital, ihre Projekte zu günstigen Konditionen zu verwirklichen.
Dabei ist die GLS Bank keiner bestimmten Ideologie verpflichtet. Sie finanziert alle Typen von freien Schulen, ob konfessionell oder von den Ideen der italienischen Reformpädagogin Maria Montessori geprägt. Anfangs sind es jedoch fast ausschließlich Waldorfschulen, die die Banken um Wilhelm-Ernst Barkhoff finanzieren – ein Schulmodell,

dessen Prototyp in Stuttgart entstanden ist, auf der Uhlandshöhe, lange vor der Gründung der GLS Bank: 1919 votiert der Betriebsrat der »Waldorf-Astoria«-Zigarettenfabrik für die Einrichtung einer Reformschule für die Kinder der Arbeiter. Direktor Emil Molt, ein Theosoph und später Anthroposoph, beauftragt Rudolf Steiner mit der Planung und Leitung einer Gesamtschule, bei der Mädchen und Jungen gemeinsam unterrichtet werden sollen, und die einen besonderen Wert auf die künstlerische und musische Bildung der Kinder legt. Am 7. September 1919 startet die Freie Waldorfschule für 191 Arbeiterkinder und 65 Kinder aus anthroposophischen Elternhäusern.

Heute ist die vergleichsweise kleine GLS Bank der größte Finanzier von Privatschulen in Deutschland.[9] 2010 hat sie hundert Projekte mit einem Kreditvolumen von 45 Millionen Euro finanziert, unter anderem die Waldorfschule in Rostock, das Jenaplan-Gymnasium in Nürnberg oder den Ausbau der Kita »Die halben Meter« in Hamburg. Mehr als jede zehnte freie Schule hat irgendwann einmal mit der GLS Bank zu tun, ob durch Erweiterungen, Sanierungen oder Kreditumschichtungen. Aber vor allem Waldorfschulen und Montessori-Kindergärten klopfen bei der Bank an.

Bis heute interessiert sich die Bank bei Finanzierungsanträgen vor allem für die Menschen hinter einer Idee. »Was sind das für Menschen, die etwas umsetzen wollen? Wie ergreifen sie eine Idee? Wie vernetzt sind sie?« Das sind die Fragen, die sich Gisela Dohm stellt, wenn sie mit den Initiativen spricht. Natürlich fragt die Bank auch nach den ökonomischen Erfolgsaussichten: »Gibt es einen Bedarf für eine Schule? Ist das Schulgeld zu hoch? Sind die Schülerzahlen realistisch?« Seit elf Jahren arbeitet die ehemalige Lehrerin nun für die GLS Bank als Spezialistin für die Finanzierung von Schulen und Kindergärten.

Wer eine neue Schule gründen will, braucht Geduld. Bis zu drei Jahre können zwischen dem Antrag und der Bewilligung einer Finanzierung verstreichen, sagt Dohm, die etwa jeden zehnten Antrag ablehnt. Besonders gerne sehen es die Bankiers, wenn die gründungswilligen Eltern Verantwortung übernehmen. Darauf fußt auch das spezielle Finanzierungsmodell der Leih- und Bürgschaftsgemeinschaften: Angenommen, eine Initiative benötigt zum Start einen Kredit von 200.000 Euro. Dann erwartet die Bank zumindest einen Eigenkapitalanteil von zehn Prozent, also 20.000 Euro. Die Bank ist bereit, diesen Eigenkapitalanteil vorzuschießen, und von den Eltern dieses Geld dann in Raten einzahlen zu lassen. Für die restliche Summe einigt sich die Bank häufig mit den Schulgründern auf ein Bürgschaftsmodell. Jeder Beteiligte bürgt dann für einen Kreditanteil von 500 bis maximal 3.000 Euro. Der Vorteil für die Schulgründer: Sie können ohne Eigenkapital eine Schule finanzieren und dies zu einem günstigen Zinssatz – zuletzt lag dieser bei etwa drei Prozent. Das ist nur möglich, weil die Eigentümer der Bank – die Genossen – von einer Dividende absehen und gleichzeitig ein Teil der GLS Bank-Kunden ganz oder teilweise auf eine Verzinsung ihrer Einlagen verzichtet.

Die Finanzierungsalternativen für Schulgründer sind gering. Der Staat fördert keine privaten Schulgründungen. Anders als für Unternehmensgründungen, gibt es weder Förderkredite bei der staatlichen Kreditanstalt für Wiederaufbau (KfW) noch bei Landesförderbanken wie der NRW Bank oder der L-Bank. Allerdings gibt es neben der GLS Bank eine Reihe anderer Spezialbanken, die ähnliche Projekte finanzieren, darunter die Triodos Bank oder die Bank für Sozialwirtschaft.

Damit auftauchende Krisen von den Schulinitiativen besser bewältigt werden können, wurden bei der GLS Bank Sicherungsfonds geschaffen. Jede Schule, die dort einzahlt, bekommt im Notfall zusätzliche Hilfe von einem Expertenteam. Dieser »Minirettungsschirm« werde jedoch nur sehr selten gebraucht, versichert Dohm. Unterm Strich ist das Schulgeschäft für die GLS Bank ein sehr unproblematisches Geschäft, sodass die Bank gerade einmal 0,5 Prozent des 140 Millionen Euro umfassenden Kreditportfolios als Risikovorsorge für Schulen zurücklegt. »Selbst das schöpfen wir nicht aus«, sagt Dohm.

Es gibt große Unterschiede beim Anteil der Privatschüler zwischen den Ländern. Am meisten Kinder besuchen Privatschulen in den Niederlanden, Belgien und Spanien, wenige sind es in Schweden, Norwegen und Finnland. In Deutschland besuchen die Privatschüler am häufigsten das Gymnasium (40 Prozent), auf die Realschulen gehen 17 Prozent und auf Freie Waldorfschulen 11,5 Prozent, auf Grundschulen elf Prozent und auf Förderschulen zehn Prozent.[10] Oft schicken Eltern ihre Kinder auf private Schulen, weil sie sich dort bessere Strukturen und effizienteres Lernen versprechen. »Die in der öffentlichen Wahrnehmung bestehenden – an kleineren Klassen festgemachten – günstigeren Unterrichtsbedingungen an Privatschulen finden durch die Schulstatistik keine Bestätigung«, schreibt der Bildungsforscher Manfred Weiß. »Besser, wenn auch nur leicht, schneiden die Privatschulen dagegen beim Umfang des Unterrichts ab.«[11] Insgesamt haben Deutschlands öffentliche Schulen der jüngsten PISA-Studie zufolge jedoch aufgeholt. Bei Mathematik und Lesen lagen die Fähigkeiten der deutschen Schüler im Vergleich zu den anderen OECD-Ländern nun über dem Durchschnitt. »Deutschland ist aufgestiegen – aufgestiegen aus der zweiten in die erste Liga. Aber von der Champions-League ist Deutschland noch weit entfernt«, sagt Heino von Meyer, Leiter des OECD-Zentrums in Berlin.[12]

Die Software AG-Stiftung

Fragt man Peter Schnell nach den Motiven für die Gründung der Software AG Stiftung, dann antwortet er unorthodox. »Das Schicksal ist weise und bereitet so etwas vor«, sagt der 72-Jährige. In seinem speziellen Fall ist diese Stiftung das Ergebnis seiner langen und erfolgreichen Karriere. Denn eine Stiftung ohne die nötige Finanzkraft zu gründen, ist so gut wie unmöglich.

Am Anfang steht das japanische Strategiespiel Go. Als 16-jähriger Schüler gründet Schnell mit Freunden einen Go-Club. Schon wenig später ist er einer der besten Go-Spieler Europas. Über seine Mitspieler lernt er die Technische Hochschule Darmstadt kennen. Dort sieht er mit dem IBM 650 die erste kommerzielle Großrechenanlage, für ihn ein Schlüsselerlebnis. Seinen Plan, Chemie zu studieren, gibt er auf und schreibt sich an der Universität Darmstadt für Mathematik und Physik ein. Damals spielen Computer für die meisten Menschen noch gar keine Rolle, aber Schnell wird sich nun sein gesamtes Berufsleben mit diesem Thema beschäftigen.

1969 gründet er mit fünf Kollegen die Software AG und erfindet mit dem ABADAS ein Datenbank-Management-System für die Großrechner von IBM und Siemens. Später wird er Alleinaktionär der Darmstädter Software AG. Durch den Börsengang des nach SAP zweitgrößten Softwareherstellers erhält Schnell die Mittel, um eine professionelle Stiftung aufzubauen. »Schauen Sie, ich kann mir ja nicht mit hunderten Millionen Euro ein bequemes Leben machen. Das wäre schrecklich fad und ja mehr narkotischer Art, als dass ich irgendeine Befriedigung daraus ziehen würde«, sagt er.

Einige Tage nach dem Börsengang kauft Schnell eine alte reetgedeckte Villa auf einem mit Eichen bestandenen Hügel in der Umgebung von Darmstadt, die bis heute als Zentrale der Stiftung dient. Man fährt durch eine Villenkolonie aus der Jahrhundertwende auf einen Feldweg, durch Streuobstwiesen, dann einen Hügel hinauf. Im zweiten Stockwerk des Gebäudes, im ehemaligen Schlafzimmer, ist heute der Konferenzraum, holzgetäfelt wie damals. Neu sind der große Tisch und die leuchtenden Bergkristalle an den Wänden. Hier entscheidet sich, welche Projekte die Stiftung aus den jährlich 800 bis 900 Anfragen auswählt. Aus dem Fenster blickt Schnell in die Rheinebene bis Ludwigshafen hinab, auf die Anlagen des Chemieherstellers BASF, den größten Industriekomplex der Welt.

Die Folgen der Technik für die Menschheit sind Schnells Lebensthema. Er selbst hat sich jahrzehntelang mit den Möglichkeiten beschäftigt, die der technische Fortschritt bewirken kann. Dabei war er von der Idee geleitet, durch Softwareentwicklungen die Arbeit der Menschen zu erleichtern. Für ihn bedeutet das in erster Linie Rationalisierung durch Datenverarbeitung. Er erlebt die Faszination der Technik, sieht allerdings auch ihre Gefahren. »Wenn man so weitermacht, dann kann man sich leicht ausrechnen, dass in 200 Jahren die Welt in dieser Form nicht mehr existiert«, befürchtet Schnell. »Drangsalieren die Menschen die Natur weiter so, beispielsweise durch Kohlendioxid, dann wird es so gravierende und irreversible Katastrophen geben, dass man später sagen wird, was da im letzten Weltkrieg passiert ist, war ein Klacks.«

Doch Schnell ist beileibe kein Weltuntergangsprophet, sondern nimmt solche düsteren Aussichten als Ansporn, die Welt verbessern zu wollen. Viel trägt zu dieser optimistischen Grundhaltung wohl seine Lebenseinstellung bei, selbst im Kleinen und Gewöhnlichen immer wieder die großartige Vielfalt und Komplexität der Natur zu entdecken und nie die Fähigkeit zu verlieren, darüber zu staunen. Die dreißig Mitarbeiter seiner Stiftung nehmen die Menschen und ihre Beweggründe genau unter die Lupe, die sich um die jährlichen Fördermittel der Stiftung von mehr als 20 Millionen Euro bewerben. Schnell: »Uns interessiert, ob die Menschen uns in der Bewerbung tatsächlich das schreiben, was sie wirklich meinen. Wollen sie ihr Projekt aus Eitelkeit oder einem Spleen heraus machen, oder ist es ein tiefes soziales Anliegen für sie? Sind sie in der Lage, es zu tun, oder wollen sie es nur aus Gefühlsduselei?« Bei der Auswahl von jährlich etwa 300 neuen Projekten setzt Schnell auf Mitarbeiter, die bereits jahrelang Berufserfahrung in verschiedensten Bereichen gesammelt haben, ob als Konstrukteur von Kläranlagen, Dozent an der Universität oder Leiter einer Waldorfschule. Sie schwärmen in viele Winkel der Erde aus, besuchen Projekte, vor allem in Europa, aber auch in den USA oder Brasilien, und sind immer auf der Suche nach Projekten, die »heilend wirken«. Das ist selbstverständlich nicht im medizinischen Sinne gemeint, sondern gewissermaßen als die Wiederherstellung von Harmonien in der Natur und bei den Menschen zu verstehen.

Im Vordergrund steht für Schnell dabei vor allem die Erziehung von Kindern. Bei diesem Thema zitiert er vor allem den griechischen Philosophen Heraklit, für den Erziehung bedeute, »ein Licht anzünden und nicht ein Fass füllen«. Schnell bedauert, dass viele Kinder auch heute noch hauptsächlich mit enzyklopädischem Wissen vollgestopft werden. Nicht zuletzt deshalb unterstützt die Stiftung bisher 882 Projekte in Erziehung, Bildung und Jugendhilfe mit rund 65 Millionen Euro, darunter freie Schulen, Einrichtungen für Schulverweigerer oder auch Alphabetisierungskurse in Rumänien.

Überhaupt ist ihm Hilfe für die Menschen in Osteuropa ein besonderes Anliegen, insbesondere auch die Behindertenarbeit, die dort zu Zeiten kommunistischer Herrschaft ein »absolutes Fremdwort« gewesen sei. Die Stiftung gehört mit ihren Projekten zu den Vorreitern in Osteuropa. Vor allem sind es aber seine zwei behinderten Söhne aus erster Ehe, durch die Schnell schon zu seiner Zeit als Manager der Software AG auf die heilpädagogische Arbeit aufmerksam wird. So gründet er als 41-Jähriger seine erste Stiftung, die Michael-Stiftung, und kauft ein großes Anwesen für eine heilpädagogische Lebensgemeinschaft in Stockhausen. Dort leben heute auch seine beiden Söhne.

Im Alter von 54 Jahren gründet Schnell dann die Software AG Stiftung, die sich hauptsächlich der Heilpädagogik, Sozialtherapie, Pädagogik, Jugendarbeit, Altenhilfe und der Rettung der Umwelt widmet.

Schnell wünscht sich mehr Manager, die verantwortungsvoll mit Geld umgehen. Er hofft, dass seine Arbeit mit dazu beiträgt, dass die Generation der künftigen Unternehmenslenker anders handeln wird. So ist die Stiftung eingesprungen, als die private Universität Witten/Herdecke in Finanznöten war, wo die Wirtschaftsstudenten auch einen Einblick in Geisteswissenschaften erhalten. Die Stiftung fördert auch die Ausbildung von Betriebswirten an der Alanus Hochschule in Alfter bei Bonn. Denn an der Kunsthochschule studieren neuerdings auch Betriebswirtschaftsstudenten. »Es werden dort nicht nur die Standardthemen der Ökonomen aus dem 19. Jahrhundert weitergetragen«, sagt Schnell, sondern auch die Auswirkungen wirtschaftlichen Handelns auf die gesellschaftliche Ebene. Kürzlich hat die Hochschule den ersten Lehrstuhl für nachhaltiges Bankgeschäft eingerichtet.

Gleichzeitig werden die BWL-Studenten in einem angegliederten Studium Generale und Kunststudium auch dazu angehalten, sich kreativ und künstlerisch zu betätigen, was ihnen dabei helfen soll, als Manager nicht im Rezepthaften zu bleiben, sondern komplexe Probleme durch neue Zugänge und Sichtweisen anzugehen. Sie bilden die Absolventen aus, wie sie heute händeringend gesucht werden. Schnell selbst hat sich allerdings längst aus dem Wirtschaftsleben zurückgezogen und engagiert sich heute hauptsächlich in seiner Stiftung, um so seinen Beitrag für eine bessere Zukunft zu leisten, ganz im Sinne Wilhelm Buschs, dessen Motto ihm seit jeher als Richtschnur dient: »Tugend will, man soll sie holen, ungern ist sie gegenwärtig. Laster ist auch unbefohlen dienstbereit und fix und fertig.«

Seinen Besitz hat er fast ausschließlich der Stiftung übergeben. »Reichtum ist eine Illusion«, sagt er. »Wir nehmen keinen Cent mit aus diesem Leben.«[13]

DIE WIRTSCHAFT IST IMMER REAL, WENN SIE DAS TUT, WAS IHR EINZIGES ZIEL IST: DIE BEDÜRFNISSE DER MENSCHEN BEFRIEDIGEN
IM GESPRÄCH MIT THOMAS JORBERG

Thomas Jorberg hat das Bankgeschäft bei den Gründern der GLS Bank gelernt und führt heute selbst die Bank. In Stuttgart und Bochum hat er Wirtschaftswissenschaften studiert. Jorberg steht für die zweite Phase der GLS Bank, die für eine Öffnung von einer anthroposophisch orientierten Bank zum ersten sozial-ökologischen Institut der Welt steht. Eine große Rolle hat dabei die Übernahme der angeschlagenen Ökobank gespielt. Spätestens seit der Finanzkrise ist Jorberg mit seinen Ansichten zu einem am Menschen orientierten Bankwesen ein viel gefragter Gesprächspartner, da er schon immer die dienende Funktion der Banken für die Gesellschaft betont hat. Es gibt also viele Gründe, sich mit dem 53-Jährigen zu unterhalten. Jorberg sitzt an einem geölten Holztisch in seinem Büro, vor ihm Plätzchen vom Biobäcker. Auf der Fensterbank stehen einige Auszeichnungen, die die GLS Bank für ihr Engagement in den letzten Jahren bekommen hat.

Herr Jorberg, gibt es böse und gute Banker?
Sicher gibt es Banker, die in den vergangenen Jahren besonders verantwortungslos gehandelt haben. Ich sehe das Hauptproblem aber in unserer Entscheidungsmatrix bei Investitionen und bei der Geldanlage. Hier gibt es eine systemisch organisierte Verantwortungslosigkeit: Bei gleichem Risiko

und gleicher Laufzeit entscheidet immer die Höhe des Zinssatzes darüber, was mit dem Geld passiert. Völlig außer Acht lassen wir dabei, was mit dem Geld finanziert wird. Dies sehe ich als den Kern des Problems an. Angesichts dieses Systemfehlers geht es uns ja noch erstaunlich gut. Die Menschen handeln eben doch besser als das System.

Haben Wertkategorien überhaupt etwas im Geldgeschäft zu suchen?
Es gibt einen alten Spruch: Das Geld ist weder bös noch gut, es hängt davon ab, wie man es gebrauchen tut. Und das ist in der Tat die Frage. Wie benutzen wir Geld: Benutzen wir es als Selbstzweck? Dann bekommen wir die ganzen Probleme, die wir heute haben. Oder benutzen wir Geld als ein Organisationsmittel unserer Gesellschaft? Dann hängt es ganz von uns ab, wie das Geld wirkt. Generell sind Banken Dienstleister für die Realwirtschaft, nicht mehr und nicht weniger. Insofern haben Werte natürlich etwas im Geldgeschäft zu suchen. Jeder Banker entscheidet anhand seiner Werte, was er finanziert. Genauso wichtig sind aber bei der Geldverwendung die Werte der Kunden. Auch die GLS Bank kann nur so nachhaltig oder sozial-ökologisch sein, wie die Kunden, die sie finanzieren.

Wo findet in der Wirtschaft die Wertschöpfung statt?
Klassischerweise natürlich im Produktionsbereich. Entscheidend ist jedoch, was ich unter Werten verstehe. Wenn ich von Wertschöpfung spreche, geht es mir ganz allgemein um die Befriedigung menschlicher Bedürfnisse. Insofern halte ich das Bruttosozialprodukt als Maßstab für die Wertschöpfung für unzureichend. Die Wertschöpfung findet eben auch im Kultur-, Sozial- und Pflegebereich statt, und die größte Wertschöpfung überhaupt gibt es im Bildungsbereich.

Gibt es einen Widerspruch zwischen Ökonomie, Ökologie und dem Sozialen?
Wer da einen Widerspruch sieht, der hat keine Ahnung davon, was Ökonomie ist. Ökonomie ist nichts anderes als ein Ziel mit den geringsten Mitteln zu erreichen oder mit gegebenen Mitteln möglichst viel vom Ziel zu verwirklichen. Insofern muss ich erst einmal mein Ziel kennen. Und wenn ich mir humane, soziale oder ökologische Ziele setze, dann schaue ich anschließend, dass ich sie so günstig wie möglich umsetze. Insofern unterstützt die Ökonomie die Erreichung solcher Ziele.

Was ist die Realwirtschaft?

Es ist schon irrwitzig, dass wir heute überhaupt von der »Realwirtschaft« sprechen müssen. Das müssen wir nur deswegen, weil es im Finanzsektor einen völlig abstrakten Bereich gibt, der sich beispielsweise durch bestimmte Zertifikate oder Derivate völlig vom sinnvollen Wirtschaften losgelöst hat. Das macht es überhaupt erst notwendig, von Realwirtschaft zu sprechen. Sonst wäre das ja völliger Unsinn. Die Wirtschaft ist schließlich immer real, wenn sie das tut, was ihr einziges Ziel ist: die Bedürfnisse der Menschen befriedigen.

Sie nennen sich »erste sozial-ökologische Universalbank der Welt« ...

Wir sind 1974 als eine Bank gegründet worden, die sowohl im sozialen als auch ökologischen Bereich tätig war. Am Anfang stand ja vor allem die Finanzierung von freien Schulen und ökologischen Höfen. Zudem wollten die Gründer Finanzierungen für die Kunden transparent machen, damit die Kunden eigenverantwortlich handeln können. Das war damals einmalig. Insofern haben wir das sozial-ökologische Bankgeschäft bei der GLS Bank entwickelt.

Als die Bank gegründet wurde, machten Sie gerade Abitur auf der Schwäbischen Alb. Wie kam es, dass Sie bereits kurz nach der Bankgründung als Lehrling bei der Bank angefangen haben?

Mein Vater hatte nach dem Zweiten Weltkrieg in Bochum bei Aral eine Lehre gemacht. Aus dieser Zeit kannte er den anthroposophischen Kreis um Franz Schily. Dadurch kam mein älterer Bruder auf die Waldorfschule in Bochum, damals hat er bei der Familie Barkhoff gelebt. So habe ich die Barkhoffs kennengelernt. Nach dem Abitur kam ich nach Bochum, um bei der Renovierung eines Kindergartens in Wattenscheid zu helfen, den Ottilie Barkhoff mitgegründet hatte. Eigentlich wollte ich nur sechs bis acht Wochen bleiben und dann mein Studium beginnen. Barkhoff kam mittags oft nach Hause, häufig brachte er Geschäftspartner oder Freunde mit. Die Gespräche fand ich sehr spannend. Irgendwann fragte er mich, ob ich nicht eine Lehre bei der GLS Bank machen wolle. Und so wurde ich einer der beiden ersten Lehrlinge, neben Sören Marott.

Wie sah Ihre Lehre bei der GLS Bank damals aus?

Als ich hier anfing, waren wir gerade einmal neun Leute. Die Buchhaltung haben wir im Handdurchschreibeverfahren gemacht. Zum Jahresende musste ich wochenlang Zinsen berechnen. Einige Arbeiten erledigten Ehrenamtliche. Damals waren Rolf Kerler und Walter Burkart die beiden Vorstände. Bei Walter Burkart habe ich einen großen Teil meiner Ausbildungszeit im Büro gearbeitet. Damals war unser Geschäft auf wenige Tätigkeiten beschränkt. Das Wertpapiergeschäft oder Zahlungsverkehr konnte ich hier gar nicht lernen, deswegen habe ich die Hälfte meiner Ausbildung bei der Volksbank Bochum verbracht.

Sie weisen immer wieder auf die Fehlverteilung des Geldes hin. Wo fehlt denn heute in unserer Gesellschaft Geld?

Zunächst fehlt ganz offensichtlich viel Geld in den Entwicklungsländern, wo immer noch viele Menschen hungern. Aber wir können uns auch die öffentlichen Haushalte in Deutschland anschauen. Die meisten sind der Meinung, dass drastisch gespart werden müsse. Zunächst klingt das einleuchtend, weil es ungerecht wäre, unseren Nachkommen eine immer höhere Verschuldung zu hinterlassen. Trotzdem ist es widersprüchlich. Das merken wir, wenn wir einen Schritt weiterdenken: Warum sparen wir in unserer Gesellschaft bei öffentlichen Leistungen wie Bildung, Gesundheit oder dem Landschaftserhalt und investieren gleichzeitig in großem Umfang Geld in unvernünftige Anlagen? Ich würde es für sinnvoller halten, einen größeren Teil unseres Gelds in öffentliche Aufgaben wie die Bildung zu investieren. Aber dass es nicht geschieht, zeigt, dass unser Finanzsystem bei den aktuellen und zukünftigen Rahmenbedingungen nur noch bedingt leistungsfähig ist.

Warum bringt man die öffentlichen Schulden und die privaten Vermögen nicht in einen Ausgleich?

Für die meisten Menschen ist das alleinige Ziel unternehmerischer Tätigkeit der Profit. Dabei stellt das die Ökonomie auf den Kopf und führt zu großen Verwerfungen. Ökonomie ist nur ein Mittel zum Zweck. Wenn wir uns heute die Produktionsfaktoren anschauen, dann haben wir ausreichend Kapital. Das spiegelt sich aber nicht in den Preisen wieder. Im Gegenteil! Das Kapital wird irrwitzig hoch verzinst. Eine Renditeanspruch von 15 bis 20 Prozent wäre nur gerechtfertigt, wenn das Kapital knapp ist. Dagegen behandeln wir in der Wirtschaft die Naturressourcen heute noch mehr oder weniger so, als ob sie unbegrenzt vorhanden wären. Dabei ist die Natur der knappste Faktor schlechthin in unserer heutigen Welt. Beim

Faktor Arbeit ist es ähnlich wie beim Kapital: Wir haben heute genügend Potenzial an Arbeit, um die ganze Weltbevölkerung zu versorgen. Trotzdem tun wir so, als ob es ein knapper Faktor wäre. Diese veränderten Bedingungen brauchen einen entsprechenden Umbau unserer Systeme.

Haben die Menschen heute Bedürfnisse, welche die Wirtschaft nicht befriedigt?

Sagen wir es einmal so: Wir haben heute das Bild eines rein reizgesteuerten multiplen schizophrenen Bedarfswesens. Insofern kann man gar nicht unmittelbar sagen, welche Bedürfnisse der Menschen heute unbefriedigt sind. Das Problem ist heute ein ganz anderes: Die Bedürfnisse der Menschen werden nicht vernetzt und ganzheitlich befriedigt. Wenn ich beispielsweise zur Bank gehe, dann bin ich reduziert auf meine Rolle als zinsgieriger Mensch. Ausgeblendet werden in diesem Moment meine Bedürfnisse, die ich beispielsweise als Naturliebhaber, Vater oder politischer Mensch habe.

Was bedeutet das praktisch?

Nehmen sie eine Tütensuppe mit Huhn für vier Personen, die 70 Cent kostet. Der Suppenhersteller will einen möglichst hohen Gewinn machen und der Verbraucher eine möglichst billige Suppe kaufen. Damit das funktioniert, muss die Suppe sehr kostengünstig produziert werden. Angesichts dessen müsste man eigentlich froh sein, wenn in einer solch billigen Hühnersuppe gar kein Huhn mehr drin ist, weil die Art und Weise, wie die Hühner unter dem Preisdiktat aufgezogen werden, weder artgerecht noch giftfrei vernünftiges Fleisch hervorbringen kann. Das passiert, wenn man die Bedürfnisse isoliert und eine Bedürfnisschizophrenie konstruiert. Es sind ja die gleichen Leute, die am Wochenende auf dem Land gern spazieren gehen und Kühe auf der Weide und Hühner freilaufend, scharrend und mit Hahn sehen, aber dann Produkte zu Preisen kaufen, die niemals auf so einem Hof produziert werden könnten. Das ist das Problem! Die Bedürfnisse der Menschen werden isoliert gar nicht schlecht befriedigt, nur insgesamt passt es heute überhaupt nicht zusammen.

Gibt es ein Umdenken nach den Finanzkrisen und Lebensmittelskandalen?

Ein Teil der Menschen denkt schon längst um. Marktforscher sagen: Sieben bis zwölf Millionen Bundesbürger wollen ihren Konsum und ihre Geldanlage umstellen und nachhaltige Kriterien berücksichtigen. Was jeder Einzelne darunter versteht, wissen wir nicht. Offensichtlich spüren aber mehr Menschen als früher die Widersprüche und wollen etwas dagegen tun. Sie wollen sich nicht mehr einen tollen Hof angucken und gleichzeitig Hühnersuppe für 70 Cent kaufen. Sie suchen wirtschaftliche Angebote, bei denen es diese Widersprüche nicht gibt. Und genau das bieten wir bei unserer Bank: Wir berücksichtigen die sozialen, geistigen und materielle Bedürfnisse unserer Kunden. Und die sind ziemlich real geworden. Das sehen wir außerhalb des Bankbereichs sogar noch viel stärker. Heute gibt es schon drei Millionen Haushalte, die zu einem grünen Stromanbieter gewechselt sind. Davon haben die Käufer keine anderen besonderen Vorteile: Das Licht ist ja wirklich nicht heller, wenn der Strom aus einer Windanlage und nicht aus einem Atomkraftwerk kommt. Die Kunden kaufen trotzdem den sauberen Strom, weil sie auf diese Weise ihr Bedürfnis nach Erhaltung unserer natürlichen Lebensgrundlage befriedigen. Drei Millionen Haushalte – das finde ich enorm.

Warum gibt es so viel mehr Kunden bei grünen Stromanbietern als bei grünen Banken?
Häufig wechseln die Konsumenten nicht den Stromanbieter, sondern nur den Tarif. Das ist einfacher. Knapp eine Million Menschen wechseln tatsächlich zu einem grünen Stromanbieter. Mit dem Wechsel einer Bank tun sich viele Menschen noch schwer. Aber ich bin mir sicher, dass wir bei den Geldanlagen genau die gleiche Entwicklung sehen werden.

Heute ist Nachhaltigkeit ein Modebegriff geworden, der alles und nichts enthalten kann. Wie geht eine Bank damit um, die sich dem Nachhaltigkeitsgedanken schon verpflichtet sah, als dies noch ein Außenseiterthema war?
Heute gibt es in der Tat kaum noch Unternehmen, die von sich nicht behaupten würden, sie wären nachhaltig. Manche setzen dabei »nachhaltig« nur mit »langfristig« gleich, andere haben ihre ökonomischen Ziele um eine ökologische und soziale Komponente ergänzt. Das alles entspricht nicht unserem Nachhaltigkeitsverständnis. Ausgehend von der Triple-bottom-line »people-planet-profit« haben wir für uns passende Begrifflichkeiten für die drei Dimensionen gefunden und diese gleichzeitig klar priorisiert: 1. MENSCHLICH: Die Menschen und ihre ganzheitlichen Bedürfnisse stehen

im Mittelpunkt; 2. ZUKUNFTSWEISEND: Die Bewahrung und Entwicklung der Lebensgrundlagen sind notwendige Voraussetzungen; 3. ÖKONOMISCH: Monetärer Gewinn ist nur eine Folge unseres Handelns.

Kann man als Bank vom Einlagen- und Kreditgeschäft leben?

Eine Bank lebt traditionell von der Zinsmarge, die zwischen dem durchschnittlichen Einlagenzins und dem durchschnittlichen Kreditzins liegt. Diese Marge ist in den letzten Jahren um ein gutes Drittel gesunken: Wir liegen heute bei rund zwei Prozent Zinsmarge. Damit müssen wir unsere Kosten und Risiken decken. Das ist schon ziemlich schwierig, wenn man ein so breites Geschäft macht wie wir. Trotzdem geht es. Je geringer die Marge, desto geringer ist die Risikotragfähigkeit einer Bank und desto schwieriger ist es, riskantere Kredite zu vergeben. Noch können wir alles finanzieren, was wir für richtig halten. Sollte die Zinsmarge weiter sinken, werden wir dies durch Kostensenkung ausgleichen müssen.

Warum ist die Marge so gering?

Zum einen liegt das an einem funktionierenden Wettbewerb zwischen den Banken – das ist für die Kunden ja zunächst einmal positiv. Allerdings ist der Wettbewerb verzerrt: Einige Banken zahlen beispielsweise heute mehr Zinsen für die Kundeneinlagen auf einem Konto, als sie direkt mit diesem Geld verdienen. Sie gehen davon aus, dass sie diesem Kunden andere Produkte verkaufen können und damit dann unter dem Strich einen Profit machen. Deswegen subventionieren sie die Zinsen. Da fangen die Probleme an. Ich finde es wichtig, dass die Kunden sehen, was ein Geldprodukt kostet, und deswegen zahlen wir auch keine Zinsen, die sich nicht rechnen.

Warum finden Unternehmen mit guten Ideen heutzutage so schwierig Kreditgeber?

Ich glaube gar nicht, dass das so ist. Wer gezeigt hat, dass er gute Ideen umsetzen kann, hat selten ein Problem, eine Bank zu finden.

Und was ist mit Existenzgründern, die noch keine Erfolgsstory vorweisen können?

Bei denjenigen, die klein anfangen, ist es ein Problem der Größenordnung. Es rechnet sich häufig für eine Bank nicht, solchen Existenzgründern kleine Kreditsummen zur Verfügung zu stellen. Dafür sind die Verwaltungs- und Kreditprüfungskosten viel zu hoch. Da braucht man andere Methoden.

Deswegen unterstützen wir ja auch die Idee der Mikrofinanzierung für Deutschland.

Wir haben erlebt, welch große Fantasie Banken für neue Kreditprodukte entwickelt haben – mit sehr zerstörerischen Folgen. Warum entfaltet keine Bank die gleiche Fantasie, wenn es darum geht, neue Ideen umzusetzen, von denen die Gesellschaft profitieren würde?

Nicht alle Ideen führen zum wirtschaftlichen Erfolg. Schnell heißt es dann hinterher: Die Bank hat zu riskant gewirtschaftet und sich die Finger verbrannt. Diese Sichtweise herrscht heute vor, befördert vom Verbraucherschutz. *Finanztest* sucht heraus, wer die höchste Rendite bietet. Das ist alles legitim. Aber wehe, es verliert einer der Anleger Geld damit. Dann ist er wahrscheinlich betrogen und über den Tisch gezogen worden. Geld muss sich immer vermehren – das ist die heutige allgemeine Sichtweise bei Geldanlagen. Jeden Abend freuen wir uns beim Fernsehen, wenn der DAX nach oben geht. Wer denkt schon daran, dass da ein hoher Anteil Inflation dabei ist, und dieser Wertanstieg keine reale Grundlage hat. Und wenn es mal nach unten geht, ist es gleich ganz schlimm. Dabei ist das Geld, das investiert wird, zunächst einmal weg. Wenn ich einem Unternehmer Geld gebe, dann steckt er es in Maschinen oder zahlt Löhne. Das Geld ist also zunächst einmal ausgegeben. Und das realisieren wir nicht. Ob der Anleger sein Geld zurückbekommt, hängt von der Fähigkeit des Unternehmers und der Mitarbeiter ab. In dieser Art, Kapital zur Verfügung zu stellen, darin liegt eine große Herausforderung nicht nur für die Banken, sondern auch für die Anleger. Neben Bankkrediten geht es dabei ganz wesentlich um die Finanzierung von Eigenkapital in der Realwirtschaft. In der Tat sollte die Innovationskraft der Finanzbranche viel mehr in diesen Bereich fließen.

Die Regierungen reagieren auf die Finanzkrise. So sollen die Regeln für die Banken überarbeitet werden. Was erwarten Sie?

Aus meiner Sicht fehlt eine klare Linie, was und wie man überhaupt regulieren will. Die Politik und die Aufsichtsbehörden konzentrieren sich jetzt sehr stark auf die bilanziellen Geschäfte und haben sich auf das Eigenkapital eingeschossen. Ich befürchte, dass gerade kleinere, besonders in der Realwirtschaft aktive Banken am meisten reguliert werden. Das ist genau das Gegenteil von dem, was notwendig wäre. Großbanken können ganz anders auf höhere Eigenkapitalanforderungen reagieren. Sie können sich beispielsweise viel leichter Eigenkapital beschaffen.

Genossenschaftskapital soll künftig gar nicht mehr als hartes Eigenkapital gelten.

Das stimmt. Eigentlich soll nur noch das Aktienkapital als Eigenkapital anerkannt werden, alles andere wäre dann eine Ausnahme, auch das Genossenschaftskapital. Es muss sich künftig am Aktienkapital orientieren und soll möglichst unkündbar sein. Das verstößt aber gegen Gesetze und ist gar nicht machbar.

Können Sie sich eine andere Rechtsform für die GLS Bank vorstellen?

Wir untersuchen Alternativen der Kapitalbeschaffung wie die Aktiengesellschaft.

Sie sind in den vergangenen Jahren schnell gewachsen, in den letzten vier Jahren jährlich mehr als 30 Prozent. Sie haben Ihre Belegschaft kräftig aufgestockt und viele neue Mitarbeiter von traditionellen Banken geholt. Bleiben bei dem schnellen Wachstum die ursprünglichen Werte auf der Strecke?

Die Mitarbeiter, die neu zur GLS Bank kommen, haben sich ganz bewusst dafür entschieden und stellen uns interessanterweise die gleiche Frage. Das zeigt mir, dass wir uns da bislang keine wirklichen Sorgen machen müssen. Natürlich haben wir aber vielfältige Maßnahmen ergriffen, um das Bewusstsein für die Werte, die die GLS Bank ausmachen, kontinuierlich zu schärfen. Neue Mitarbeiter werden zunächst in einer zweiwöchigen Lernwerkstatt intensiv geschult und mit Kernthemen der sozial-ökologischen Bankarbeit vertraut gemacht. Außerdem bieten wir zum Beispiel in Zusammenarbeit mit dem Institute for Social Banking Themenreihen zu bestimmten Fragestellungen an und fördern gezielt den abteilungsübergreifenden zwischenmenschlichen Austausch. Dafür haben wir bestimmte Formate wie das tägliche Mitarbeiterfrühstück, das Mitarbeiterforum oder »ideas@work« geschaffen, wo sich Mitarbeiterinnen und Mitarbeiter einbringen können. Wir legen großen Wert auf eine offene und wertschätzende Unternehmenskultur.

**Könnte eine Bank in der Größenordnung der Deutschen Bank nach
den gleichen Prinzipien arbeiten wie die GLS Bank?**
Ich wüsste nicht, was dagegen spricht.

---

1 Manfred Weiß, *Allgemeinbildende Privatschulen in Deutschland*, Schriftenreihe
des Netzwerks Bildung der Friedrich Ebert Stiftung, Berlin 2011, S. 5
2 *Financial Times Deutschland*, 11. Februar 2010
3 Grundgesetz, Art. 7, Abs. 4
4 »Freie Schulen – Branchenbericht Freie und Alternativpädagogik«, Studie der GLS
Bank, 14. Mai 2007
5 Manfred Weiß, *Allgemeinbildende Privatschulen in Deutschland*, a.a.O., S. 13
6 Statistisches Bundesamt, Pressemitteilung Nr. 163, 27. April 2011
7 Wilhelm-Ernst Barkhoff, *Die Rudolf Steiner Schule Ruhrgebiet*, Hamburg 1976
8 Ebd., S. 21
9 Gemessen an der Bilanzsumme, belegte die GLS Bank Ende 2010 unter den 1.136
Genossenschaftsbanken Platz 58 im Ranking des Bundesverbands der Deutschen
Volksbanken und Raiffeisenbanken.
10 Manfred Weiß, *Allgemeinbildende Privatschulen in Deutschland*, a.a.O., S. 7
11 Ebd., S. 24
12 www.faz.net, 7. Dezember 2010
13 *Frankfurter Allgemeine Sonntagszeitung*, 27. Februar 2011

Alternative Banken brauchen alternative Kunden

Geld ist ein Tabuthema. Wie viel ich verdiene, ob ich Geld gespart oder geerbt habe, und was ich damit mache – über solche Fragen unterhalten sich die meisten von uns höchstens mit ihrem Partner. Und obwohl sie uns alle betrifft, hat die schwere Finanzkrise daran nichts geändert. »Über Geld spricht man nicht«, bejahen bei einer repräsentativen Umfrage 72 Prozent der Befragten 2009.[1] Da hatte die Finanzkrise ihren Höhepunkt erreicht: In vielen westlichen Industriestaaten hatten die Regierungen nach dem Platzen der kreditfinanzierten Immobilienblase Großbanken mit Milliardensummen vor dem Zusammenbruch gerettet – auf Kosten der Steuerzahler. Die Wirtschaft war weltweit in eine Rezession gerutscht, Millionen Menschen verloren ihren Arbeitsplatz. Immer mehr Details über die Geschäftspraktiken der Banken kommen ans Licht. Wir erfahren, wie die US-Börsenaufsicht SEC die Investmentbank Goldman Sachs wegen Betrugs anklagt, weil sie Kunden wissentlich faule Finanzprodukte angedreht hatte. Eine Anhörung im US-Senat wird zu einem Tribunal für die Banker. Der demokratische Ausschussvorsitzende Carl Levin wirft ihnen »zügellose Gier« vor und wiederholt immer wieder, wie die Goldman-Mitarbeiter die faulen Kredite, die sie an ahnungslose Kunden weiterverkauften, intern bezeichneten sie sie als »shi**y deal«: als einen »beschissenen Deal«.[2] »Wir sind nicht verpflichtet, die Investoren zu beraten«, sagt der Goldman-Vizepräsident Tourre vor dem Ausschuss und offenbart damit ein Selbstverständnis, das sich weit von den klassischen Tugenden des Bankgeschäfts entfernt hat. Heute gelten andere Maßstäbe. Denn für Investmentbanker bieten sich besonders gute Gewinnmöglichkeiten, wenn die Märkte schwanken. Stabilität ist Gift für Spekulanten. Fabrice Tourre sieht der aufkommenden Finanzkrise daher auch mit einer gewissen Vorfreude entgegen. »Das ganze Gebäude kann jetzt jeden Moment zusammenbrechen […] Einziger potenzieller Überlebender: der fabelhafte Fab […], der inmitten dieser komplexen, fremdfinanzierten, exotischen Trades steht, die er erfunden hat«, schreibt er in einer Mail 2007. Diesen Zynismus hauen ihm die US-Senatoren bei der Anhörung immer wieder um die Ohren.[3] Tourre ist alles andere als eine Ausnahme im Bankgeschäft, trotzdem ist bis heute kein einziger Banker, der mit diesen Kreditbetrügereien Geld verdient hat, vor einem ordentlichen Gericht in den USA verurteilt worden. Die Banker sprechen zwar von Fehlern, aber sie ändern ihr Verhalten nicht. Schon bald spekulieren die Investmentbanken wieder – sogar gegen Währungen in Europa – und diesmal mit dem billigen Geld, das die Zentralbanken zur Bewältigung der Wirtschaftskrise in den Markt pumpen. Zuerst gerät Griechenland an den Rand der Pleite, dann Irland, und im April 2011 muss die EU Portugal stützen.

Das Verhalten der Banker ist jedoch nur eine Seite der Medaille. Die andere ist das der Bankkunden, mit deren Geld die Banken ihre Kredit- und Spekulationsgeschäfte machen. Angelockt vom Versprechen hoher Zinsen, haben viele Anleger auch Papiere der Pleitebank Lehman Brothers gekauft oder ihr Tagesgeldkonto bei einer isländischen Bank eingerichtet oder haben einen Bankberater damit beauftragt, ihr Geld mit möglichst hoher Rendite anzulegen, ohne so genau wissen zu wollen, wie diese eigentlich zustande kommt. Und so verlieren viele einen Großteil ihres angesparten Vermögens. Wer erwartete hätte, dass die Anleger nach diesen Erfahrungen nicht mehr nur auf die Rendite schielen würden, blind dafür, was mit ihrem Geld für so hohe Zinsen getan wird, täuscht sich: Mehr als drei Viertel der Kunden erwarten von ihrer Bank noch immer vor allem anderen eine möglichst hohe Rendite. Dennoch haben auch einige Anleger ihr Konto zu einer nach ethischen Gesichtspunkten arbeitenden Bank verlegt. Dass sie diese Möglichkeit überhaupt haben, ist auch ein Verdienst von Wilhelm-Ernst Barkhoff, Gisela Reuter, Alfred Rexroth, Rolf Kerler und Walter Burkart. Die GLS Bank dient nicht nur als Vorbild für die Gründung einer ganzen Reihe alternativer Banken, die Bochumer haben auch ganz konkret mit Geld, Wissen und Personal ausgeholfen. So ging Paul Mackay 1980 als Aufbau-Vorstand von der GLS Bank zur niederländischen Triodos Bank NV, die heute die größte Sozialbank Europas ist, mit Aktivitäten in Großbritannien, Spanien, Belgien und Deutschland.

Unterstützt haben die GLS Gemeinschaftsbankiers auch die Freie Gemeinschaftsbank in der Schweiz (1984), die Almennyttige Andelskasse aus Dänemark (1985), die französische Sociéte Financiere de la Nef (1988) sowie die Schweizer Alternative Bank ABS (1990) oder die italienische Banca Etica (1999). Bis heute ist die GLS Bank an allen diesen »Partnern« beteiligt. Gemeinsam werden auch bestimmte Projekte vorangetrieben, wie der zusammen mit der Triodos Bank aufgelegte Fonds zur Beteiligung an Sekem, einer in der biologisch-dynamischen Landwirtschaft und Weiterverarbeitung tätigen ägyptischen Unternehmensgruppe.

Die Motive, eine alternative Bank zu gründen, sind vielfältig. Es gibt Stadtteilbanken in den USA, die Bankdienstleistungen für Menschen anbieten, denen sie von herkömmlichen Banken verweigert werden; es gibt Mikrokreditbanken in Entwicklungsländern, die armen Menschen die Möglichkeit bieten, sich eine eigene Existenz aufzubauen; vielerorts wurden einfach klassische Genossenschaftsbanken und Sparkassen gegründet, beispielsweise in Mexiko oder Vietnam. Zur Geschichte der alternativen Banken gehören aber auch Rückschläge. Eine ganze Reihe von Mikrokreditinstituten musste in Entwicklungsländern schließen, weil sie unwirtschaftlich gearbeitet hatten. Die Finanzkrise hat ebenfalls ihre Spuren hinterlassen, und mit der Shore Bank sogar eine der ältesten und größten Sozialbanken zusammenbrechen lassen. Sie war in Chicago ansässig und kümmerte sich vor allem um die Versorgung von Randgruppen mit Bankdienstleistungen und Förderkrediten. Viele ihrer Kunden verloren infolge der Wirtschaftskrise ihren Job und konnten ihre Kredite nicht mehr bezahlen. Anders als die großen Investmenthäuser, Hedgefonds oder Versicherungen wie AIG, die mit ihrer Art des Geldgeschäfts die Krise ausgelöst oder zumindest befeuert haben, erhält die Shore Bank jedoch kein Geld aus dem von der Regierung aufgelegten Bankenrettungsprogramm TARP.[4] Sie geht, wie so viele kleine und mittelgroße Banken in den USA, unter. Allein im Jahr 2010 hat die staatliche amerikanische Einlagensicherung FDIC 157 Banken geschlossen.[5] Zu dieser Zeit sprudeln die Gewinne bei den Großbanken und Versicherern längst wieder.

In der Finanzkrise zeigt sich die Kluft zwischen den großen Geschäftsbanken und der Vielzahl der kleinen Banken, die wesentlich enger mit der Realwirtschaft verbunden sind. Seit den 1970er-Jahren haben sich die börsennotierten Geschäftsbanken durch den Siegeszug des Shareholde-Value-Prinzips stark verändert. Jetzt geht es nur noch darum, in möglichst kurzer Zeit möglichst viel Gewinn mit Bankgeschäften zu erzielen. Gleichzeitig erhalten die Banker einen größeren Spielraum für Geldgeschäfte: Das System der festen Wechselkurse zwischen Dollar, D-Mark, Franc und anderen Währungen wird durch flexible Wechselkurse ersetzt, und die Kapitalverkehrskontrollen werden weitgehend beseitigt. Kurz: Der freie Markt soll es richten. Die Geschäfte der Banken wachsen durch die Deregulierung in einem rasanten Tempo. In Ländern wie Großbritannien und den USA ist die Finanzindustrie schon bald ein wesentlicher Wirtschaftsfaktor. Mit der steigenden wirtschaftlichen Abhängigkeit der Länder von den heimischen Finanzzentren, der Wall Street oder der City of London, wächst der Einfluss der Banken, Versicherungen und Hedgefonds auf die Politik. Einen massiven Aufschwung erlebt das Bankgeschäft vor allem durch die Erfindung des Personal Computer und die Globalisierung der Wirtschaft nach dem Zusammenbruch des Ostblocks 1989. All das schlägt sich in Milliardengewinnen der großen Häuser wie Goldman Sachs, Barclays, BNP Paribas, Royal Bank of Scotland oder Deutsche Bank nieder.

Die Veränderungen gehen auch an den Sparkassen und Genossenschaftsbanken nicht spurlos vorbei. In einigen Industrieländern sehen die Regierungen nun überhaupt keinen Bedarf mehr für gemeinwohlorientierte Sparkassen, die vielerorts kurzerhand privatisiert werden. Auf diese Weise entstehen teils neue Bankkonzerne wie die Unicredit in Italien, die heute zu den größten Geschäftsbanken in Europa gehört und mit der Hypo-Vereinsbank sogar eines der wichtigsten deutschen Geldinstitute gekauft hat. Die Banken sind nun nicht mehr dem Bürger, sondern einzig dem Aktionär verpflichtet. Unter den verbleibenden öffentlichen Sparkassen und Genossenschaftsbanken kommt es in Europa zu einer bis heute anhaltenden Welle von Fusionen. Der Umbau der Banken steht auch auf der

Agenda der internationalen Politik: 2003 fordert der Internationale Währungsfonds (IWF) eine Umwandlung der deutschen Sparkassen in eine private Rechtsform. Damit wäre die Übernahme von Sparkassen durch private Banken ermöglicht worden, was durchaus im Interesse der großen Finanzinstitute läge. Die Deutsche Bank hatte bereits mehrfach ihr Interesse am Kauf großer Sparkassen geäußert. Doch dazu kommt es nicht, der IWF kann sich mit seiner Forderung nicht durchsetzen.

Je stärker sich die klassischen Banken auf das bloße Geldverdienen beschränken, desto deutlicher können sich die alternativen Banken in ihrem Milieu profilieren. Für Frans de Clerck, Mitgründer der Triodos Bank, wollen ethische Banken nach eigenem Selbstverständnis die Lebensqualität aller Menschen verbessern. Sie berücksichtigen die gegenseitige ökonomische Abhängigkeit voneinander und betonen die Mitverantwortung der heute lebenden Menschen für künftige Generationen.

In Deutschland hat das Modell der GLS Bank bis heute niemand kopiert. Dabei hätte dies dem Gründer Barkhoff sicher gefallen, strebte er doch ein dezentral organisiertes alternatives Bankwesen an. Die Initiative aus einem Unterstützerkreis der GLS Bank in den 1980er-Jahren scheitert, da die Bundesregierung die Voraussetzungen für Bankgründungen mittlerweile erheblich verschärft hat. Stattdessen eröffnet die GLS in Stuttgart 1988 die erste Filiale, im Erdgeschoss eines privaten Wohnhauses auf der Uhlandshöhe. Unabhängig davon, kommt es ab Ende der 1980er-Jahre zur Gründung weiterer alternativer Banken in Deutschland. Für Furore sorgt die Ökobank mit ihrem Slogan »Nehmt den Banken das Geld weg«. Die Ökobanker werden ähnlich misstrauisch beäugt wie die Grünen bei ihrem Einzug in den Bundestag 1983. Binnen weniger Jahre avanciert das Frankfurter Institut jedoch zur größten grünen Bank Europas. Damals steht die GLS Bank im Schatten der Ökobank. Die Geschichte der Ökobank währt eine Dekade. Sie macht einen klassischen Fehler, übernimmt zu viele Risiken in einer einzigen Branche. Als drei Großkredite an Recyclingbetriebe platzen, ist sie am Ende; eine Fusion mit der GLS Bank scheitert. Einige Jahre später pickt sich die GLS

Bank das gesunde Kreditgeschäft heraus. Der ehemalige Ökobank-Vorstand, Horst Popp, gründet 1995 die Umweltbank AG in Nürnberg. 2002 startet die Ethikbank in Eisenberg.

Verglichen mit den hierzulande mehr als zweitausend konventionellen Banken, ist der Club nachhaltiger Geldinstitute und die Zahl ihrer Kunden bisher überschaubar geblieben. Gerade einmal 220.000 Menschen vertrauen ihr Geld einer alternativen Bank an, trotz diverser Finanzkrisen und Bankenskandale. Die Masse der Anleger ist den konventionellen Banken treu geblieben. Glaubt man Experten, könnte sich dies ändern. Sie schätzten den Kreis potenzieller Kunden auf acht bis zwölf Millionen Menschen allein in Deutschland. Soziologen sprechen von sogenannten »Postmaterialisten«, für die materielle Güter weniger zählen als andere, häufig ideelle Aspekte wie Kultur, Tier- oder Umweltschutz, aber auch Gesundheit. »Social Banking ist kein Randphänomen für eine Handvoll Weltverbesserer«, heißt es in einer Studie der auf Banken spezialisierten Unternehmensberatung ZEB.[6] Nach Ansicht der Unternehmensberater können herkömmliche Institute von den sozialen Banken vor allem im Bereich der Unternehmenstransparenz eine Menge lernen. Bedarf an nachvollziehbaren und offenen Geschäftspraktiken gibt es jedenfalls. Laut einer Umfrage der Markforschungsgesellschaft Psychonomics erwarten drei von vier Bankkunden von ihrem Kreditinstitut eine transparentere Geschäftspolitik und eine stärkere soziale Verantwortung.[7] Befragt wurden dazu 1.500 Bankkunden zwischen 18 und 70 Jahren. Dieses Potenzial müssten die Alternativbanken besser ausnutzen: GLS Bank, Triodos Bank, Ethikbank, Umweltbank oder Fidor Bank kennen bis heute gerade einmal zwischen fünf und siebzehn Prozent der Bankkunden.[8]

Abgesehen von einigen Kirchenbanken hat noch keine konventionelle Bank in Deutschland ihr Geschäft einem kompletten ethischen Filterprozess unterworfen. Über Nacht geht das wohl auch nicht. »Wir haben unsere Art von Bankarbeit seit 1974 entwickelt«, sagt der Chef der GLS Bank, Thomas Jorberg. Kopieren lasse sie sich nicht, aber sie könne als Vorbild dienen. Zumindest bietet heute jede gewöhnliche Bank ihren Kunden Geldanlagen nach ethischen Wertvorstellungen an. Sogar der Chef der Deutschen Bank, Josef Ackermann, fordert mittlerweile auf einer eigens für das nachhaltige Bankgeschäft geschaffenen Website seines Instituts: »Die zukünftige Wirtschaft muss umweltbewusster und energieeffizienter sein.« Darüber wundert sich heute niemand mehr. Für traditionelle Banken ist die nachhaltige Geldanlage jedoch nur eine Anlageform unter vielen: Sie verkaufen Anteile von Windparks oder Solaranlagen und spekulieren gleichzeitig mit Währungen oder Rohstoffen. Ein tatsächlich nachhaltiges Geschäftsmodell verfolgt weltweit nur eine Minderheit von Banken.

Der anfängliche Idealismus der ersten GLS Banker ist mittlerweile einem gewissen Pragmatismus gewichen. Gerade was die Frage der Zinsrendite angeht, holen die Kunden die Alternativbanker schnell auf den Boden der Tatsachen zurück. Auch die Gründereltern der sozial-ökologischen Banken konnten längst nicht alle ihre Ideen eins zu eins umsetzen, was besonders in der Zinsfrage deutlich wird: Anfangs war ihre Begeisterung besonders groß für ungewöhnliche Finanzierungsmodelle, mit kreativen Ideen für die Zinszahlung. Deutlich wird dies in der ersten Ausgabe des *Bankspiegel*, der Kundenzeitschrift der GLS Bank. Hier räumte die Bank 1980 einem solchen Kundenbegehren häufiger viel Platz ein, indem es den Brief eines Landwirts komplett veröffentlichte: »Kürzlich erhielten wir ein Angebot zur Pacht eines kleinen Vier-Hektar-Bauernhofs, dessen Wohngebäude im üblichen desolaten Zustand ist; es müsste aufgestockt werden, um auch dort eine zehn- bis zwölfköpfige Familie unterzubringen. Unsere Frage an Sie ist: Gibt es eine Leihgeldmöglichkeit in der Art, dass man nicht Geld zurückerstattet, sondern z.B. ein Ferienzimmer ganzjährig für Gäste richtet? Wir sehen uns nämlich nicht in der Lage, etwa eine Million Schilling zurückzuzahlen und würden gerne neue Wege, Formen der Rückerstattung finden?« Solche Initiativen waren ganz nach dem Geschmack der Gemeinschaftsbanker, die sich damals viele Gedanken über Zinsen machten. Ein schwieriges Unterfangen:

Schon zu Beginn, als es fast ausschließlich »Überzeugungskunden« bei der GLS Bank gab, verzichtete lediglich jeder fünfte Kunde ganz oder teilweise auf seine Zinsen. Heute ist dazu sogar nur noch jeder

zehnte Sparer bereit. Diese Erfahrung ist auch anderen Alternativbanken nicht fremd:»Anfangs sagten die Sparer, wir wollen mitmachen – die Rendite kümmert uns nicht. Mittlerweile kommen die
meisten Menschen und wollen beides: gute Rendite und sozialen
Mehrwert«, sagt Frans de Clerck. Die Alternativbanken sind durchaus
in der Lage, marktübliche Zinsen zu zahlen – und sie tun es auch.
Allerdings wird dadurch die Möglichkeit eingeschränkt, besonderen
sozial-ökologischen Projekten mithilfe zinssubventionierter Kredite
unter die Arme zu greifen. Vor allem die Realisierung sozialer
Projekte wie Schulen oder Kindergärten hängt häufig von solchen
Krediten ab.

Keine Experimente mehr
»Geld gleicht dem Seewasser. Je mehr davon getrunken wird, desto
durstiger wird man.« Dieses und ähnliche Zitate liest der Besucher
auf einem großen Transparent, bevor er die Zentrale der GLS Bank
in der Christstraße in Bochum betritt – einen viereckigen, rot gestri-
chenen ehemaligen Fabrikbau, den die Bank vor einigen Jahren
gekauft und ökologisch saniert hat. Zum architektonischen Klima-
konzept gehören Sonnenkollektoren auf dem Dach und ein drei
Stockwerke hoher künstlicher Wasserfall im Eingangsbereich. 95.000
Kunden hat die GLS Bank im Frühling 2011, vor Ausbruch der Finanzkrise Ende 2006 waren es nur 52.000 Kunden. Das Personal hat
die Bank auf 340 Mitarbeiter fast verdoppelt, um die Arbeit zu be-
wältigen, und weiterhin werden neue Mitarbeiter eingestellt. Während die GLS Bank lange ein Nischendasein geführt, nur mit der
Übernahme von Teilen der Ökobank eine Wachstumsphase erlebt
hat, ändert sich jetzt alles. »Durch die Übernahme der Ökobank
musste die Bank einen neuen Gang einlegen. Durch die Finanzkrise
müssen wir unsere Organisation neu erfinden«, sagt Paul Mackay,
Aufsichtsratchef der Bank. Dieser Erfolg hat die Bank verändert.
Anfangs war die GLS Bank ein eingeschworener Kreis von Menschen. »Sie waren ziemlich eigenwillige und von der Norm abwei-
chende Bankiers«, erinnert sich Moritz Krawinkel, Vorstand des
Westfälischen Genossenschaftsverbandes. Er hat lange die Bilanzen

der Bochumer Bank geprüft – und ist überrascht, als er den Wirtschaftsprüfungsbericht präsentieren will. Bei einer gewöhnlichen Genossenschaftsbank macht man dies vor dem Aufsichtsrat. Bei der GLS Bank führt man ihn in einen Saal, in dem sich etwa hundert Menschen versammelt haben. »Jeder Interessierte konnte teilnehmen«, bekommt Krawinkel zu hören, der bis zum Schluss nicht einmal weiß, ob sich überhaupt ein Aufsichtsrat im Raum befindet. »Jeder, der eine Idee hatte, konnte sich bei der Bank verwirklichen, und alles wurde immer wieder diskutiert«, erzählt Ingo Krampen, der den Bochumer Bankeinrichtungen seit über vierzig Jahren als Aufsichtsrat verbunden ist. Auf die Art könnte die Bank mit ihren inzwischen 11.580 Projekten heute wohl schwerlich ihr Geschäft betreiben. Je mehr Projekte finanziert werden, desto schwieriger wird es, jeweils individuelle Wege zu gehen. Mittlerweile hat die GLS Bank Tätigkeiten wie die Datenverarbeitung ausgelagert, wie jede gewöhnliche Genossenschaftsbank auch. Und wie viele Konkurrenten verfügt die Bank ebenfalls über eine spezielle Beratungseinheit für vermögende Kunden, ein sogenanntes »Family Office«. »Die Bank ist im Mainstream angekommen«, sagt Ingo Krampen und fügt hinzu: »Die GLS Bank kann ja nicht wirklich mehr experimentieren, die muss ordentliche Bankgeschäfte machen.« Er scheint das keineswegs zu bedauern. Die GLS Bank macht daher auch bei sozialen und ökologischen Projekten keine Zugeständnisse, indem sie beispielsweise niedrigere Zinsen nimmt oder sich mit einer schlechteren Bonität des Schuldners zufriedengibt. Ganz im Gegenteil: »Bei der Bonität der Kreditnehmer tendieren wir zu sehr hohen Anforderungen«, sagt Kreditbetreuer Wolfgang Behr bei einem Kongress von Sozialunternehmern, auf dem sie sich über neue Ideen austauschen. Der Jurist Ingo Krampen – Spezialist für gemeinnützige Schulen und Einrichtungen – wünscht sich dagegen die Möglichkeit, auch einmal mehr Risiken eingehen zu können. »Jetzt wäre es nett, eine kleine, feine Einrichtung zu haben, mit der man experimentieren kann«, sagt er und verdeutlicht dies an einem Beispiel aus seiner Arbeit. Als Rechtsanwalt hatte er einen Architekten vertreten, der keine Bank von seiner abenteuerlichen Idee überzeugen konnte: In einem kleinen Dorf in Mecklenburg-Vorpommern wollte er eine Schule errichten. Bis dahin waren dort gerade einmal drei Häuser bewohnt, der Rest stand leer. Auch Kinder gab es keine, als der Architekt dort hinzog. Die Schulbehörde lehnte das Projekt natürlich ab, weil sie keinen Bedarf sah. Doch der Architekt blieb bei seiner Idee. Gegen alle Widerstände konnte er die kleine Dorfschule am Ende doch gründen – dank zweier Stiftungen und seiner Hartnäckigkeit. Und mit der Schule kam neues Leben in das Dorf, genauso wie es sich der Architekt vorgestellt hatte. Mittlerweile sind zwanzig Häuser bewohnt. Vierzig Kinder leben in dem Dorf.

Noch deutlicher als Krampen wird Martin Barkhoff, der älteste Sohn von Wilhelm-Ernst Barkhoff, wenn man ihn auf die Entwicklung der GLS Bank und ihrer anthroposophischen Schwesterinstitute anspricht. Wie sein Vater ist auch er Jurist, er hat lange die Pressearbeit am Goetheanum, dem Zentrum der Anthroposophen in Dornach, geleitet. Heute kümmert er sich in einer Siedlung der nach Ideen von Rudolf Steiner arbeitenden »Camphill-Bewegung« um Behinderte; in dorfähnlichen Gemeinschaften leben Behinderte gemeinsam mit den Familien ihrer Betreuer. Die Entwicklung des anthroposophischen Bankwesens sieht er – mit Ausnahme der Freien Gemeinschaftsbank – skeptisch. »Das ist der letzte Rest eines echten anthroposophischen Bankings«, sagt Barkhoff, dem es gefallen hat, dass die Schweizer Bank in der Finanzkrise wechselwillige Kunden verschreckt hat, indem sie darauf hinwies, dass sie eigentlich gar nicht wachsen wolle, da es nicht ausreichend förderungswürdige Projekte gebe. Diese Auffassung hat in den 1970er-Jahren auch noch die GLS Bank vertreten, als viele Freunde der Friedensbewegung bei ihnen anklopften. »Das Problem ist ja nicht, dass man eine schicke Bank hat – man braucht eine schicke Bank in einer interessanten gesellschaftlichen Bewegung. Das Geld anlegen selber macht nichts, wenn ich nicht die Leute habe, die interessante Projekte machen wollen.«

Die Demokratische Bank
Vielleicht würde Martin Barkhoff gefallen, was gerade in Österreich geschieht. Hier gibt es eine Bewegung, die eine ganz neue Bank

gründen will, und sie denkt dabei an eine neue Basisbank für die gesamte Gesellschaft. Der Idealismus der Befürworter der Demokratischen Bank erinnert an die Vorstellungen, die Wilhelm-Ernst Barkhoff in den 1960er-Jahren formuliert hat. Zu den Initiatoren des Projekts gehört Christian Felber, politischer Aktivist und Buchautor, der Attac Österreich mit gegründet hat; seit einigen Jahren beschäftigt er sich mit der Gemeinwohlökonomie.

Heute sei Geld ein Mittel der Macht über andere, es trenne und schaffe Instabilität; morgen solle Geld ein Mittel der »gemeinsamen Gestaltungsmacht im Zeichen der Menschlichkeit, der gegenseitigen Hilfe und Solidarität werden«, so der 39-Jährige.[9] Das Netzwerk will den gesamten Bankensektor auf das Gemeinwohl verpflichten.[10] »Wir wollen Geld zum öffentlichen Gut machen. Was bedeutet, dass demokratisch entschieden wird, wie Geld als Kredit in den Wirtschaftskreislauf gelangt, welcher Einkommensanspruch aus der Geldverleihung entsteht, und dass Banken nicht nach Gewinn streben, sondern dem Gemeinwohl dienen sollen.«[11]

Nichts spricht dafür, dass die Menschen und die Politik einen solchen demokratischen Banktyp momentan umsetzen. Für ein solches Vorhaben, die generelle Umstellung von Banken, dürfte es keine Mehrheit geben. Deswegen plant die Gruppe, zunächst einmal im Kleinen zu zeigen, was dies bedeuten kann. Sie hat einen Prototyp entworfen, als Genossenschaft. 150 Menschen arbeiten in dem Organisationskreis, darunter einige Bankiers. Und sie haben klare Vorstellungen davon, wie die Bank in der Praxis arbeiten soll. »Revolutionär ist [...] das Prinzip, dass Zinsen weder verlangt noch gewährt werden – von der Deckung der tatsächlichen Kosten der Bank und einem Inflationsausgleich abgesehen.«[12] Ganz so neu ist das nicht: Die GLS Bank hatte anfangs ebenfalls nur mit einer Kostenumlage gearbeitet.

Wenige Wochen nach einem ersten Aufruf erklären sich im April 2011 tausend Menschen bereit, einen Genossenschaftsanteil von tausend Euro zu zeichnen. Damit hat die Gruppe ein Fünftel der fünf Millionen Euro Eigenkapital zusammen, die sie in Österreich für die Gründung einer neuen Bank benötigt. »Ich gehe fix davon aus, dass wir den Rest auch bekommen«, sagt Felber, bei dem sich auch schon unaufgefordert die ersten Bankmitarbeiter beworben haben. Wenn alles glatt läuft, soll die Bank im Jahr 2011 starten. Dann gäbe es ein neues Mitglied in der Bewegung der Alternativbanken.

Von Anfang an haben die bestehenden Alternativbanken zusammengearbeitet, zunächst informell. 1989 gründeten sie den Zusammenschluss »International Association for Investors in Social Economy« (INAISE). Sie sehen sich als »Best-Practice-Beispiel für eine fortschrittliche Bankarbeit«, so GLS Bank-Vorstand Andreas Neukirch, der auch einer der Vorstände von INAISE ist. Versuche, sich auch mit konventionellen Banken zu vernetzen, um ihre Ideen zu verbreiten, scheiterten bisher.[13]

Im März 2009, auf dem Höhepunkt der Finanzkrise, gründeten elf Alternativbanken ein weiteres Bündnis: die Global Alliance of Banking on Values. Die neue Allianz will eine sozial, ökologisch und ökonomisch erfolgreichere Alternative zum globalen, krisenbehafteten Finanzmarkt in seiner gegenwärtigen Form entwickeln. Heute zählt das Bündnis gut zehn Millionen Kunden in 24 Ländern, bis zum Jahr 2020 sollen es bis zu einer Milliarde sein. Zudem haben einige dieser Sozialbanken gemeinsam mit anderen interessierten Banken ein Ausbildungsinstitut gegründet, schließlich brauchen neue Banken neue Bankiers. Seit 2006 gibt es in Bochum das Institute for Social Banking (ISB). Der dreijährige berufsbegleitende Masterstudiengang wird gemeinsam mit der Universität Plymouth angeboten. Hier sollen die Teilnehmer die »menschliche Komponente des miteinander Wirtschaftens« erfahren, so Katharina Beck, die in der Geschäftsführung des ISB sitzt. »Als normaler Banker hast Du ein klar umrissenes Unternehmensziel, die Maximierung des Profits. Bei uns geht es darum, als Banker die richtigen Prioritäten im Einzelfall zu setzen«, sagt sie und veranschaulicht die Schwierigkeit an einem Beispiel: Angenommen, eine Waldorfschule stelle einen Kreditantrag für eine Erweiterung. Gleichzeitig gehe diese Schule verschwenderisch mit Energie um und wolle daran auch nichts ändern; finanziell seien die Bedingungen gut. Soll man sich dann als Kreditbearbeiter aufgrund der ökologischen Ziele der Bank gegen das

Projekt oder wegen der sozialen Ziele für das Projekt entscheiden? In der Praxis kann die Arbeit der Sozialbanker ganz schön schwierig sein, weil sie neben Sicherheit, Liquidität und Rendite eben eine weitere Dimension berücksichtigen, die sozialen und ökologischen Wirkungen eines Vorhabens. Noch stellen Sozialbanken die meisten Teilnehmer des Institute for Social Banking. So wie Nitza Segui Albino – sie fliegt für die Kompaktseminare jedes Mal aus Washington ein. Die 46-Jährige hat dort einen Migranten-Entwicklungsfonds gegründet. Hier erledigen Einwanderer aus Lateinamerika Bankgeschäfte. Später will sie eine nicht-gewinnorientierte »Credit Union« für Einwanderer aufbauen, eine Art Leihgemeinschaft. Der Gedanke des Social Banking setzt sich fort. Im Frühling 2011 hat das ISB gemeinsam mit der Alanus Hochschule für Kunst und Gesellschaft den weltweit ersten Lehrstuhl für Social Banking eingerichtet. Den Teilnehmern will Katharina Beck vor allem eines vermitteln: »Social Banking ist eine Grundeinstellung und kein Produkt«.[14] Beck selbst hat Wirtschaft studiert und sich nebenbei intensiv in der Studentenorganisation Oikos mit nachhaltiger Wirtschaft beschäftigt; für die Enkelgeneration von Barkhoff ist dies selbstverständlich. Und wie würde der Gründer selbst wohl heute die GLS Bank sehen? »Ich bin mir sicher, er hätte die Entwicklung gut gefunden, und so geht es mir auch. Es ist toll, dass dies jetzt nicht mehr wie früher in der Nische geschieht, sondern eine große gesellschaftliche Offenheit hat. Und die Gründer würden heute sagen, das ist gut«, sagt Krampen.

Barkhoff selbst blickte bescheiden auf sein Leben zurück: »Wer sich ernsthaft mit der Freiheit einlässt, begreift sehr schnell, dass Gedankenfreiheit und Koalitionsfreiheit möglicherweise am Schreibtisch, im Konferenzsaal oder im Wirtshaus vollzogen werden können; Handlungsfreiheit verwirklicht sich aber erst und ausschließlich durch eigene, persönliche Arbeit. Andernfalls bleiben sie Gedanke bzw. Beschluss, und die Wirklichkeit bleibt Nach-denken, Nach-machen, Nach-laufen, Nach-vollziehen oder welchen Namen wir unserer Unfreiheit auch immer geben.« Aber das alles habe er damals – als er die Schule gründete – noch nicht geahnt, »geschweige denn, dass ich es gewusst hätte.«[15]

DIE VERANTWORTUNG WÄCHST MIT DER MACHT UND DEN FÄHIGKEITEN DES EINZELNEN
IM GESPRÄCH MIT SVEN GIEGOLD

Wirtschaft und Banken neu denken – damit beschäftigt sich Sven Giegold schon lange. Der 41-jährige Wirtschaftswissenschaftler hat Attac Deutschland mitgegründet, ebenso wie Tax Justice Network, eine Nichtregierungsorganisation, die sich mit Steuerfragen beschäftigt. Dann trat er 2008 als Seiteneinsteiger den Grünen bei. Schon ein Jahr später wurde er für die Partei in das Europaparlament gewählt; hier ist er nun ihr Obmann im Ausschuss für Wirtschaft und Währung. Es ist ein schwieriges Arbeitsgebiet, auch wegen der starken Lobby der Finanzindustrie. Gemeinsam mit anderen Parlamentariern hat er sich zu einem ungewöhnlichen Schritt entschlossen: Sie helfen dabei, eine Organisation zu gründen, die ein Gegengewicht zur Bankenlobby bilden könnte. Es gibt also viele Gründe, um sich mit Sven Giegold über Banken und Finanzen zu unterhalten. Vor wenigen Tagen ist er vom Weltsozialforum im Senegal zurückgekehrt. Treffpunkt ist ein Restaurant im Berliner Hauptbahnhof.

Gibt es böse Banken?

Ich finde es böse, wenn Banken zum Kauf bestimmter Finanzprodukte raten, und sie selbst – ohne den Kunden darauf hinzuweisen – wetten, dass eben diese Produkte an Wert verlieren. Dass einige Banken so gehandelt haben, kam durch die Finanzkrise ans Tageslicht. Kürzlich haben Richter die Deutsche Bank ja deswegen zu Schadenersatz an einen Mittelständler verurteilt. Ich finde es auch böse, wenn Menschen sehen, wohin die Welt läuft, und nicht zumindest einen relevanten Teil ihres Kapitals in den Dienst eines sozial-ökologischen Umbaus stellen. Wir sind heute an einem sehr gefährlichen Punkt der Entwicklung: Wenn wir nicht schnell umsteuern, wird die menschliche Gesellschaft tief destabilisiert werden.

Trifft den Kunden nicht die gleiche Verantwortung, wenn er nur nach der maximalen Rendite trachtet?

Der Geist mag ein ähnlicher sein. Aber der Bankier, der eine Milliardensumme maßgeblich kontrolliert, hat eine andere Verantwortung als ein gieriger Kleinsparer. Die Verantwortung wächst mit der Macht und den Fähigkeiten des Einzelnen.

Haben ethische Werte etwas im Bankgeschäft zu suchen?

Wir wissen, dass halbwegs vernünftiges Wirtschaften nur möglich ist, wenn sich die Marktteilnehmer untereinander vertrauen. Wenn jeder seinem Gegenüber immer misstrauen müsste, wäre der Kontrollaufwand so hoch, dass ein menschliches Zusammenleben und ebenso die Marktwirtschaft unmöglich wären. Sowohl Unternehmen als auch jeder Einzelne müssen ihr Verhalten in einem Mindestmaß nach sozial-ökologischen, moralischen Wertvorstellungen ausrichten. Sonst wird unser Leben unerträglich! Das können wir nicht alles durch das Gesetz regeln. Jeder Einzelne muss versuchen, aus sich heraus, sich moralisch und ethisch zu verhalten. Natürlich wird es den Egoismus und das Böse immer in der Welt geben, er darf nur nicht überhandnehmen, sonst wird die Erde zur Hölle.

Welche Rolle spielen alternative Banken?

Diese Banken gehen ehrlicher mit ihren Kunden um und schaffen transparente Abläufe. Und sie erfüllen eine wichtige Aufgabe für eine sozial-ökologische Weiterentwicklung der Wirtschaft, weil sie Mittel für Zukunftsbereiche wie alternative Energie oder eine ökologische Landwirtschaft bereitstellen.

Noch haben alternative Banken einen sehr geringen Marktanteil in Deutschland. Dominant sind beim Endkunden und mittelständischen Unternehmen die Sparkassen und Genossenschaftsbanken ...

Sie sind auch nicht einfach profitmaximierende Banken, sondern verfolgen grundsätzlich ethische Ziele wie die wirtschaftliche Förderung der Region oder die Versorgung der Menschen mit Finanzdienstleistungen. Allerdings sehen sie ihren Auftrag nicht in der Erfüllung ökologischer oder sozialer Ziele. Das müsste sich ändern. In jedem Gespräch, welches ich mit Sparkassen und Volksbanken führe, sage ich: Wir wollen kleine Banken gegenüber großen Banken stärken. Aber wir erwarten von euch, dass ihr euer Geschäft ökologisch und sozial verändert. Dazu würde es auch gehören, dass diese Geldhäuser den Verbraucherschutz im Finanzmarkt wirklich ernst nehmen. Es gibt leider auch einige Genossenschaftsbanken und Sparkassen, deren Verkaufsmethoden gegen ethische Prinzipien verstoßen. Ich erwarte, dass sie das ändern.

Sehen Sie eine Reaktion?

Ich habe zumindest den Eindruck, dass sich einige Sparkassen und Genossenschaften wieder auf ihre Gründungswerte besinnen, sich auf den normalen Kunden konzentrieren und mehr darauf achten, welche Produkte sie ihnen verkaufen. Aber wir sind noch weit von einer Verkaufspraxis entfernt, die richtig wäre. In jedem Fall brauchen wir schärfere Regeln für den Verbraucherschutz bei Finanzprodukten.

Noch mehr Regeln?

Nicht mehr, andere Regeln. Häufig erfinden die Politiker neue Regeln, um ein Stück weit zu übertünchen, dass sie die zentralen Punkte nicht angehen. Schon heute liest kaum ein Anleger das Kleingedruckte beim Kauf von Finanzprodukten. Es ist viel zu umfangreich und für die meisten Menschen auch unverständlich. Der Gesetzgeber sollte sich bei Regeln für Anlageprodukte vor allem an den Bedürfnissen dieser Menschen orientieren. Wenn sie ihr Geld verlieren, werden sie meist fundamental geschädigt. Möglicherweise reicht ihr Geld für ihre Altersvorsorge nicht mehr aus. Für sie muss die Politik Verbraucherschutzregeln machen, nicht für die Vermögenden, die es leicht verschmerzen, wenn sie mit einer riskanten Anlage Geld verlieren.

Wie sollte die Politik eingreifen?

Wir brauchen ganz simple Warnhinweise, beispielsweise eine Ampel. Schauen Sie, eine ganze Reihe von Menschen hat während der Finanzkrise in vielen Ländern massive Probleme mit variablen Zinssätzen bekommen. Menschen orientieren sich meist sehr kurzfristig bei Geldanlagen: Sie sehen, dass der variable deutlich günstiger ist als ein langfristig festgesetzter Zinssatz. Sie denken in diesem Moment nicht daran, dass die Zinsen schon in wenigen Jahren stark ansteigen können, und dass sie dann möglicherweise überfordert sein werden mit der Rückzahlung und sie im Extremfall sogar privat insolvent werden. Wir brauchen deswegen vor dem Vertragsabschluss klare Angaben für den Kreditnehmer über die mögliche Spanne von Kreditkosten bei einem variablen Zinssatz.

Viele Finanzberater erhalten hohe Provisionen für den Verkauf bestimmter Finanzprodukte. Der Käufer weiß dies gewöhnlich nicht?

Wer zu einem Finanzdienstleister geht, hat das Recht, unabhängig davon beraten zu werden, was die Bank oder Versicherung selbst an dem verkauften Finanzprodukt verdient. Die Anreize für die Verkäufer bei den

Finanzinstituten sind heute so gesetzt, dass sie Kunden häufig Geldanlagen verkaufen, die für diese ungeeignet sind, weil sie selbst dafür hohe Provisionen bekommen oder Druck von der Vertriebsleitung. Aber die Provisionsorientierung könnte der Gesetzgeber abschaffen, so wie es gerade in Großbritannien geschieht. Ab 2012 sind dort Provisionen im Retailgeschäft[16] von Finanzvermittlern verboten. Es gibt dort übrigens auch nicht den Unsinn, dass die freien Versicherungsvermittler – so wie in Deutschland – von der Gewerbeaufsicht kontrolliert werden. Dafür ist die britische Finanzaufsicht FSA zuständig, welche über die notwendige Kompetenz verfügt.

Warum beseitigt die Regierung die zentralen Probleme beim Verkauf von Finanzprodukten nicht?

Je zentraler die Aspekte werden, desto größer werden die Gegenkräfte. Nehmen Sie die Frage der Warnhinweise, die sich ja für verschiedene Bereiche eignen – nicht nur für Finanzprodukte. Die Industrie bekämpft sie massiv, beispielsweise bei Lebensmitteln. Sicher gibt es Nahrungsmittel, bei denen man schwerlich beurteilen kann, ob man sie nun gelb, grün oder rot einstuft. Heute brauchen Sie aber eine Ausbildung in Lebensmittelchemie, um beim Einkauf bewerten zu können, ob ein Lebensmittel gut ist oder nicht. Das ist ein unhaltbarer Zustand! Deswegen bin ich für die Ampel, ob bei Lebensmitteln oder Versicherung. Wie erfolgreich einfache plakative Angaben sind, haben wir bei Elektrogeräten gesehen. Da gibt es eine einfache farbliche Klassifizierung von »A« bis »E«, absolut primitiv. Inzwischen kriegen Sie gar kein Gerät mehr, was nicht mindestens zur Kategorie »A« gehört. Diese Kennzeichnung hat einen der größten Innovationsprozesse für den Umweltschutz in Europa ermöglicht.

Wie würden Sie die Finanzprodukte in eine Ampel einsortieren?

Grün wären mündelsichere Anlagen, gelb wären Anlagen mit einem begrenzten Risiko. Alle anderen Anlagen kriegen einen roten Hinweis. Das signalisiert jedem interessierten Anleger: Hiermit musst Du Dich genau beschäftigen. Wer bewusst ein solches Produkt kauft, ist dann auch wirklich selbst verantwortlich, wenn etwas schiefgeht.

Nach der jüngsten Finanzkrise hat die Politik viele Änderungen versprochen. Ist das Finanzsystem mittlerweile stabiler?

Wir haben eine Menge gesetzgeberische Aktivität gesehen. Trotzdem ist unser Finanzsystem nach wie vor hochgradig instabil! Dazu reicht ein Blick auf den Zustand des Dollars oder die hohen weltweiten Ungleichgewichte in den Handelsbilanzen der Länder. Das Bankensystem ist ebenfalls noch instabil. Netto haben wir nicht viel geschafft!

Gehen die geplanten Regulierungsmaßnahmen in die richtige Richtung?

Schon. Aber einige der Faktoren, die zur Instabilität beitragen, stehen bisher nicht einmal auf der Agenda der Politik: So nimmt die soziale Ungleichheit weiter zu, und das ist ein wichtiger Grund dafür, dass das anlagesuchende Kapital weltweit steigt. Reiche Menschen konsumieren einen relativ kleineren Anteil ihres Einkommens als Menschen mit geringerem Einkommen. Deswegen steigt das anlagesuchende Kapital weiter an. Bei einer gleichmäßigeren Einkommensverteilung würden die Menschen mehr Geld für den Konsum ausgeben und weniger anlegen. Zweitens gibt es weiterhin große wirtschaftliche Ungleichgewichte in der Welt. Solche Probleme kann man nur lösen, wenn man die dominierende Wirtschaftsideologie – die auf der Neoklassik basiert – infrage stellt. Hinzu kommt, dass uns wirksame internationale Institutionen fehlen. Solange jeder Staat seinen eigenen kurzfristigen Nutzen maximiert, sind diese Probleme unlösbar. Es gibt einige wichtige ökonomische Nationalismen, die die Einzelstaaten nicht angehen wollen. Damit gefährden sie massiv die Stabilität des Gesamtsystems. Hier stehen nach der Krise tiefgreifende Änderungen bei der Regulierung der Banken an. Sicher ist es richtig und wichtig, hier etwas zu ändern. Aber das reicht bei Weitem nicht aus.

Was müsste geschehen?

Wir haben große wirtschaftliche Ungleichgewichte zwischen verschiedenen Regionen in der Europäischen Union. Dies könnte und müsste man durch eine einheitliche Steuer- und Transferpolitik ausgleichen. Das ist aber ein sehr unbeliebtes Thema in Deutschland, weil es der Ideologie der vorherrschenden Ordnungspolitik widerspricht. Diese Ordnungspolitik – die von der »Freiburger Schule« geprägt ist – geht davon aus: Wenn die Rahmengesetzgebung erfolgt ist, dann können die Akteure tun und lassen, was sie wollen, und trotzdem gleichen sich die Ungleichgewichte aus. Das stimmt aber nicht. Wir brauchen Ausgleichsmechanismen innerhalb Europas, so wie wir sie auch innerhalb Deutschlands haben. Der soziale Ausgleich war aber bei den meisten Autoren der Freiburger Schule immer ein Tabu – mit weitreichenden Konsequenzen. Schließlich war die Freiburger Schule die Religion des deutschen Wirtschaftsjournalismus und der Wirtschaftslehre an den Universitäten.

Welche Folgen hat das?

Das System kommt an seine sichtbaren Grenzen. Wenn Deutschland weiter einseitig auf seine Wettbewerbsfähigkeit, Exportwirtschaft und Außenhandelsüberschüsse setzt und sagt, es ist uns egal, was da in den südlichen Ländern Europas passiert, dann wird das mit dem Euro auf Dauer nicht vereinbar sein.

Wie sollte Deutschland mit seinen Exporten umgehen?

Die will ich gar nicht einschränken, genauso wenig wie die Wettbewerbsfähigkeit. Wir müssen vielmehr in Deutschland einen größeren Teil der Exporteinnahmen investieren und konsumieren. Darum geht es. Dieses Geld könnte in den sozial-ökologischen Wandel fließen. Wenn wir mehr ausgeben, haben unsere Handelspartner auch weniger Probleme mit unseren Exporterfolgen. Heute kaufen wir mit einem Großteil unserer Exporteinnahmen lieber Staatsanleihen und andere ausländische Finanzprodukte. Wir tragen auf diese Weise doppelt dazu bei, dass sich andere Staaten stärker verschulden: Indem wir wenig konsumieren und entsprechend wenig Güter und Dienstleistungen im Ausland einkaufen, und indem wir die Schulden der Staaten mitfinanzieren. Wenn diese Länder ihre Schulden irgendwann nicht mehr zurückzahlen können, dann haben wir erneut einen Kladderadatsch im Finanzsystem. Dann werden die Banken wieder destabilisiert. Das ist doch ein Irrsinn.

Können die Staaten das Problem nicht einfach lösen, indem sie die Gläubiger zwingen, ganz oder teilweise auf ihre Ansprüche zu verzichten?

Theoretisch finde ich das auch eine tolle Idee: die Gläubigerbeteiligung. Real ist das aber schwer durchführbar und gefährlich. Praktisch gibt es dann eine neue Destabilisierung des Bankensystems, solange wir keine Mechanismen haben, einen erneuten Dominoeffekt aufzuhalten. Wir brauchen daher zügig die Entflechtung der großen Banken und klare Pläne zur Abwicklung im Krisenfall. Erst dann kann eine relevante Gläubigerbeteiligung ohne unverantwortliche Gefährdung des Geldsystems durchgeführt werden. Im Moment geht es vor allem um die Schuldenprobleme von Griechenland. Aber denken

Sie mal über Spanien nach. Wenn Spanien seine Schulden nicht mehr bedienen könnte, und die Gläubiger dafür aufkommen müssten, dann würden nicht nur einige Banken, sondern auch einige Versicherer ins Gras beißen. Und davon wäre die Altersvorsorge vieler Menschen in Europa betroffen.

Die Rettung großer Banken haben die Regierungen mit der Systemrelevanz der Institute begründet. Woran erkennt man eigentlich eine systemrelevante Bank?

Bestimmt sind einige Banken systemrelevant und andere nicht. Wo genau die Grenze liegt, wusste zum Zeitpunkt der Finanzkrise faktisch niemand. Was passieren würde, wenn eine systemrelevante Bank Konkurs geht, war kaum absehbar. Deswegen hat sich die Bundesregierung ja auch so ins Bockshorn jagen lassen. Was wir bei der Rettung der Commerzbank gemacht haben, ist in einer Erpressungssituation der Politik durch die Banken zustande gekommen.

Kann man verhindern, dass Banken eine systemrelevante Stellung erreichen?

Im Grunde müsste man Banken verbieten, sich in größerem Maße aneinander zu beteiligen und sich gegenseitig zu refinanzieren. Nur so kann ich den Dominoeffekt stoppen, der das eigentliche Problem in der Finanzkrise war. Wir haben in Deutschland die Hypo Real Estate gerettet, weil sie massiv von anderen Banken und Finanzinstitutionen finanziert wurde. So ist es heute überall. Wenn man diese Verbindung kappt, gibt es keine systemrelevanten Banken mehr. Dann kann man auch Pleiten großer Banken laufen lassen. Darum muss es bei den europäischen Vorschlägen zur Restrukturierung von großen Finanzinstititutionen gehen.

Sind wir als große Volkswirtschaft auf große Banken angewiesen?

Ich weiß nicht, wozu wir Banken von der Größe einer Deutschen Bank brauchen. Wofür ist das nützlich? Im Gegenteil: Wir brauchen Anreize dafür, dass die Banken nicht immer größer werden. Und solange es systemrelevante Banken gibt, müssten sie dafür bezahlen, dass sie eine implizite Bestandsgarantie durch den Steuerzahler haben.

Wie groß ist die Macht der Finanzdienstleister in Europa?

Sie können offensichtlich Staaten zwingen, für ihre Verluste in dreistelliger Milliardenhöhe aufzukommen. Das ist eine enorme Macht und gefährdet die Demokratie.

Welchen Einfluss haben Banken auf die Spielregeln des Finanzsystems?

Sehr großen Einfluss. Im Finanzsektor fehlen Gegenkräfte mit ähnlicher Kompetenz. Ich sehe es ständig bei den Gesetzgebungsprozessen in Brüssel und Straßburg: Wir tagen im Finanzausschuss des Europaparlaments ja öffentlich. Ich sehe, welche Lobbyisten da sind – es sind vor allem die Vertreter der Finanzindustrie. Schätzungsweise kommen in Brüssel im Finanzbereich auf einen gemeinwohlorientierten Lobbyisten einer Verbraucherschutzorganisation etwa hundert Lobbyisten, die Sonderinteressen der Finanzbranchen vertreten.

In welchem Fall hat die Finanzindustrie konkret die Gesetzgebung beeinflusst?

Sie hat beispielsweise massiven Einfluss auf die Richtlinie für Alternative Investment Fonds genommen; damit sollten Investment- und Hedgefonds reguliert werden. Zu dem Vorschlag der EU-Kommission gab es 1.600 Änderungsanträge – das ist unglaublich viel. Viele dieser Änderungsanträge waren textidentisch, ein klarer Beleg, dass die Abgeordneten die Vorlagen von Lobbyisten übernommen haben. Ich schätze, etwa 1.000 der knapp 1.600 Anträge hat die Finanzindustrie verfasst. Ein entgegenstehendes progressives, gemeinwohlorientiertes Lobbying zu dem Thema gab es nicht. Bei der Schlussabstimmung hat sich der britische Präsident des Parlaments – der diese Sitzung zufällig leitete – zweimal im Namen der City of London bedankt. Das muss man sich einmal vorstellen.

Trotzdem findet eine Regulierung der Finanzbranche statt.

Dafür brauchen Sie öffentlichen Druck – so wie bei dem Thema Managerbezahlung. Hier gab es ein enormes öffentliches Interesse und eine breite Berichterstattung. Deswegen konnten die Befürworter im Europaparlament strenge Regeln für die Bezahlung von Managern durchsetzen: für die Begrenzung der variablen Bezahlung, für Mindesthaltedauern von Aktien bei den Managern, für Verbote von Boni bei krisengestützten Banken.

Warum gibt es so wenig gemeinwohlorientierte Lobbyisten, die sich um Finanzthemen kümmern – ist das Thema zu sperrig?

Es haben sich ja auch im Umweltbereich bei sehr sperrigen Themen Initiativen gebildet. Als die Atomkraftwerke gebaut wurden, gab es zunächst kaum kritische Experten. Dann haben sich viele Bürgerinitiativen eingearbeitet. Der Protest begann mit einem Selbstaufklärungsprozess – ein solcher Selbstaufklärungsprozess ist bei Finanzen noch am Anfang. Wir haben ein erschreckend geringes Grundwissen, selbst bei politisch aufgeklärten Menschen. Durch die Finanzkrise hat sich das zwar erhöht. Trotzdem gibt es noch große Lücken. Gleichzeitig gibt es einen hohen diffusen öffentlichen Druck: Jeder, den man fragt, sagt, ihr müsst da aufräumen. Ihr müsst Regeln schaffen, das ist ein gesellschaftlicher Konsens. Wenn es um die Übersetzung von ökonomischen Überzeugungen in die juristische Sprache geht, fehlt jedoch häufig das Detailwissen. Es ist schwer, kritische Experten zu finden. Das ist das Einfallstor der Lobby. Die Umgestaltung der Regeln für Finanzinstitute wird zusätzlich erschwert, weil die Unternehmen sehr mobil sind. Wir haben souveräne Nationalstaaten, die Gesetze machen, und Wirtschaftsakteure, die sich darüber hinwegsetzen können. Es gibt noch keine effektiven Entscheidungsmöglichkeiten auf internationaler Ebene.

Mehr als die Hälfte der Parlamentarier aus dem Finanzausschuss des Europäischen Parlaments hat öffentlich dazu aufgerufen, eine Gegenlobby zu den Banken zu bilden. Wie war das Echo auf diesen ungewöhnlichen Vorschlag?

Da haben wir den Zeitgeist getroffen – das Echo war entsprechend groß. Der Gründungsprozess ist auf dem Weg. Wir sind optimistisch, dass wir die Gründung von Financewatch in den nächsten Monaten auf die Reihe bekommen.

Und was soll Financewatch konkret machen?

Die Organisation soll vor allem Expertise generieren. Heute ist es unglaublich schwierig, qualifizierte, alternative Expertise zu bekommen. Banken nehmen also weniger Einfluss über Dreistigkeit, sondern über Ideen und Vorschläge, denen keine anderen, ebenso gut ausgearbeiteten Entwürfe entgegenstehen. Außerdem soll Financewatch gemeinwohlorientierte Kampagnen zu Finanzthemen führen, so wie wir dies von anderen Gruppen bei Umwelt-, Entwicklungs- und Gesundheitsthemen kennen.

Kann man als Parlamentarier eine Lobbygruppe finanzieren, die einen später unabhängig beraten soll?

Wer sagt, es sei ein Armutszeugnis, wenn ein Parlament die Zivilgesellschaft um Hilfe bittet, operiert mit einem verkürzten obrigkeitsstaatlichen

Demokratieverständnis. Wenn die relevanten Institutionen, Verbände, Medien, Bürger in ihrem Bewusstsein bei einem Thema zurückgeblieben sind, kann man nicht vom Parlament erwarten, dass es intelligenter handelt. Politischer Fortschritt entsteht in einem Geflecht aus Bürgergesellschaft, Marktakteuren und Politik. Daher ist es völlig legitim, wenn Parlamentarier warnen: Hier gibt es ein Problem in der Bürgergesellschaft, lasst uns das gemeinsam lösen. Das zeigt doch gerade, dass diese Abgeordneten sich wirklich für das Allgemeinwohl interessieren. Wir begleiten als Abgeordnete aber nur den Gründungsprozess. Danach ziehen wir uns zurück. Sicher sollte man als Politiker keine Organisation steuern, die einen hinterher unabhängig beraten soll.

Wie handlungsfähig ist Politik gegenüber Finanzkonzernen?

Völlig. Die wirtschaftlichen Spielregeln für die Finanzmärkte schreibt die Politik. Deswegen greift es zu kurz, nur auf die Finanzlobby zu schimpfen. Sie hat Einfluss, aber wenn man es zu Ende denkt, vor allem deswegen, weil der Großteil der Bürger auch die Parteien der Klientelpolitik wählt.

Wenn man sich den gesamten Prozess der Deregulierung der Finanzmärkte anschaut, dann gab es auch Phasen in Europa mit anderen politischen Mehrheiten – trotzdem ging der Prozess weiter …

Absolut – völlig einverstanden. Die Ideologie, dass offene Märkte besser sind, und Staatseingriffe in der Regel schaden, war hegemonial. Diese Sichtweise ist vor allem befördert worden durch eine theoretische Wende in den Wirtschaftswissenschaften, die sich übersetzt hat in den Wirtschaftsjournalismus und von dort in die Interessengruppen, die das für sich ökonomisch wollten. Es war handlungsleitend geworden für alle Parteien. Aber nach der Finanzkrise ist die Lage anders: Es gab in den Wirtschaftswissenschaften eine Erschütterung. Im Wirtschaftsjournalismus gab es eine Phase von Verwirrtheit, wobei sich schon wieder zunehmend die alten Erklärungsmuster durchsetzen. Die *Financial Times* liest sich jetzt anders als vor der Krise, bei manchen deutschen Zeitungen habe ich das nicht im gleichen Maße wahrgenommen. In der Wirtschaftswissenschaft wird es noch etwas dauern. Aber ich bin mir sicher, die Krise wird an den Theorien nicht vorbeigehen. Letztlich übersetzt sich das auch in Politik.

1 »Kundenmotive 2009. Tabuthema Geld: Einstellungen, Verhalten und Wissen der Deutschen«, Studie der comdirect, 2009
2 www.spiegel.de, 28. April 2010
3 Ebd.
4 Reuters, 22.10.2010
5 *Handelsblatt*, 8.1.2011
6 Christof Jauering und Katrin Lumma, »Nachhaltig krisenfest. Auch Genossenschaftsbanken können vom Erfolg des Social Bankings lernen«, in: *BankInformation – Das Fachmagazin der Volksbanken Raiffeisenbanken* 2/2010, S. 10ff
7 *Psychonomics*, Pressemitteilung vom 8. Dezember 2010
8 Ebd.
9 »Demokratische Bank – ein Widerspruch in sich?«, www.zeitpunkt.ch, 3. März 2011
10 Christian Felber, *Gemeinwohlökomie. Das Wirtschaftsmodell der Zukunft*, Wien 2010. »Was der genaue Inhalt von Gemeinwohl ist, steht nirgendwo geschrieben. Dieser kann nur Ergebnis einer demokratischen Diskussion und Übereinkunft sein. [...] Die Ergebnisse gehen weltweit in eine ähnliche Richtung: Transparenz, soziale Verantwortung, ökologische Nachhaltigkeit, demokratische Mitbestimmung und Solidarität gegenüber allen ›Berührungspunkten‹, also Menschen, Tieren und Pflanzen, deren Lebenssphären von der Tätigkeit des Unternehmens berührt werden.«, S. 25f
11 »Die Demokratische Bank«, Attac Österreich, Projektpapier, Mai 2010
12 www.demokratische-bank.at
13 Vivian Vandemeulebroucke, Katharina Beck, Katrin Käufer, *Networking Social Finance*, Brüssel 2010, S. 71
14 *Die Zeit*, 50/2010
15 Sönke Bai, Wilhelm-Ernst Barkhoff, Michael Bockemühl, *Die Rudolf-Steiner-Schule Ruhrgebiet*, Hamburg 1976, S. 18
16 Mit dem Begriff bezeichnet man alle Geschäfte, die Banken mit Privatkunden abschließen, wie Kontoführung, Kreditvergabe oder den Verkauf von Fonds, Bausparverträgen oder Versicherungen.

	Zeitgeschichte & Finanzkrisen	Ereignisse der alternativen Ökonomie	Geschichte GLS Bank
1961			Entstehung der Gemeinnützigen Treuhandstelle e.V.
1965	USA treten offen in den Vietnamkrieg ein		
1967			Entstehung Gemeinnützige Kredit-Garantiegenossenschaft eG
1968	Studentenunruhen in den westlichen Demokratien		
1969		Aktionäre kritisieren die Produktion von Napalm durch den Chemiekonzern Dow Chemical	Aufbau eines Studienfonds
1971	USA beenden Eintauschpflicht des Dollars in Gold	Gründung Greenpeace; Emission des Pax World Funds durch Methodisten	Gründung der Neuguss
1973	Ölkrise; Zusammenbruch des Systems fester Wechselkurse (Bretton Woods)	Gründung Shore-Bank in den USA	Übertragung des gesamten Industrievermögens von Alfred Rexroth auf die Treuhandstelle
1974	Pleite der Kölner Herstattbank		Bankenaufsicht lässt die GLS Gemeinschaftsbank eG zu
1975		Gründung Oikocredit in den Niederlanden; Gründung Bund für Umwelt und Naturschutz (BUND)	
1976		Boykott des Südafrika-Geschäfts durch US-Banken wegen der dortigen Apartheid-Politik	
1979	Nato-Doppelbeschluss		
1980		Gründung Triodos Bank in den Niederlanden	
1982	Mexiko erklärt Teilbankrott	Gründung BCL Gemeinschaftsbank in der Schweiz	Gründung der ersten Filiale in Stuttgart

	Zeitgeschichte & Finanzkrisen	Ereignisse der alternativen Ökonomie	Geschichte GLS Bank
1983		Die Grünen erstmals im Bundestag; Gründung der Grameen Bank durch Muhammad Yunus	
1984	Beginn der Savings-and-Loan-Krise (Sparkassenkrise in den USA)		
1986	Reaktorunglück von Tschernobyl	Gründung Merkur Bank in Dänemark	Entschuldungsfonds für Strafgefangene
1987	UN-Kommission für Umwelt und Entwicklung macht den Nachhaltigkeitsbegriff populär		
1988		Gründung Ökobank in Deutschland; Gründung La NEF in Frankreich	
1989	Fall der Mauer	Gründung der International Association of Investors in the Social Economy (INAISE); BfG-Bank legt ersten deutschen Ökofonds auf	Erster Windkraftfonds; Osteuropafonds
1990	Deutsche Wiedervereinigung	Gründung Alternative Bank ABS in der Schweiz	
1992	Verabschiedung der Agenda 21 für eine nachhaltige Entwicklung durch die Staatengemeinschaft auf der UN-Konferenz von Rio		Erster Landwirtschaftsfonds
1993		Gründung der Ratingagentur Oekom Research	
1994	Mexiko-Krise		
1995			Gründung der GKG Beteiligungsgesellschaft
1997	Asienkrise; Kyoto-Protokoll	Gründung der Umweltbank; Zusammenstellung des Natur-Aktienindex	Fusion der GLS Bank mit der Gemeinnützigen Kredit-Garantie-Genossenschaft; Eröffnung der Filiale in Hamburg

	Zeitgeschichte & Finanzkrisen	Ereignisse der alternativen Ökonomie	Geschichte GLS Bank
1998	Russland- und Argentinienkrise		
1999	Brasilienkrise	Gründung Banca Ethica in Italien	
2000	Dotcom-Blase platzt	Erneuerbare-Energien-Gesetz in Deutschland (EEG)	
2001		Krise der Ökobank	
2001	Terroranschlag in den USA		
2002	Einführung des Euro als Bargeld	Gründung Ethik Bank in Deutschland	
2003	Irakkrieg beginnt		Übernahme des Ökobank-Geschäfts
2004	EU-Osterweiterung	Gründung Deutsches Mikrofinanz Institut	
2005		Triodos Bank gründet Tochter in Deutschland	Umzug in neue Zentrale in der Christstraße
2006		Gründung Institute for Social Banking (ISB) in Bochum; Friedensnobelpreis für Muhammad Yunus	
2007	Immobilienmarkt-Blase in den USA platzt		
2008	Pleite der US-Bank Lehman Brothers; Beginn der weltweiten Finanzkrise		Übernahme der Integra Bank in München; Eröffnung Filiale in Berlin
2009		Gründung der Global Alliance of Banking for Values	
2010	Explosion der Erdölplattform Deepwater Horizon im Golf von Mexiko; Griechenlandkrise geht über in Eurokrise	Pleite der Shorebank in den USA; Gründung der NGO Financewatch in Brüssel	
2011	Reaktorunglück im japanischen Fukushima	Möglicherweise Start Demokratische Bank in Österreich	

Abschreibung | Verfahren, um Wertverluste zu erfassen. In der Buchführung von Unternehmen werden Abschreibungen auf der Ausgabenseite (Aufwand) erfasst und reduzieren dadurch den (zu versteuernden) Gewinn. Kann eine Maschine im Wert von 5.000 Euro pro Jahr mit 1.000 Euro (zwanzig Prozent vom Anschaffungswert) abgeschrieben werden, dann stellt sie nach fünf Jahren in der Bilanz keinen Wert mehr dar.

Aktie | Wertpapier, das einen Anteil an einem Unternehmen darstellt. Die Anzahl der Aktien multipliziert mit ihrem jeweiligen Kurswert ergibt den aktuellen Börsenwert eines Unternehmens.

Altruismus | (von lat. *alter*, der Andere) Verhaltensweise, durch die der Handelnde zum Vorteil einer anderen Person freiwillig eigene Nachteile in Kauf nimmt, die Kosten für den Handelnden also höher sind als sein Nutzen. Gegenbegriff zu Egoismus. Wissenschaftler haben altruistisches Verhalten auch bei Tieren beobachtet.

Anleihe | Schuldverschreibungen, also Wertpapiere, bei denen sich der Aussteller verpflichtet, bei Fälligkeit einen geliehenen Geldbetrag sowie während oder am Ende der Laufzeit Zinsen auf das geliehene Geld zu zahlen. Staaten, Religionen, Gemeinden und bestimmte öffentliche Körperschaften können genauso wie Aktiengesellschaften Anleihen auflegen und ausgeben (emittieren). Die Rendite ist abhängig vom Zinssatz, Ausgabekurs und Rückzahlungskurs. Anleihen werden am sogenannten Rentenmarkt gehandelt.

Anthroposophie | (von griech. *ánthropos*, Mensch, *sophía*, Weisheit) Eine von Rudolf Steiner (1861-1925) begründete spirituelle Weltanschauung. Die Lehre verbindet Elemente des deutschen Idealismus, der Weltanschauung Goethes wie dessen Farbenlehre, der Gnosis, fernöstlicher Lehren sowie naturwissenschaftliche Erkenntnisse dieser Zeit. Die Anthroposophie hat verschiedene Bereiche beeinflusst, wie die Landwirtschaft (biologisch-dynamische Landwirtschaft), Pädagogik (Waldorfschule), Heilpädagogik (Camphill) und Medizin (anthroposophische Medizin). Das Zentrum der Anthroposophischen Gesellschaft befindet sich am sogenannten Goetheanum im schweizerischen Dornach.

Arbitrage | (frz. Schiedsspruch) Ausnutzung von Kursdifferenzen bei Wertpapieren oder Devisen zur Gewinnerzielung. Wird eine Währung zum Beispiel an zwei Orten mit einem unterschiedlichen Wert gehandelt, kann ein Devisenhändler sie am ersten Ort zu dem niedrigeren Kurs kaufen und am zweiten zum höheren Kurs verkaufen.

Assoziation | (lat. *associare*, vereinigen, verbinden, verknüpfen) Zusammenschluss von Menschen, Institutionen oder Staaten mit gleichen Interessen.

Bankrott | (von ital. *banca rotta*, leere oder zerbrochene Bank) Schuldhaft herbeigeführte Zahlungsunfähigkeit eines Unternehmens, die zur Insolvenz führt. Einer der spektakulärsten und bekanntesten Fälle ist der Bankrott von Lehman Brothers, der drittgrößten US-Investmentbank, im September 2008 im Zuge der Finanzkrise.

Best-in-Class-Ansatz | Bezeichnung für ein Auswahlverfahren für nachhaltige Investments. Dabei werden möglichst alle Unternehmen einer Branche nach bestimmten Kriterien eingestuft. Gleichzeitig wird der Branchendurchschnitt ermittelt und der Rangplatz eines Unternehmens in seiner Branche ausgerechnet. Wenn viele Investoren Aktien und Anleihen von hoch gerankten Unternehmen kaufen, werden die anderen Unternehmen unter Druck gesetzt, ihre Produktionsweise den Kriterien anzupassen, um konkurrenzfähig zu bleiben. Auf diese Weise wollen die Verfechter dieses Ansatzes eine Art ethischen Wettbewerb zwischen den Unternehmen in Gang setzen.

Bonds | Englische Bezeichnung für fest verzinsliche Wertpapiere, s. → Anleihen.

Börsengang | Auch »Inititial Public Offering«, kurz IPO. Erstmaliges Angebot der Aktien eines Unternehmens auf dem organisierten Kapitalmarkt. Die Abwicklung des Börsengangs erfolgt meist gemeinsam durch einige Investmentbanken. Man spricht in diesem Fall von einem Konsortium. Beim Börsengang beschaffen sich Unternehmen Eigenkapital. Der Ausstieg aus der Börse wird »Going Private« oder »Delisting« genannt.

Bruttosozialprodukt | Summe aller in einer Landeswährung bewerteten Güter und Dienstleistungen, die in einer Volkswirtschaft in einem Jahr hergestellt werden. Häufig wird das Wachstum des Bruttosozialprodukts als Maßstab für gesellschaftlichen Fortschritt verwandt. Allerdings umfasst das Bruttosozialprodukt nicht alle wirtschaftlichen Tätigkeiten. Außen vor bleibt beispielsweise die Hausarbeit. Auf der anderen Seite schließt es aber die Umsätze ein, die bei der Beseitigung von wirtschaftlichen Schäden entstehen, etwa die Folgekosten einer Ölkatastrophe. Mittlerweile arbeiten einige Forscher und Organisationen – unter anderem die OECD – an anderen Indikatoren für gesellschaftlichen Fortschritt.

Buchwert | Wert, mit dem ein Vermögen oder Schulden in der Finanzbuchhaltung aufgeführt sind. Stimmt nicht immer mit dem tatsächlichen Wert überein. Eine Immobilie kann mit zwei Millionen Euro im Buch stehen, für acht Millionen verkauft werden und ihrem Verkäufer so einen Buchgewinn von sechs Millionen Euro einbringen.

Bürgschaft | Bezeichnung für einen Vertrag, bei dem sich ein Bürge verpflichtet, unter bestimmten Umständen für die Verpflichtungen eines Dritten (Schuldners) aufzukommen.

CO₂-Footprint (Carbon Footprint) | Die für die Aufrechterhaltung des aktuellen Lebensstils eines Menschen dauerhaft notwendige Fläche. Demnach beansprucht ein Europäer eine Fläche von jährlich 4,7 Hektar, ein Nordamerikaner 7,9 Hektar und ein Afrikaner 1,4 Hektar.

Corporate Social Responsibility (CSR) | Bezeichnet die unternehmerische Gesellschaftsverantwortung und umschreibt entsprechend den freiwilligen Beitrag der Wirtschaft zu einer nachhaltigen Entwicklung.

Dachfonds | Investmentfonds, die mit dem Geld ihrer Kunden Anteile anderer Investmentfonds kaufen. Dachfonds können im Idealfall die Risiken des Anlegers breit streuen. Allerdings brach in den 1970er-Jahren der erste deutsche Dachfonds, der Investor Overseas Services (IOS) zusammen. Hintergrund war eine Art Schneeballsystem. Bis 1998 waren Dachfonds deswegen in Deutschland verboten.

DAX | Abk. für Deutscher Aktien-Index. Der bekannteste der deutschen Aktienindizes und die »Benchmark« für den deutschen Aktienmarkt. Der DAX wird aus den Aktienkursen der dreißig größten deutschen Unternehmen gebildet und spiegelt die Branchenstruktur der deutschen Wirtschaft wider. Etwa achtzig Prozent aller Börsenumsätze in Deutschland entfallen auf die DAX-Unternehmen. Auswahl und Gewichtung werden regelmäßig überprüft.

Demeter | Gesetzlich geschütztes Markenzeichen für Lebensmittel, die nach anthroposophischen Prinzipien angebaut und hergestellt werden. Der Name kommt aus der griechischen Mythologie und bezeichnet die griechische Mutter- und Fruchtbarkeitsgöttin.

Depot | Bezeichnung für den Aufbewahrungsort eines Anlegers für seine Aktien, Fonds oder andere Werte.

Derivate | Von primären Finanzprodukten wie Aktien, Krediten oder Anleihen abgeleitete Produkte. Ihre Preisentwicklung ist abhängig von der Entwicklung des jeweiligen Basiswerts wie Aktien oder Rohstoffe. Durch Derivate können Risiken abgesichert werden, zum Beispiel der Wert des Dollars für eine Lieferung Weizen im kommenden Jahr.

Devisen | Alle ausländischen Zahlungsmittel.

Dividende | Gewinnanteil je Aktie. Über die Höhe der Dividende entscheiden auf Vorschlag des Vorstands bei einer Hauptversammlung die Aktionäre. Das Verhältnis von Dividende zu Börsenkurs bezeichnet man als Dividendenrendite.

Dow Jones Index | US-Aktienindex, benannt nach den amerikanischen Wirtschaftsjournalisten Charles Henry Dow und Edward D. Jones. Berechnet wird der

Durchschnitt der Aktienkurse von ausgewählten, umsatzstarken Unternehmen an der New Yorker Börse. Er umfasst dreißig Industrie-, zwanzig Transport- und fünfzehn Versorgungsunternehmen.

Eigenkapital | Anteil des investierten Kapitals in einem Unternehmen, der den Eigentümern oder den Eigenkapitalgebern (wie zum Beispiel Aktionären) zu einem bestimmten Zeitpunkt gehört. Das Eigenkapital ergibt sich als Differenz zwischen Vermögen (Aktiva) und Verbindlichkeiten (Fremdkapital wie Kredite). Das Eigenkapital steht einem Unternehmen langfristig zur Verfügung.

Eigenkapitalrentabilität | Betriebswirtschaftliche Kennzahl, die die Höhe der Verzinsung des investierten Kapitals in einer bestimmten zeitlichen Periode beschreibt, gewöhnlich in einem Jahr. Dafür wird der Jahresüberschuss (nach Steuern) ins Verhältnis zu dem Eigenkapital gesetzt, das zu Beginn der Periode zur Verfügung stand. In Deutschland wurde heftig über das Ziel einer Eigenkapitalrendite von 25 Prozent bei der Deutschen Bank diskutiert. Wenn Banken mehr Eigenkapital vorhalten müssen, sinkt tendenziell die Eigenkapitalrendite.

Einmal-Saatgut (auch Hybridsaatgut) | Hybride sind Kreuzungen in Flora wie in Fauna, insbesondere um bei Pflanzen und Tieren die Leistungsfähigkeit zu steigern. So könnte eine Pflanze nach der Kreuzung ertragreicher sein. Viele, aber nicht prinzipiell alle solcher Züchtungen sind unfruchtbar, können sich also nicht fortpflanzen. Der Landwirt, der sich davon eine höhere Ernte verspricht, bezahlt Geld dafür, während er sein Saatgut sonst aus der eigenen Ernte gewinnen kann. Die Ernte des hybriden Saatguts ist nicht völlig untauglich für eine erneute Aussaat, aber ihr Ertrag liegt nur bei etwa achtzig Prozent und verschlechtert sich mit jeder weiteren Aussaat.

Emission | s. → Börsengang

Ethik | (altgriech. *ethos*, Charakter, Wesensart) Teilgebiet der Philosophie, das sich mit der Frage der Begründbarkeit von Moral befasst. Die sich mit dem menschlichen Handeln befassende Ethik bezeichnet man auch als praktische Philosophie und wird von der theoretischen Philosophie unterschieden, zu der unter anderem Logik, Erkenntnistheorie und Metaphysik zählen.

Euro Stoxx | Aktienindex mit fünfzig europäischen Großunternehmen.

Europäische Zentralbank (EZB) | Zentralbank der Euro-Länder. Die EZB bildet zusammen mit den nationalen Zentralbanken das Europäische System der Zentralbanken (ESZB). Sie hat seit dem 1. Juni 1998 ihren Sitz in Frankfurt am Main und ist zuständig für die Geldpolitik. Die Notenbanker der EZB agieren unabhängig von den nationalen Regierungen. So kann nur die EZB Euronoten und -münzen herausgeben. Die Regierungen haben ihr den Auftrag erteilt, sich vor allem um die Preisstabilität in den Euroländern zu kümmern, wobei ihr wichtigstes Instrument die Zinspolitik ist.

Federal Deposit Insurance Corporation (FDIC) | Von der US-Regierung durch den Glass-Stegal Act von 1933 ins Leben gerufener Einlagensicherungsfonds für die Anleger in den USA. Zuvor waren in der Bankenkrise Ende der 1920er-Jahre die Ersparnisse von Millionen Menschen vernichtet worden. Mit der Einführung des Einlagensystems wollte die Regierung das Vertrauen der Anleger in die Banken wiederherstellen. Bei einer Bankpleite werden in den Vereinigten Staaten die Einlagen des Sparers heute vollständig ersetzt.

Fremdkapital | Geldmittel, die sich ein Unternehmen im Gegensatz zu → Eigenkapital von »außen« beschaffen muss. Fremdkapitalgeber sind meistens Banken.

Geldschöpfung | Neues Geld entsteht, wenn eine Zentralbank neue Banknoten druckt und ausgibt, oder wenn die Geschäftsbanken aus Einlagen der Kunden Giralgeld schöpfen, indem sie die Kundeneinlagen nicht real im Tresor aufbewahren, sondern größtenteils als Kredite ausgeben. Nur einen kleinen Teil der Kundeneinlagen müssen die Geschäfsbanken jederzeit bereithalten. Wenn alle Kreditnehmer ihre Schulden zurückgezahlt haben, ist die Geldschöpfung der Geschäftsbanken gleich Null.

Genossenschaft | Vereinigung von Personen zur Erreichung gemeinsamer Ziele. Die Mitglieder der Genossenschaft bleiben einerseits selbstständig als Handwerker, Bauern oder Geschäfte, andererseits schließen sie sich zusammen, um bestimmte Tätigkeiten wie Einkaufen, Wohnen, Verarbeitung, Verkauf gemeinsam zu erledigen.

Giro | Bargeldloser Zahlungsverkehr, für den man in der Regel ein Girokonto benötigt. Im Italienischen, der Heimatsprache des Bankwesens, heißt »girare« auch wandern. Und auf dem Girokonto wandert der Kontostand: mal vom Minus ins Plus und dann wieder zurück. Es ist als Gehaltskonto seit den 1960er-Jahren weit verbreitet.

Hedgefonds | Auf Basis des Gelds der Anleger besorgt sich der Hedgefonds Kredite in großem Umfang. Damit kauft er Devisen, festverzinsliche Anleihen, Aktien oder Rohstoffe und verfolgt dabei normalerweise eine riskante Anlagestrategie. Damit winken den Anlegern im Erfolgsfall sehr hohe Renditen, bei Misserfolg der Verlust. Hedgefonds verlangen hohe Mindestanlagesummen und stehen dem Kleinanleger nicht offen. Sie haben ihren Sitz meist in Steueroasen und unterliegen keinen rechtlichen Restriktionen bei der Anlage der Gelder. Sie selbst sind – anders als Banken – kaum beaufsichtigt.

Hypothek | Griechisch-lateinische Bezeichnung für ein Unterpfand. Mit einer Hypothek, beispielsweise auf Immobilien, werden langfristig Kredite abgesichert. Wenn der Kredit nicht zurückgezahlt werden kann, geht die Immobilie in den Besitz des Gläubigers über.

Index (pl. Indizes) | Statistische Messzahl, mit der durchschnittliche Veränderungen von wirtschaftlichen Kenngrößen wie Preis oder Börsenkurse berechnet werden.

Inflation | Steigen die Preise schneller als die Warenmenge, spricht man von Geldentwertung. Mit einem Euro kann man dann weniger einkaufen. Die Preisentwicklung wird dabei anhand eines bestimmten Warenkorbs gemessen. Vermögensinflation bezeichnet den Anstieg von Finanzwerten wie Aktien, Fonds, Immobilien. Der prozentuale Anstieg eines Preisindexes heißt Inflationsrate. Je nach Geschwindigkeit einer Inflation spricht man von schleichender, trabender, galoppierender Inflation oder auch Hyperinflation. Eine zentrale Aufgabe der Notenbanken ist der Erhalt der Geldwertstabilität, also der Kampf gegen die Inflation. Bekämpft wird allerdings fast ausschließlich die Güterpreisinflation, nicht die Vermögensinflation. Ganz im Gegenteil: Viele Menschen empfinden den Anstieg von Vermögenswerten als positiv. Die Blindheit der Zentralbanken gegenüber der Vermögensinflation gilt als eine Ursache der Finanzkrise ab 2007.

Insolvenz | Zahlungsunfähigkeit eines Unternehmens. In Deutschland wird in dem Fall ein Insolvenzverwalter eingesetzt, der versucht, mit den Gläubigern einen Weg für die Fortsetzung des Unternehmens zu finden. Scheitert eine Insolvenzregelung, kommt es zum endgültigen Aus für das Unternehmen. Ist die Zahlungsunfähigkeit eines Unternehmens selbst verschuldet, spricht man von einem Bankrott.

Investmentbanking | Bankgeschäfte, die nichts mit dem klassischen Geschäft mit Spareinlagen und Krediten zu tun haben. Zum Investmentbanking zählen insbesondere die Ausgabe von Aktien oder Anleihen, Beteiligungsfinanzierung bei Unternehmen oder Beratungsleistungen und Umstrukturierungen von Firmen.

Investor | Jemand, der Geld am Kapitalmarkt anlegt.

Internationaler Währungsfonds (IWF) | Sonderorganisation der Vereinten Nationen, im Dezember 1945 mit dem Ziel gegründet, die Zusammenarbeit der Staaten bei der Währungspolitik zu unterstützen, eine erneute Weltwirtschaftskrise verhindern zu helfen und in Krisensituationen Kredite zu vergeben. Eine wichtige Rolle spielte der IWF in der Finanzkrise ab 2007 bei der Stabilisierung europäischer Volkswirtschaften wie Griechenland.

Kapital | Heute bezeichnet man damit allgemein den Bestand einer Volkswirtschaft an sachlichen Produktionsmitteln (Sachkapital) in festen Anlagen (Anlagekapital) oder in beweglicher Form von Vorprodukten und Vorräten oder an menschlichen Fähigkeiten (Humankapital). Man spricht aber auch von Natur- oder Sozialkapital.

Klassische Schule der Nationalökonomie | Vor allem britische Volkswirtschaftler begründeten im 18. und 19. Jahrhundert diese ökonomische Lehre. Hauptmerkmal ist die Überzeugung, dass der Wohlstand einer Volkswirtschaft maximiert wird, wenn die einzelnen Menschen ihre privaten wirtschaftlichen Interessen verfolgen. Wichtigster Vertreter ist der schottische Ökonom Adam Smith (1723-1790), der dafür die Metapher der unsichtbaren Hand des Marktes prägte.

Kommanditgesellschaft | (von frz. *commandite*, Geschäftsanteil) Gesellschaft zum Betrieb eines Handelsgewerbes ohne eigene Rechtspersönlichkeit wie die Aktiengesellschaft. Bei einer Kommanditgesellschaft gibt es zum einen die voll haftenden Komplementäre und zum anderen die Kommanditisten, die bei einer Unternehmenspleite nur mit ihrer Einlage haften.

Konjunktur | Das wirtschaftliche Auf und Ab einer Volkswirtschaft. Geläufig ist die Einteilung des Konjunkturverlaufs in vier Phasen: Aufschwung, Hochkonjunktur (Boom), Abschwung (Rezession) und Tief (Depression).

Konto | Im Bankwesen ist das Konto ein für den Kunden geführtes Buch über die Eingänge (Haben) und Ausgänge (Soll) von Zahlungen. Die Differenz aus Sollseite und Habenseite bezeichnet man als Saldo.

Kredit | (lat. *credere*, vertrauen, glauben) Zeitlich begrenzte Vergabe von Geld- und Sachgütern an Privatpersonen oder Unternehmen, meist gegen die Zahlung von Zinsen. Notleidende Kredite bezeichnet man umgangssprachlich als faule Kredite.

Leihe | Eine kostenlose zeitweise Überlassung einer Sache wie Autos, Wertpapiere, Immobilien, Geld.

Leitzins | Bezeichnung für den Zins, zu dem Notenbanken wie die amerikanische Zentralbank Fed, die europäische EZB oder die Bank von England ihr Zentralbankgeld an andere Banken verleiht.

Leveraging | (engl. Hebelwirkung) Bezeichnet den positiven Effekt einer Kreditaufnahme auf die Rendite des eingesetzten Kapitals eines Investors. Voraussetzung ist, dass die Verzinsung des Bankdarlehens niedriger ist als die Verzinsung des eingesetzten Eigenkapitals. Wenn dann der Anteil des Investorenkapitals gegenüber dem Bankkredit reduziert wird, steigt die Rendite. Populär geworden ist das Leveraging vor allem durch private Beteiligungsfirmen und Hedgefonds. An der Börse steht Leverage auch für eine Kennziffer zur Beurteilung von Optionsscheinen. Sie drückt aus, um wie viel höher die prozentuale Kursänderung einer Option ist als die auslösende prozentuale Kursänderung des zugrunde liegenden Basiswerts.

Liquidität | (lat. *liquidus*, flüssig, fließend) Bezeichnet die Menge an Mitteln und Geldern, die einer Privatperson oder einem Unternehmen direkt zur Verfügung stehen, also alle Gelder, die nicht langfristig angelegt oder bereits investiert sind. Eine hohe Liquidität kann sich negativ auf die Rendite auswirken.

Mikrokredit | Kleinstkredite, in Entwicklungsländern von einem bis unter tausend Euro. Besonders bekannt ist die Idee durch die von Muhammad Yunus gegründete Grameen Bank in Bangladesh. Mittlerweile werden Mikrokredite auch in Industrieländern vergeben. Hier sind die Kreditsummen zwar relativ niedrig, aber deutlich höher als in den Entwicklungsländern.

Nachhaltigkeit | In einem nachhaltigen System werden die Ressourcen so genutzt, dass das System in seinen wesentlichen Eigenschaften auch für spätere Generationen erhalten bleibt und sich auf natürliche Weise regenerieren kann.

Nennwert | Der auf Münzen, Banknoten oder Wertpapiere aufgedruckte Wert. Bei Aktien ist der Nennwert eine rechnerische Größe, die den Anteil der Aktie am Grundkapital bezeichnet. Der Nennwert kann von dem Kurswert, der an den Börsen ermittelt wird, deutlich abweichen.

Neoliberalismus | Wirtschaftspolitische Theorie, die in Anlehnung an den klassischen Liberalismus eine freiheitliche, marktwirtschaftliche Wirtschaftsordnung anstrebt und staatliche Eingriffe in die Wirtschaft auf wenige Bereiche reduziert. Zentrale Elemente sind privates Eigentum an Produktionsmitteln, freie Preisbildung, Wettbewerbs- und Gewerbefreiheit, die der Staat durch Gesetze und Rahmenbedingungen zu garantieren hat.

Neoklassik | Die Vertreter der Neoklassik stellen die Wirtschaft als System von Märkten dar, auf denen Angebot und Nachfrage durch die Güterpreise ins Gleichgewicht gebracht werden. Die Verbraucher haben bestimmte Bedürfnisse und konsumieren Güter, um den größtmöglichen persönlichen Nutzen zu erreichen. Die Unternehmen versuchen ihren Gewinn zu maximieren. Geld kommt in den Modellen der Neoklassik nicht vor, ebenso wenig wie Finanzmärkte. Deswegen halten Kritiker die Neoklassik für eine Sackgasse der Ökonomie.

Nießbrauch | Wenn jemand Ertrag aus einer Sache ziehen kann, ohne deren Eigentümer zu sein. So kann jemand sein Haus verschenken und gleichzeitig vereinbaren, die Mieteinnahmen aus diesem Haus bis zu seinem Tod zu erhalten.

Offshoremarket | Ursprünglich bezeichnet man damit vor der Küste liegende Regionen, heute als Steueroasen fungierende Gebiete. Kennzeichnend sind eine weniger strenge Bankenaufsicht und günstigere steuerliche Regelungen. Häufig zahlen ausländische Firmen dort überhaupt keine Steuern. Solche Steueroasen spielen eine wichtige Rolle bei der Steuervermeidung von Unternehmen und der weltweiten Geldwäsche. Offshore-Zentren sind beispielsweise die Cayman Islands oder die britische Kanalinsel Jersey.

Ökologie | (von griech. *oikos*, Haus, Haushalt und *logos*, Lehre, also »Lehre vom Haushalt«) Bezeichnet ursprünglich ein Teilgebiet der Biologie, das sich mit den Wechselbeziehungen der Organismen untereinander und mit ihrer abiotischen Umwelt beschäftigt. Mit dem wachsenden Umweltbewusstsein in der zweiten Hälfte des 20. Jahrhunderts hat sich der Bedeutungsumfang des Begriffs erweitert.

Ökonomie | (von griech. *oikos*, Haus, Haushalt und *nomos*, Gesetz) Wirtschaftswissenschaft, beschäftigt sich mit Wesen, Ordnung, Aufbau, Ablauf und Ziel der Wirtschaft. Je nach untersuchtem Gegenstand spricht man von Betriebswirtschaftslehre, Volkswirtschaftslehre oder Finanzwissenschaft.

OPEC | (Abk. für Organization of the Petroleum Exporting Countries) Organisation Erdöl exportierender Länder, 1960 in Bagdad von den Staaten Irak, Iran, Kuwait, Saudi-Arabien und Venezuela gegründet, um einen größeren Einfluss auf den Erdölpreis zu haben.. Hauptsitz der Organisation ist Wien. Mittlerweile sind weitere Staaten beigetreten: Algerien, Indonesien, Katar, Libyen, Nigeria und die Vereinigten Arabischen Emirate. Die Preispolitik der OPEC löste in den 1970er- und 1980er-Jahren Wirtschaftskrisen in den Industrieländern aus und war ein wichtiger Grund für die Schuldenkrise der Entwicklungsländer. Die OPEC agiert als Kartell, da die Mitgliedsländer Förderquoten absprechen.

Operativer Gewinn | Gewinn eines Unternehmens aus der laufenden Geschäftstätigkeit. Erlöse aus dem Verkauf von Tochtergesellschaften und Firmenanteilen oder Erträge aus Finanzanlagen gehören zum Beispiel nicht dazu.

Pensionsfonds | Von Unternehmen ausgelagerte Gesellschaften, in denen die Beschäftigten einen Teil ihres Gehalts für die Altersvorsorge ansparen. Vor allem in den angelsächsischen Ländern verbreitet. Problematisch ist es, wenn die Pensionsfonds vor allem in die Aktien des eigenen Unternehmens investieren. Dann unterbleibt die notwendige Risikostreuung für die Altersvorsorge. Beschäftigte einiger Unternehmen haben auf diese Weise einen Großteil ihrer Altersvorsorge verloren. Prominente Beispiele waren die US-Unternehmen Enron und Worldcom, die betrügerisch in Konkurs gingen. Es gibt auch staatliche Pensionsfonds: Sie investieren heutige Einnahmen für künftige Generationen. Besonders bekannt ist der norwegische Staatsfonds, der sich aus Öleinnahmen speist.

Portfolio | (von lat. *portare*, tragen, und *folium*, Blatt) Bezeichnet die Mischung von Wertpapieren in einem Depot oder einem Fonds.

Provision | Vergütung für die Vermittlung von Geschäften.

Ratingagentur | Private und gewinnorientierte Unternehmen, die gewerbsmäßig die Kreditwürdigkeit (Bonität) von Unternehmen aller Branchen und Staaten und deren untergeordnete Gebietskörperschaften bewerten. Ursprünglich bezahlten die Anleger die Ratingagenturen. Heute werden sie in den meisten Fällen von den Emittenten von Wertpapieren bezahlt, was zu einem Zielkonflikt führen kann. Die größten Ratingagenturen sind Standard & Poor's, Moody's und Fitch. Ratingagenturen sind unreguliert und haben einen großen Einfluss. Sie berufen sich auf die Pressefreiheit und unterliegen keiner Haftung bei Fehleinschätzungen. Es gibt auch Ratingagenturen, die auf die Nachhaltigkeit von Unternehmen achten. Solche Agenturen sind in den 1990er-Jahren entstanden. Ihre Bewertungen sollen Investoren bei der Auswahl der Geldanlage nach ethischen Kriterien helfen.

Regenerative Energie | Sie stammt aus Quellen, die entweder kurzfristig erneuerbar sind, zum Beispiel nachwachsende Rohstoffe, oder potenziell unerschöpflich sind wie Sonne, Wind oder Wasser.

Rendite | (von ital. *rendere*, sich rechnen, etwas abwerfen) Unter Rendite versteht man den alljährlichen Ertrag einer Kapitalanlage im Verhältnis zum Anschaffungskurs und zum eingesetzten Eigenkapital. Im engeren Sinne bezeichnet man damit auch die Verzinsung eines Wertpapiers.

Saldo | Differenz aus Soll und Haben, beispielsweise auf dem Konto: Bei einem positiven Saldo gibt es ein Guthaben, bei einem negativen eine Schuld.

Schattenfinanzzentrum | → s. Offshoremarket

Schuldverschreibung | Im Wertpapierbereich die Sammelbezeichnung für eine Urkunde, in der sich der Aussteller (Schuldner) dem Gläubiger gegenüber verpflichtet, eine bestimmte geliehene Geldsumme nach Ende der Laufzeit zurückzuzahlen und währen der Laufzeit Zinsen zu zahlen.

Shareholder Value | Im engeren Sinn der Wert eines Unternehmens für seine

Aktionäre, die »Shareholder« (Anteilseigner). Seit den 1980er-Jahren wird mit dem Shareholder-Value-Ansatz die Ausrichtung des Managements auf eine maximale Vergrößerung des Aktionärsvermögens bezeichnet, oft konkurrierend mit den Interessen anderer mit dem Unternehmen verbundener Anspruchsgruppen wie Kunden, Arbeitnehmern oder der Gesellschaft, den sogenannten Stakeholdern.

Spekulation | Alle Verhaltensweisen, die darauf abzielen, unter Inkaufnahme eines bestimmten Risikos einen Gewinn zu erzielen, zum Beispiel aus einer erwarteten Veränderung eines Waren- oder Rohstoffpreises, eines Wertpapierkurses oder einer Währung. Berufsmäßige Spekulation findet vor allem an den Börsen statt. Hier spekulieren sowohl Unternehmen (Banken, Hedgefonds, Beteiligungsgesellschaften) als auch Privatpersonen. Käufer rechnen in der Regel mit steigenden, Verkäufer mit fallenden Kursen. Bei Termingeschäften, also solchen, bei denen auf einen bestimmten Preis zu späterem Zeitpunkt gewettet wird, können auch fallende Kurse für Verkäufer von Vorteil sein.

Subvention | Staatliche Unterstützungsleistungen als Zahlung direkter Fördergelder oder durch steuerliche Vergünstigungen. Subventionen gewährt der Staat auch Privatpersonen, beispielsweise in Form von Wohngeld – hier spricht man dann allerdings von Transferzahlungen. Mit Subventionen soll zumeist ein bestimmtes wirtschaftliches Verhalten gefördert werden. Derzeit spielen Subventionen bei der Etablierung von alternativen Energietechnologien wie Solarenergie oder Windkraft eine große Rolle. Subventionen werden auch gezahlt, um die Folgen wirtschaftlichen Strukturwandels für eine betroffene Region oder Branche zu lindern, beispielsweise im Bergbau oder in der Landwirtschaft. Subventionen müssen nicht zurückgezahlt werden – es sei denn, die Subventionsempfänger verstoßen gegen bestimmte Auflagen.

Sub-prime-Krise | Die US-Immobilienkrise, die am Anfang der Finanzkrise stand. Jahrelang hatten die Banken Kredite an Schuldner mit schlechter Bonität vergeben. Die Kredite hatten sie häufig gebündelt und weltweit weiterverkauft. Unter anderem dadurch wurde das Wirtschaftswachstums aufgebläht. Als die US-Notenbank 2007 die Zinsen erhöhte und viele Kreditnehmer ihre Raten bei den Banken nicht mehr zahlen konnten, platzte die Immobilienblase. Einige Banken gingen pleite, viele standen am Abgrund.

TARP (Troubled Asset Relief Program) | Entlastungsprogramm, mit dem die US-Regierung in der Finanzkrise Instituten notleidende Kreditgeschäfte abkaufte, um die Bankenbranche zu stabilisieren.

Theosophie | (griech. göttliche Weisheit) Der Ausdruck bezeichnet allgemein religiöse Bestrebungen. Im engeren Sinn versteht man unter Theosophie eine von der Okkultistin Helena Petrovna Blavatsky (1831-1891) begründete esoterische Weltanschauung, die an spirituelle und religiöse Lehren aus Indien anknüpft. Rudolf Steiner schloss sich dieser Bewegung an, bevor er seine eigene Lehre – die der Anthroposophie – begründete.

Tilgung | Die Rückzahlung einer Geldschuld, der sogenannten Verbindlichkeit, als komplette Gesamtsumme oder in Raten. Eine langfristig angelegte Rückzahlung bezeichnet man auch als Amortisation. Die regelmäßigen Tilgungs- und Zinszahlungen von Privatpersonen, Unternehmen oder Staaten ergeben den Schuldendienst.

Utopie | (griech. *utopía*, »Nicht-Örtlichkeit«) Wunschvorstellung. Eine utopische Gesellschaftsordnung existiert nur als Idee oder Gedanke. Einiges, was uns heute als selbstverständlich erscheint, war in den Augen der Menschen früherer Zeiten utopisch, beispielsweise allgemeine Menschenrechte.

Volatilität | Ausmaß von Preis- oder Kursschwankungen.

Wechselkurs | Der Preis für Devisen. Der Wechsel oder Devisenkurs wird entweder vom Staat festgelegt (fester Wechselkurs) oder bildet sich durch Angebot und Nachfrage (freier Wechselkurs).

Zins | Preis für die Überlassung von Kapital. Die Höhe des Zinses hängt vor allem von Angebot und Nachfrage ab. Zwischen den Gläubigern und Schuldnern vermitteln Banken. Man unterscheidet Aktivzinsen (Sollzinsen), die man auf eine Schuld bezahlt, und Passivzinsen (Habenzinsen), die man für Guthaben bekommt.

Zinsmarge | Eine Bank zahlt auf die Einlagen den Anlegern einen Zins, von ihren Kreditnehmern nimmt sie Zinsen. Die Differenz zwischen den niedrigeren Sparzinsen und den höheren Kreditzinsen bezeichnet man als Zinsmarge.

Zinseszins | Zinsen, die entstehen, wenn fällige Zinsen auf ein Guthaben nicht ausbezahlt, sondern dem Kapital zugefügt und dementsprechend mit verzinst werden.

| **Ibrahim Abouleish:** Die Sekem-Vision. Eine Begegnung von Orient und Okzident verändert Ägypten Berlin 2006

| **Hans Christoph Binswanger:** Vorwärts zur Mäßigung. Perspektiven einer nachhaltigen Wirtschaft Hamburg 2009

| **Hans Christoph Binswanger:** Die Glaubensgemeinschaft der Ökonomen: Essays zur Kultur der Wirtschaft Hamburg 2011

| **Hans Christoph Binswanger:** Geld und Magie. Eine ökonomische Deutung von Goethes Faust Hamburg 2009

| **Luc Boltanski, Ève Chiapello:** Der neue Geist des Kapitalismus Konstanz 2003

| **Peter Brügge:** Die Anthroposophen Hamburg 1984

| **Max Deml, Hanne May:** Grünes Geld. Jahrbuch für ethisch-ökologische Geldanlagen 2005/2006 Stuttgart 2005

| **Caspar Dohmen:** Let's Make Money. Was macht die Bank mit unserem Geld? Freiburg 2008

| **Niall Ferguson:** Der Aufstieg des Geldes. Die Währung der Geschichte Berlin 2009

| **Heiner Flassbeck:** Die Marktwirtschaft des 21. Jahrhunderts München 2010

| **Sven Giegold, Dagmar Embshoff:** Solidarische Ökonomie im globalisierten Kapitalismus Hamburg 2008

| **Sven Giegold:** Steueroasen: trockenlegen! Hamburg 2003

| **Rainer Hank:** Der amerikanische Virus. Wie verhindern wir den nächsten Crash? München 2009

| **Norbert Häring:** Markt und Macht Stuttgart 2010

| **Friedhelm Hengsbach: Ein anderer Kapitalismus ist möglich! Wie nach der Krise ein Leben gelingt** Bad Homburg 2009

| **Friedhelm Hengsbach u.a.: Frisst der Kapitalismus seine Kinder? Weimarer Reden 2010** Weimar 2010

| **Jens Heisterkamp (Hrsg.): Kapital = Geist. Pioniere der Nachhaltigkeit** Frankfurt/M. 2009

| **Silke Helfrich (Hrsg.): Wem gehört die Welt? Zur Wiederentdeckung der Gemeingüter** München 2009

| **Johannes Hoffmann, Gerhard Scherhorn: Saubere Gewinne. So legen Sie ihr Geld ökologisch an** Freiburg 2002

| **Axel Janitzki, Walter Burkart (Hrsg.): Alternativen zu Mietwohnung und Eigenheim – gemeinsam finanzieren, selbst verwalten** Stuttgart 1992

| **Bernward Janzing: Störfall mit Charme. Die Schönauer Stromrebellen im Widerstand** Vöhrenbach 2008

| **Rolf Kerler: Eine Bank für den Menschen. Von den Anfängen und Impulsen der GLS Treuhand und Gemeinschaftsbank** Dornach 2011

| **Rolf Kerler: Was hat Geld mit mir zu tun?** Dornach 2000

| **Wolfgang Kessler u.a.: Geld und Gewissen. Was wir gegen den Crash tun können** Oberursel 2010

| **Walter Kugler: Rudolf Steiner und die Anthroposophen. Eine Einführung in sein Lebenswerk** Köln 2010

| **Bernhard A. Lietaer: Das Geld der Zukunft. Über die destruktive Wirkung des existierenden Geldsystems und die Entwicklung von Komplementärwährungen** 2. Auflage, München 1999

| **Geseko von Lüpke: Zukunft entsteht aus der Krise** München 2009

| **Dennis Meadows, Donella Meadows: Die Grenzen des Wachstums. Bericht des Club of Rome zur Lage der Menschheit** Stuttgart 1972

| **Jacob Needleman: Geld und der Sinn des Lebens** Frankfurt/M., Leipzig 1993

| **Nikolaus Piper: Die große Rezession. Amerika und die Zukunft der Wirtschaft** München 2009

| **Sigrun Preissing: Tauschen – Schenken – Geld? Ökonomische und gesellschaftliche Gegenentwürfe** Berlin 2009

| **Franz J. Radermacher, Bert Beyers: Welt mit Zukunft. Die ökosoziale Perspektive** Hamburg 2011

| **John Rawls: Die Geschichte der politischen Philosophie** Frankfurt 2008

| **Stephan Rotthaus: Erfolgreich investieren in grüne Geldanlagen** Frankfurt 2009

| **Amartya Sen: Ökonomie für den Menschen. Wege zu Gerechtigkeit und Solidarität in der Marktwirtschaft** München 2000

| **Antje Schneeweiß: Kursbuch Ethische Geldanlage** Frankfurt 2002

| **Georg Simmel: Philosophie des Geldes** Frankfurt/M. 1989

| **Adam Smith: Wohlstand der Nationen** Köln 2009

| Joseph Stiglitz: Die Schatten der Globalisierung Berlin 2002

| Ernst Friedrich Schuhmacher: Small is Beautiful. Die Rückkehr zum menschlichen Maß Bad Dürkheim 1993

| Joseph A. Schumpeter: Kapitalismus, Sozialismus und Demokratie Tübingen 2005

| Rudolf Steiner: Nationalökonomischer Kurs Dornach 1979

| Heiner Ullrich: Rudolf Steiner. Leben und Lehre München 2011

| Ernst Ulrich von Weizsäcker: Grenzen der Privatisierung. Wann ist es des Guten zu viel? Bericht an den Club of Rome Stuttgart 2006

| Ernst Ulrich von Weizäcker, Karlson Hargroves, Michael Smith: Faktor Fünf. Die Formel für nachhaltiges Wachstum München 2009

| Wuppertal Institut für Klima, Umwelt, Energie: Fair Future. Begrenzte Ressourcen und globale Gerechtigkeit München 2005

| Lucas Zeise: Geld – der vertrackte Kern des Kapitalismus. Versuch über die politische Ökonomie des Finanzsektors Köln 2010

Bildnachweis | **S. 81** GLS Bank | **S. 82-83** Caspar Dohmen | **S. 84-85** GLS Bank | **S. 86-87** Rudolf Steiner Schule Bochum | **S. 88-89** v.l.n.r. (oben): GLS Bank, Christoph Fein, GLS Bank, v.l.n.r. (unten): GLS Bank, GLS Bank, Christoph Fein | **S. 90-91** Caspar Dohmen | **S. 92-93** GLS Bank | **S. 94-95** Rudolf Steiner Schule Bochum | **S. 96-99** GLS Bank | **S. 100-101** Sekem | **S. 102-103** GLS Bank | **S. 104-105** Goldman Environmental Prize | **S. 106-107** GLS Bank | **S. 108** Oikocredit | **S. 109** Antonio Suarez | **S. 110-111** Goetheanum / Charlotte Fischer | **S. 112** Dokumentation am Goetheanum

Dank | Der Autor dankt der GLS Bank für die gute Zusammenarbeit sowie Martin Barkhoff, Katharina Beck, Hans Christoph Binswanger, Walter Burkart, Ludwig Dohmen, Albert Fink, Sven Giegold, Tor Gull, Friedhelm Hengsbach, Thomas Jorberg, Rolf Kerler, Ingo Krampen, David Klingenberger, Undine Löhfelm, Christof Lützel, Torben Pahl, Wolfram Püschel, Antje Schneeweiß und Cord Wellhausen.
Der Verlag dankt Elisabeth Minewitsch und Bert-Christoph Streckhardt.